玛珈山法政文

主编：汪全胜　张

14

跨境救灾的国际法问题研究

姜世波 / 著

Introduction to International Disaster Law

知识产权出版社

全国百佳图书出版单位

图书在版编目（CIP）数据

跨境救灾的国际法问题研究/姜世波著. —北京：知识产权出版社，2017.8
（玛珈山法政文丛/汪全胜，张铭主编）
ISBN 978 - 7 -5130 - 4873 - 6

Ⅰ.①跨… Ⅱ.①姜… Ⅲ.①救灾—国际法—研究 Ⅳ.①D99

中国版本图书馆 CIP 数据核字（2017）第 090882 号

责任编辑：李学军　　　　　　　　　　　　　责任出版：刘译文
装帧设计：刘　伟

跨境救灾的国际法问题研究
姜世波　著

出版发行：	知识产权出版社 有限责任公司	网　　址：	http://www.ipph.cn
社　　址：	北京市海淀区气象路 50 号院	邮　　编：	100081
责编电话：	15611868862	责编邮箱：	752606025@qq.com
发行电话：	010 – 82000860 转 8101/8102	发行传真：	010 – 82000893/82005070/82000270
印　　刷：	三河市国英印务有限公司	经　　销：	各大网上书店、新华书店及相关专业书店
开　　本：	787mm×1092mm　1/16	印　　张：	18.75
版　　次：	2017 年 8 月第 1 版	印　　次：	2017 年 8 月第 1 次印刷
字　　数：	306 千字	定　　价：	59.00 元

ISBN 978 -7 -5130 -4873 -6

2013 年教育部人文社会科学研究基金项目"跨境救灾的国际法问题研究"（项目批准号：13YJA820020）

总　序

　　山东大学（威海）法学院是年轻的法学院。说它年轻，一是成立的时间很短，比不上动辄百年或者少说几十年历史的法学院，如果从 1994 年山东大学威海校区筹建法律系招收经济法专科起算，2014 年才迎来它的 20 年诞辰。如果说有"法学院"名称，那也就是不到 10 年的时间。2004 年，威海校区院系整合，设"法学院"，将原马列部的行政管理专业、社会工作专业并到法律系，建法学院，由谢晖教授出任法学院首任院长。二是师资队伍年轻，平均年龄据我估算，可能也就是 40 岁左右吧。目前，法学院教职员工 70 余人，除原有师资以外，对学院师资引进作出贡献的有两位人物：一位是从河南大学来山东大学威海校区任法律系主任的陈金钊教授，学科初建、专业方兴，陈金钊教授引进了不少人才；另一位就是谢晖教授，2004 年及其后几年，其广纳国内高校的青年才俊。法学院的人才引进不仅引起了国内的注目，更是成效显著。自 2004 年始，科研产出占整个威海校区文科学科的一半甚至还多，是山东大学威海校区乃至山东大学的增长点。年轻，不等于没有资历。在这 20 年的发展过程中，一些学科、一些学者在国内渐有声望，法律方法论研究中心 2006 年被批准为山东省人文社会科学重点基地，逐渐形成了一支职称结构、年龄结构、学历结构、学缘结构都比较合理的学术团队；陈金钊、谢晖、焦宝乾、桑本谦等学者在国内学术界的影响日显，陈金钊、谢晖被称为著名法学家也不为过。山东大学（威海）法学院的声誉、影响力并不比那些有一定历史的法学院低或小，说起山东大学（威海），至少在法学界，会让人联想到山东大学（威海）法学院吧。

学院的发展离不开人才，学科的发展也离不开人才，没有人才或者没有很好的人才成长平台，发展从何谈起?! 山东大学（威海）法学院一方面继续延揽人才，为他们创造良好的成长环境，另一方面对于现有人才也想方设法给他们成长的空间，让他们在威海生活得开心、舒心、放心。威海是最适宜人居的城市，但是仅有这样的自然环境还是远远不够的。这几年，一些人追求更高的平台、更大的发展空间，离开威海。先有主张"华夏多元学术文化格局"，不赞成"大家者流，争聚京华皇城脚下"的谢晖教授北上京城；再有为法律系初建、迎着重重困难顶着种种阻力而发展学科、提升层次的陈金钊教授南下华政；还有如罗洪洋教授、桑本谦教授、谢维雁教授、董学立教授、苗金春教授诸君，或东奔，或西走。诚然，人才流动是一种正常现象，但是对我们山东大学（威海）法学院来说未尝不是一种损失，甚至是巨大的损失。

人才、学科是山东大学（威海）法学院发展的着力点。法学院现已形成了法律方法论重点学科、刑法学科、国际法学科、政治学科、立法学科、行政管理学科等学群，一些青年才俊也迅速成长。2013 年，山东大学威海校区启动学科建设资金，对法律方法论学科给予重点扶持。自 2014 年始，法律方法论作为一个专业，将独立招收博士研究生，这是一个很好的发展机遇，也是我院学科发展的良好平台。法律方法论学科（基地）有了学校的支持，有了该学术团队的精诚合作，我相信，该学科还有更大的发展空间。学校学科政策扶强不扶弱，但对于学院来讲，除了重点学科之外，还有更多其他的学科，也需要有一定的政策与经费支持，不能发展一个学科，其他学科就不再考虑了。目前，除了法律方法论学术团队以外，我院其他各专业、各学科人才成长也很快，每年都有教师博士毕业，或主持省部级以上课题。随之，博士论文或课题成果的出版也面临问题。如何扶植这些成长的学科，如何扶持这些年轻才俊，让他们尽快成长，更重要的是，将这些成果推向社会，扩大法学院的影响，这些问题亟须规划与考虑。在这样的背景下，法学院学术委员会经过商议，决定设立"玛珈山法政文丛"，资助年轻教师学术著作的出版，以振兴法学院的学术，继续保持或扩大法学院的发展强势。

这里我首先要感谢知识产权出版社的李学军编辑，因为他的促成与努力，我们才能够将出版文丛的想法付诸实施。法学院与知识产权出版社共同策划、出版"玛珈山法政文丛"，每年计划出版 3～5 本，为我院青年才俊提供成果展示的平台。我相信，"玛珈山法政文丛"的出版，一方面会为我国学术研究增加些许色彩，另一方面也为学界同仁了解山东大学（威海）法学院、山东大学（威海）的学人，提供一个很好的窗口。

本文丛的出版，得到了知识产权出版社特别是李学军编辑的大力支持与帮助，也得到了山东大学（威海）学科发展经费的资助，在此，特表示诚挚的谢意！

汪全胜

于威海玛珈山下枕涛书斋

2013 年 11 月 17 日

目 录

第一章　跨境救灾催生国际救灾法

灾害与抗击灾害是人类亘古即有的话题。但人类对灾害的应对从来没有像今天这样受到如此密切的关注。当今世界灾害应对已经成为一个全球性问题，尤其是由于科学技术的发展所带来的技术灾害以及人类对资源的过度开发利用所带来的生态灾害空前惨烈。因灾害而流离失所者日众，人道主义所带来的国际灾害救援也以前所未有的规模和速度发展，由此所带来的问题也日益突出。如何协调国际救援与国家利益之间的矛盾成为国际灾害应对中的核心问题。

一、国际救灾法：一个正在形成的国际法部门

（一）重大灾害的国际救援协作催生了国际救灾法

灾害的跨国援助规范实际上并非新生事物。早在 20 世纪 20 年代，在国际联盟推动下，国际社会就曾有过建立国际救灾联盟（International Relief Union，IRU）的努力。但由于公约设计的救灾资金筹措和执行机制存在问题，IRU 实际上流产了。IRU 的建立失败后，国际救灾法便以零零散散的方式发展，主要是以诸多国家间双边协定、国际机构在不同论坛上形成的决议和声明等形式发展。

综合性的国际救灾机制直到 IRU 流产后 50 年才出现，即联合国救灾事务协调办公室（UNDRO）的建立，这也是联合国人道主义事务协调办公室的前身。虽然产生了国际救灾协调机制，但国际救灾法制的建设和完善引起国际社会普遍关注则是从 20 世纪 70 年代开始的。IRU 的失败转而让国际社会把注意力转移到努力消除救灾操作层面的技术障碍上。然而，1976 年，由 UNDRO 和国际红十字会共同推动试图制定"加快国际救援措施的公约"的努力并没有在联合国框架内取得成功，因为某些国家担心"紧急救助会成为一种对抗有关国家进步政策的手段"，国际红十字会则认为，公约草案过于强调主权和要受受援

国的控制，结果最后只是作为一项大会决议通过。

实际上，国际救灾作为一种人道主义行动，关于人道主义法的诸多原则在国际救灾行动中都应当坚持。如果把历来在国际人道主义行动中起领导作用的国际红十字会和红新月会联合会（以下简称国际联合会）的自治规范考虑在内，则1969年《国际红十字会和红新月会救灾原则和规则》，以及包含该领域所有行动者的重要文件，如1969年《在灾害情况下对平民实施人道主义救助的原则宣言》《加快紧急救援的措施》，还有1994年《国际红十字与红新月运动和非政府组织救灾行动守则》（以下简称红十字红新月非政府组织行动守则）也可以视为国际救灾法的规范。

20世纪80年代以后，一大批专业领域和地区性灾害应对方面的条约产生，如1998年《为减轻灾害和救助行动而提供电信资源的坦佩雷公约》（以下简称《坦佩雷公约》）。还建立了一些地区性合作新机制，如1988年"中美洲自然灾害预防协调中心"（CEPREDENAC），1998年《黑海经济合作参加国政府间紧急援助和紧急应对自然和人为灾害协作协定》（以下简称《BSEC协定》），以及2001年"欧洲共同体民众保防机制"（Mechanism for Civil Protection）。但都不是全面涵盖跨国救灾各方面问题的规范。

进入21世纪后，虽然电影《2012》所预言的世界末日没有到来，但人们的确见证了诸多重大灾难的降临。灾害罹难者的增长、损失的巨大和媒体对灾害报道的积极参与，让国际救灾参与的规模在近几十年来快速增长。不只是自然灾害，像艾滋病、SARS、禽流感等大规模流行病的爆发同样威胁着人类的生存安全，还有不时爆发的重大工业事故，如核泄漏、跨国界重大污染等。这些重大灾害事件的影响是如此巨大，问题也越来越复杂，它们已经超越了一个国家的应对能力。在这些情况下，外国和国际组织的援助行动对于确保及时和充分的人道主义援助就变得十分重要。不只是传统的国家政府和国际组织，更突出的是国内外非政府组织、公司和私人的积极参与。救灾活动逐渐成为一种近乎全球性的活动，然而，这些行动经常会产生一些法律和行政问题。近年来的经验表明，对国际救灾人员、物资和设备的进入，对救灾计划官僚主义地设置人为障碍，以及监控、纠正和协作问题上的规范失效，都在破坏着救灾援助的效果，造成救灾的低效和浪费。

救灾（实际上也包括减灾）过程中的国际合作问题变得日益突出。这里仅举几例加以说明：

2004年12月印度洋海啸发生后，虽然印度和斯里兰卡政府为接受和便利国际援助已经作出了巨大努力，但海关清关手续上的烦琐还是导致了救援物资的大量积压，几百个集装箱的物资滞留了很长时间，里面所装物品如帐篷、睡袋、殓尸袋等成为不再需要的东西，食品则烂掉了。据报道，印度尼西亚到2006年1月还有超过400个集装箱的货物处在海关的监管之下。❶

2006年一份美国政府对"卡特里娜"飓风的救灾报告指出，缺乏法律指导和特别程序已经影响了外国政府和个人直接向美国政府提供的现金援助的使用。收到的12600万美元外国捐款，到2006年4月还没有颁发和转账给特定的机构，而且那个账户还一直被认为是一个没有利息的空头账户。❷

此外，救灾行动还经常在获得受灾国的正式授权和承认上受到刁难。如2004年飓风袭击泰国后，国际和当地非政府组织都发现，注册程序简直让人费解，即便要求获得临时法律地位都很少能够成功。❸除了其他问题，在获得救灾工作许可上缺乏法律上的标准、开立银行账户方面、捐款豁免税收等都尤其困难。结果，在泰国和很多其他国际救灾行动中，国际救灾人员只能以旅游签证开展工作，救灾组织的银行账户也只能以工作人员个人名义开立，结果用于救灾的资金还得遭受纳税的损失。❹

---

❶　Victoria Bannon et al, Legal Issues from the International Response to the Tsunami in Sri Lanka（International Federation of Red Cross and Red Crescent Societies 2006）, p. 12; Victoria Bannon et al, Legal Issues from the International Response to the Tsunami in Indonesia（International Federation of Red Cross and Red Crescent Societies 2007）, pp. 20 – 22.

❷　United States Government Accountability Office, Hurricane Katrina: Comprehensive Policies and Procedures Are Needed to Ensure Appropriate Use of and Accountability for International Assistance, U. S. Doc. No. GAO – 06 – 460（2006）.

❸　See Victoria Bannon et al, Legal Issues from the International Response to the Tsunami in Thailand（International Federation of Red Cross and Red Crescent Societies 2006）, pp. 12 – 15; see also International Federation Sri Lanka Study, supra note 1, at 8 – 9.

❹　Presentation of Johannes Richert, Head of National and International Cooperation Division, German Red Cross, to the European Forum on Disaster Response Laws, Rules and Principles（IDRL）, Antalya, Turkey, 25 – 26 May, 2006.

　　这些例子只是国际灾害救援行动中所存在法律问题的冰山一角，问题并不限于案例中所提到的国家。事实上，这些问题在国际救灾中广泛存在。国际救灾中法律制度的缺失，在某种意义上说，其负面作用不啻是另一种灾害。正如国际联合会所表明的，"法律上的障碍可能就像是灾害中的狂风暴雨冲垮了道路一样，同样构成有效的国际救灾的路障。缺少必要的法规可能导致的后果就是不合作、不当行为和浪费。法律问题意味着受灾者不可能在正确的时间获得正确的援助，以正确的方式交付救援货物"❶。

　　为此，无论在国内层面还是在国际层面都开始涌动着一种趋势，即通过加强国内立法和建立国际协作机制来解决由来已久的问题。虽然不少国家制订了灾害法和某些计划，但很少充分思考如何平衡当地控制与尽快接受外来援助之间的关系，相反，灾后第一时间往往充满混乱。许多国家开始重新审视国内立法上的缺陷和在接收国际援助上的制度结构问题。而在国际层面，地区和国际性的合作机制开始建立。

　　早在2000年，国际联合会《世界灾害报告》中就有一章专门聚焦于救灾的国际法问题，报告敦促进一步开展这一领域的研究和对话。结果，2001年，国际红十字和红新月会代表理事会通过了一项决议，呼吁国际联合会"倡议发展、改进和适当时真诚适用国际救灾法（International Disaster Response Law）"。国际联合会之后便确立了一项专门计划，就是现在众所周知的国际救灾法律、规则和原则计划（the International Disaster Response Laws, Rules and Principles Programme, IDRL），启动了对现有法律的梳理和最普遍问题的研究。此后，IDRL计划便积极开展研究并传播现有国际法信息、提供国内法案例和在特定灾害背景下如何适用这些国际法发表意见，还与相关利益关系者就他们实践中遇到的问题进行磋商。终于在2007年11月的第30届红十字会与红新月会国际大会上，各国政府、红十字会、红新月会的与会者们一致通过了《国际救灾及灾后初期恢复的国内协助及管理准则》。"该准则作为一套建议，旨在协助政府针对国际救灾行动中普遍存在的管理问题准备其与灾害管理相关的法律和计划。准则建议将其视为

---

　　❶ International Federation of Red Cross and Red Crescent Societies, Law and Legal Issues in International Disaster Response: A Desk Study, p. 17. http://www.ifrc.org/idrl.

人道主义援助中应当遵守的最低质量标准及援助方有效开展工作需要的各种法律设施。准则是基于现有国际法律文件和政策文件，应对出现的共同问题。"●

2002 年联合国大会通过第 57/150 号决议，即《加强国际城市搜救援助有效性及协作的决议》。2005 年印度洋海啸后，东南亚国家联盟（ASEAN）缔结了《关于灾害管理和紧急反应的协定》，北大西洋公约组织于 2006 年签署《便利重大民用跨界运输的谅解备忘录》，2005 年 1 月，联合国通过了《横滨行动框架》，为所有政府和国际社会开列了五项优先开展的工作，降低灾害风险和灾害影响。该行动旨在推动各国发展和加强国内立法和制度的框架，改善应急计划，以确保能快速有效地应对灾害。2006 年，国际法协会也做出决定，把"保护自然灾害中的人们"问题列入其工作计划。

另外，在联合国的机构改革中，也加强了人道主义机构改革，尤其注意到人道主义援助的各机构之间的协作，通过改革建立了一个包括联合国人道主义事务协调办公室（OCHA）、机构间常设委员会（IASC）、联合呼吁机制（CAP）、中央紧急循环基金（CERF）和人道主义事务部（DHA）在内的协作群。IASC 由联合国开发计划署、粮食计划署、儿童基金、人口基金、世界卫生组织、教科文组织、粮农组织、难民署等机构组成，国际联合会和其他非政府组织也应邀参加。CAP 则作为联合国筹集人道援助资金的重要渠道。

至此，众多国际救灾法律规范和标准的出现预示着一个调整跨国救灾活动的国际法部门正在形成。

（二）国际救灾法的调整对象

国际救灾法是调整国际灾害预防、灾害减轻、跨国救灾协作以及灾后恢复重建过程中所涉及的诸多法律关系的法律规范的总称。

1. 国际救灾法不同于国际人道法

首先，虽然国际救灾也属于国际人道主义行动，但这并不能说国际救灾法就属于国际人道法范畴。因为一般认为，国际人道法是建立在适用于武装冲突情境下保护平民和非战斗人员，以及限定特定作战

● 红十字会与红新月会国际联合会《国际救灾及灾后初期恢复的国内协助及管理准则简介》（中文本），第 4 页。参见 www.ifrc.org。

方式和武器使用的法律；而国际救灾法（IDRL）这一术语描述的是和平时期救灾的国际人道主义援助的规则和原则体系，无论是自然灾害、技术灾害还是工业灾害。

其次，国际人道法所针对的敌对行动是人为的、有意制造的灾难；国际救灾法是在合作的和平环境下适用的，灾害的损害通常不是有意的，而且人道法对敌对行动施加约束和限制的观念也不适用，因为国际救灾法不解决根据国际法限制的敌对行动。

还有一个值得注意的区别。国际人道法的人道主义保护并不能直接结束武装冲突，但国际救灾法除了促进自愿援助，促进人道主义的团结和支持外，如果能够得到系统发展，它还能够也应当促进快速反应，让紧急状态早日结束。

但二者也存在一定的联系。第一，当武装冲突结束后，国际人道法的职能履行完毕，但人道主义灾难可能并未结束，这时候，就需要国际救灾法登场了。例如，由武装冲突所引发的食品安全威胁可能持续到敌对行动结束后，从而已经超过了人道主义法适用的情形。这种情况下就要求过渡到适用和平时期的国际救灾法。第二，国际人道法的发展已经相当成熟，其发展路径可能为未来国际救灾法的发展提供借鉴。例如，国际人道法的某些原则对于发展国际救灾法也是有益的，这些原则可以从国际人道法中引申出来。如战时提供人道主义援助的个人和单位的地位、保护和责任等问题在国际救灾法中同样适用。

2. "灾害"的定义（范围）

对于"灾害"一词，不同学科的学者、发展团体和人道主义团体常常会以不同的方式加以界定。不同的界定方式往往浸透着特定的政治、文化、意识形态和其他偏见，要明确界定"灾害意味着什么"恐怕短期内不可能实现。正如两位学者在最近发表的关于这一主题的文章中所表明的，"我们对特定灾难了解得越多，恐怕在文献中所出现的灾害定义也会越多。"❶

---

❶ Steve Kroll – Smith and Valerie J. Gunter, Legislators, Interpreters and Disasters: The Importance of How as Well as What Is a Disaster, C. E. L. Quantelli, ed. WHAT IS A DISASTER? PERSPECTIVES ON THE QUESTION, Routledge Publisher, 1998, p. 160.

在学界，对于灾害的分类，一般来说划分为四大类。[1] 第一类是自然灾害，包括水文灾害（洪水）、气象灾害（暴雨或台风）、气候灾害（干旱）、地球物理灾害（地震、海啸和火山爆发）和生物灾害（流行病和虫害）。第二类灾害是技术灾害，即工业事故（化学泄漏，崩溃的工业基础设施）和交通事故（空运、铁路、公路或水路运输工具）。最后的两类灾难是人为的灾害，包括经济危机（恶性通货膨胀、银行危机和货币危机）和暴力（恐怖主义、内乱、暴乱和战争）。

国际规范文件也以不同的形式对"灾害"（disaster）下了定义。有些针对专门灾害的公约定义得很狭窄，只聚焦于特定类型的事件。如1986年《在核事故或放射性紧急事件情况下援助的公约》、1990年《国际油污准备、反应和合作的公约》、1983年《泛美卫生组织和苏里南政府在重大自然灾害情况下紧急技术合作协定》、1992年《工业事故跨界影响的公约》。1970年海关合作理事会《关于在灾害情况下加快推进救灾货物交付的建议》对"灾害"的界定只限于自然灾害或类似灾变。

有些文件则因为"灾害"一词具有不确定性而有意拒绝使用。如德国马克斯－普朗克比较公法和国际法研究所编纂的《国际人道主义援助指南》就认为，过去对这一术语所下的定义都是短命的，也是无益的。有的干脆不定义。1972年联大第2816号决议在界定UNDRO的职责时就避免给这个词下定义，只使用了"自然灾害和其他灾害"的表述，以避免造成对其人道主义职责的限制。[2]

然而，在较新的国际文件中似乎也存在一种趋势，就是更广义地界定和看待"灾害"这个词。

例如，1991年《建立加勒比紧急灾害应对机构的协定》（CDERA）第1条d款对灾害的定义是："灾害意味着可直接只归于自然力的作用或者人类的干预，或者二者兼具的因素所导致的突发事件，其特点是对人命或财产造成了广泛的破坏，而且公共服务也被打乱，

---

[1] Yasuyuki Sawada, The Impact of Natural and Manmade Disasters on Household Welfare', Agricultural Economics, vol. 37（s1），2007, pp. 59 – 73.

[2] See JiríToman, Report on the Convention for Expediting Emergency Relief（Office of the United Nations Disaster Relief Coordinator 1984），pp. 75 – 87, available in the archives of the United Nations Office in Geneva.

但排除那些由于战争、军事冲突或管理不善因素所导致的事件。"

1998 年,《坦佩雷公约》就把"灾害"界定为是"一种对社会功能的严重破坏,对人类生命、健康、财产或环境产生了重大而广泛的威胁,不管是由事故、自然的原因引起的还是由人类活动造成的,不管是突然的发展原因还是长期的复杂的过程形成的"。同年,《BSEC协定》把"灾害"界定为"一个确定领域内的事件,它产生于某一事故、危险的自然现象、自然或人为的重大灾难,它可能或已经给人类生命或者环境造成重大物质的、社会的和文化的损害"。

1999 年《国际空间宪章》第 1 条规定:"'自然或技术灾害'一词意味着一种涉及人命损失或大规模财产损害的重大不幸情事,它们是由飓风、龙卷风、地震、火山爆发、洪水或者森林大火等自然现象,或者是由碳氢化合物污染、有毒或者放射性物质技术事故等所引起。"

2000 年,国际民防组织《民防援助框架公约》提供了一个简短的定义:"生命、财产或环境可能处在危险状态的一种异常情况。"《ASEAN 协定》认为,灾害"意味着一种对一个社区或者社会功能的严重破坏,它导致了广泛的人员、物资、经济或者环境损失"。

国际人道社会也在其政策文件中对"灾害"一词采用了广义定义的方法。例如,1992 年由联合国 OCHA 准备的"关于达成共识的灾害管理基本术语表"中把"灾害"定义为"一种对社会功能的严重破坏,它导致了广泛的人员、物资或环境损失,这种损失超过了受影响社会以其自身资源加以应对的能力"。

国际联合会推荐的研究成果也采用了广义的"灾害"定义方法。1995 年《红十字红新月非政府组织行动守则》的定义是:"灾害就是导致了人命损失、巨大痛苦和不幸,还有大规模物质损失的灾难事件。"这里既包括突发性灾难(如地震、台风、火灾,尤其是突发性流行病),也关注缓慢发生的事件(如干旱、漫延的洪水和慢慢传播的疾病),即所谓"自然的"和"人为的"灾害。

可以看出,晚近的"灾害"定义多采用广义定义方式,灾害的范围既包括自然灾害,也包括人为的灾害,或者两种因素兼具的灾害,如环境灾害;既包括突发性灾害,也包括缓慢形成的灾害。但都明确将武装冲突排除在外,因为那是传统上由国际人道法所规制的对象。例如,最近由 IDRC《示范法》所推荐的"灾害"定义为:"是指社会功能的运转受到严重破坏，对人类生命、健康、财产或环境造成重大、广泛威胁的事件。无论它们是由事故、自然现象或人类活动所引起，还是突然发生的或是长年积累的，但是此处的灾难不包括武装冲突。"❶ 对于这一定义，IDRC 建议还没有制定国内灾害法的国家采纳。

3. 国际救灾法适用的时空界限

国际联合会的研究中所确定的国际救灾法规则多数适用于灾害的紧急状况下。然而，有些影响公共安全的问题也会落入国际救灾法的范畴而不只是在实际紧急状态下。因此保障公共安全的那些灾前阶段（如预先定位救灾物资供应）的规则和灾后阶段（如评议从灾害中学到的教训和信息的分享）的规则也会划入国际救灾法范围内。也就是说，从灾害准备、紧急救援，到灾后恢复重建和回归社会（rehabilitation）问题，尽管每个阶段有不同的工作重点，适用不同的规则，但它们现在都被统一包容进了国际救灾法的概念中。因为，紧急救灾效果的不佳很大程度上与灾前的准备不足有关，而在灾后重建、回归社会与发展之间要作出区分也不容易。因为要确保灾害应对的有效延续，从一开始就要包含发展元素，为在救灾和发展之间顺利过渡做好准备，这成为近年来国际社会的一个重要目标。❷ 一次重大灾害可能对社会产生巨大和极为长久的影响，因此，鼓励发展的后续努力就必须加以考虑。同样，恢复重建的努力也必须考虑长期发展的目标。

尽管如此，在某一点上还是存在一条分界线，现有的国际文件仍然承认在灾害反应和一般发展之间存在一条边界。❸ 这条分界线对于人道主义行动（如那些《国际红十字红新月会非政府组织行动守则》中所描述的行动）来说尤其重要，因为他们的行动依靠的是独立和无偏私的承诺，在人道行动期间（即救灾阶段）保持中立和只以最需要为基础。相反，发展援助还必须与国内政治进程所设定的国家未来的长期发展目标密切联系起来。

---

❶ 红十字和红新月会国际联合会出版、姜世波等译：《关于国际救灾和灾后初期恢复重建援助便利化和规范化的示范法》（试用版），第 7 页。

❷ 例如，国际联合会《把救灾、回归社会和发展政策统一起来》，参见 http://www.ifrc.org/Global/Governance/Policies/policy – integrating. pdf, 2011 年 3 月 18 日访问。

❸ 参见联合国 ISDR 网站，"术语学：降低灾害风险的基本术语"，http://www.unisdr.org/eng/library/lib – terminology – eng%20home. htm, 2011 年 3 月 19 日访问。从这些术语中可以看出从灾害风险管理的视角看，是可以分阶段的。

综上所述，国际救灾法是国际社会应对来自自然、人为的巨大灾难（除了那些发生在武装冲突下的）在对人类造成超越一国应对能力的重大负面影响时，对包括灾害准备（减灾）、紧急救援和灾后重建过程中协调国际行动而形成的法律规范所构成的法律部门。它不仅适用于紧急状态下的地区，在其他地区也可以适用，即在那些监控、报道和其他形式的合作或援助可以减轻灾害事件影响的地区。❶

（三）国际救灾法研究的现状与展望

对国际救灾法的研究，应当说，国外已经有了相当的发展。以国际联合会的 IDRL 网站上刊载的成果为例，就包括：第一，《国际救灾的法律及法律问题：一个初步研究》（以下简称《初步研究》），该研究集合了国际联合会关于国际救灾法研究计划中的法律研究、案例研究、咨询意见以及对现有规制框架的全球观察和该领域的其他问题。❷ 第二，《国际救灾的法律、原则和惯例：反思、展望和挑战》，该书包括了法律专家所写的一些论文，涵盖了广泛的适用于和平时期灾害管理的各种法律、规则和原则，从概念到实践，从理论探讨到个案研究，无所不包。❸ 第三，参与该计划的专家及其他学者，如 Victoria Bannon、David Fisher 等人所撰写的该领域的重要论文。❹ 第四，呼吁学者们提交研究的工作底稿（working papers），如 Bradley J. Condon 和 Tap-en Sinha 博士的《大规模流行病准备的有效性：2009 年流行性感冒的法律教训》。❺ 第四，《坦佩雷公约》研究。第五，世界各地灾害预警与救援的案例研究（case study）及情况说明（fact sheets）。这些研究成果都可以在国际联合会网站上全文下载阅读。❻

---

❶ International Disaster Response Laws, Principles and Practice: Reflections, Prospects and Challenges, the International Federation of Red Cross and Red Crescent Societies, Geneva, 2003, p. 21.

❷ *See* International Federation of Red Cross and Red Crescent Societies, Law and Legal Issues in International Disaster Response: A Desk Study.

❸ International Disaster Response Laws, Principles and Practice: Reflections, Prospects and Challenges, the International Federation of Red Cross and Red Crescent Societies, Geneva, 2003.

❹ 参见 http://www.ifrc.org/en/what-we-do/idrl/research-tools-and-publications/，2011 年 3 月 15 日访问。

❺ 参见 http://www.ifrc.org/en/what-we-do/idrl/research-tools-and-publications/，2011 年 3 月 15 日访问。

❻ 参见 http://www.ifrc.org/what/disasters/idrl/research/publications.asp#aa，2011 年 3 月 15 日访问。

其他的研究有 2010 年出版的 Michael Eburn 的《澳大利亚国际灾害应对：法律、规则和原则》（Australia's International Disaster Response：Laws，Rules and Principles），❶ 该书通过对澳大利亚的国际灾害立法、政策安排和标准与国际联合会的《救灾行动守则》进行比较研究，认为澳大利亚的现行法律与政策管理不足以应对可以预见的法律问题，建议英联邦采取有效步骤让澳大利亚能更好地应对重大灾害。该书的研究对于其他国家也有重要借鉴意义。

为了改善国际救灾行动者和各国政府对现有规则和标准的认识，促进发展新的法律和政策，国际联合会还建立了一个 IDRL 法律数据库。数据库包括关于救灾的国际条约、决议、声明、政府换文和信函、谅解备忘录、指南、示范协议和其他软标准的国际规范性文件，也包括诸多国家国内救灾法律、法规和政策文件，涉及签证、海关、非政府组织登记和其他相关问题的相应的国内法和其他国内行政法规等，以供研究者查询之用。

应当承认，中国国际救灾法的研究还十分薄弱。中国近年已经开始重视灾害的公共管理的研究工作，国内先后召开了多场国际研讨会，主要对于防灾、减灾、救灾的技术和组织管理工作展开探讨。但忽略了对于法律层面，即国际救灾中的法律问题的研究。尤其是基于人权和人道主义保护原则下的救灾协作和管理更没有予以相应的重视。现有的研究成果多数是对难民地位及其保护的关注，而难民保护仅适用于武装冲突下所造成的"人道主义灾难"，并不适用于其他灾害所造成的受难者的保护和救助。国内已有学者对"环境难民"的保护问题予以关注，在汶川地震后中国人民大学和北京航空航天大学也举办过与震灾救助相关的法律问题研讨会，但主要限于国内减灾、救助的法律问题。如四川大学王建平博士所著的《减轻自然灾害的法律问题研究》❷，运用比较分析尤其是个案分析方法，在深入分析自然灾害的法律特性、防灾减灾法理的基础上，对防灾减灾的法律价值、国家行为

---

❶　Michael Eburn, Australia's International Disaster Response：Laws, Rules and Principles, VDMVerlag Dr. Müller（March 21，2010），该书是在作者博士论文基础上出版的，其博士论文可从网上下载，下载地址为 http：//arrow. monash. edu. au/vital/access/% 20/services/Download/monash：14147/THESIS01.

❷　王建平：《减轻自然灾害的法律问题研究》，法律出版社 2009 年版。

意义、灾区和灾民的特征、赈灾的法律机制、灾害状态的法律对策、国家的减灾责任、灾区的减灾责任和《防震减灾法》修订等问题，进行了系统和深入的研究分析与论证。可见其研究的重心是减灾法律问题。至于与国际救灾法直接相关的研究，国内尚没有展开。目前政府所关注的主要是关于自然灾害应急体系建设、政府在救灾中的作用、自然灾害防治、自然灾害救助体系健全等方面的问题，对外国和国际组织、国际民间组织在跨国救灾中的法律问题并没有引起关注，可以说这在国内学术界的研究中还是个盲点。笔者也曾咨询过中国红十字会，国际联合会的诸多研究成果的译介工作也还没有列入其工作计划中。

在未来的国际救灾法发展和研究中，有以下几个问题可能会成为国际社会所关注的焦点：一是随着国际联合会《国际救灾及灾后初期恢复的国内协助及管理准则》影响的日益扩大，各国会越来越关注对这一准则及其实施的研究，并在国内立法中对这一准则予以回应。第二，灾民权利的内涵及其保护会成为研究的重点。随着国际人权法和国际人道法的进一步发展和推行，灾民作为社会中的弱势群体，其基本权利的保障已经成为国内流离失所者保护制度（Internally Displaced Persons，IDPs）关注的对象。第三，sphere 项目将会对各国确立其国内赈灾标准提供借鉴。

之所以作出如上判断，是因为谋求建立全球性法律机制的努力已经被证明并不容易实现，虽然各国在地区层面达成多边公约相对容易些，但实践证明各国核准的进程也比较缓慢，而由国际民间组织所制定的标准、指南虽然没有法律约束力，但由于其确立的这些准则皆立足于解决操作层面最为紧迫的问题，是基于人道主义的最低标准来建立规则框架的。因此，其倡议性质反而更容易引起国际社会的关注和接受。因此，各国在未来也会加强对这些民间规范的研究，以为建立和完善国内立法提供参考。

二、国际救灾法的造法主体

在目前既有的跨境救灾的国际法渊源中，各类国际法主体分别铸造了不同类型的规范性文件，这些不同效力的国际法渊源产生自形形色色的造法主体，它们包括：

（一）联合国系统

联合国机构内在关于人道主义国际援助的规范中陆续形成了一系列与国际救灾救援有关的规范。制定这类规范的相关机构包括世界粮食计划署（WFP）、联合国粮农组织（FAO）、联合国儿童基金会（UNICEF）、世界卫生组织（WHO）、联合国开发计划署（UNDP）、联合国环境计划署（UNEP）和联合国难民事务高级专员办事处（UN-HCR）等。比如，为实施国际人道主义援助而建立的人道主义事务协调办公室（OCHA）就从事了不少这方面的规范制定工作。

（二）非联合国系统的政府间组织

在全球层面还有其他一些非联合国政府间组织也具有与国际救灾相关的正式使命，如国际移民组织（IOM）、国际民防组织（ICDO）和世界银行等。这些全球公共体制虽然不是专门的国际救灾组织，但在它们的工作中，还是体现了与国际救灾和恢复重建有关的法律工作，这些工作同样构成了现有 IDRL 结构的一部分。

（三）非政府组织

国际人道主义非政府组织，尤其是红十字和红新月会国际联合会（ICRC）是当代国际救灾法领域最为活跃的造法主体。这些人道主义组织在履行其国际援助的使命过程中，对于国际救灾援助实施过程中遭遇的种种不便感同身受，因此，对于救灾援助国际法的制定最有发言权。同时，它们的使命源自它们的会员的授权，并不像那些政府间组织那样分别能够得到它们所属国的国家认可。不过，非政府组织在国际救灾中的集体作用已经在联合国决议和其他文件中反复得到承认。❶ 就此而言，国际红十字和红新月运动在救灾中的使命实际上在其产生时就已经创设，在国际层面也得到了各国的特别认可，因为各国在国际红十字和

---

❶ See, e. g., UN General Assembly Resolutions 60/196, U. N. Doc. No. A/RES/60/196 (2006), at para. 8（它强调"各国政府、联合国系统及其他国际和地区性组织，还有非政府组织及其他伙伴，如国际红十字和红新月运动之间密切合作与协调的重要性"）and 46/182 supra note 156, at annex para. 5（确认"政府间的和非政府间的组织应公正地工作，并奉行严格的人道主义动机继续在执行国内努力中作出重要贡献"）affirming that "[i] ntergovernmental and non – governmental organizations working im – partially and with strictly humanitarian motives should continue to make a significant contribution in supplementing national efforts".

红新月大会上都认可了它的《行动规约》。❶

为了避免重复，这里仅就参与国际救灾造法的重要组织罗列出来，至于它们在这方面所开展的具体工作会在后续"国际救灾法的发展"章节中加以详细介绍。

三、国际救灾法的渊源

尽管国际救灾法最近才成为系统研究的主题，但由于其性质与其他国际法主题一样，具有同样的结构，因此，也具有与其他国际法部门同样的法律渊源。

首先，它也是建立在条约基础上的，其适用和解释仍然由国际组织及其会议的决议决定。但就这一领域是否已经发展出习惯法的问题，还没有确切的结论。至于其他渊源，也对国际法的普遍发展有所贡献，从而在形成国际救灾法中发挥着作用。这些渊源被西方学者称为国际救灾法中的"软法"，但它们并非不重要，因为它们要么有助于国际救灾法体系的形成，要么说明了存在需要进一步发展的法律领域。对于国际救灾法的各种不同性质的法律渊源，国际联合会的研究已经有十分详尽的梳理，既包括全球国际法规范、地区性法律规范，也包括双边条约和国内救灾法的情况。❷ 其中全球国际法规范又分四类进行了考察：（1）与国际救灾法相关的国际法领域。包括联合国机制委托的使命、国际人权法、国际人道法、难民和国内流离失所者法、特权与豁免法、海关法、运输法、电信法、捐赠法、民防和军事法、卫生法、环境和工业事故法、武器控制法、空间法和人道主义人员安全法等诸多领域。（2）决议和声明。包括联合国、国际红十字和红新月会和国际议会联盟所通过的各项与灾害救援有关的决议和声明。（3）行动守则和标准。（4）示范法和指南。

虽然说调整和规范战时或武装冲突情况下的国际人道主义法律规范已经发展成为一个公认的国际法部门——国际人道法，但就和平时

---

❶ See Resolution 7, Amendment to the Statutes and Rules of Procedure of the International Red Cross and Red Crescent Movement, 26th International Conference of the Red Cross and Red Crescent, Geneva, 1995.

❷ See International Federation of Red Cross and Red Crescent Societies, Law and Legal Issuesin International Disaster Response: A Desk Study, Chapter 3 - 6.

期灾害情况下的国际人道主义援助而言，今天仍没有形成一个完整的法律体系。现有的国际救灾法被西方学者描绘成是一个由不同条约、习惯国际法、行动指南、原则和准则组成的大杂烩。❶

这里仅列出国际救灾法的一些主要规范性文件，大量的文件及其内容介绍详见第三、四、五章：

（一）国际公约

1. 全球性条约和协定

1944 年《民用航空公约》（芝加哥公约），附录 9 第 8.8－8.9 节。

1965 年《便利国际海上运输公约》附录 1，第 5.11－5.12 节。

1973 年《简化和协调海关程序兵库公约》，附件 B.2 和 F.5，1999 年修订（特别附录 B 和 J.5）。

1998 年《在减灾和救灾行动中提供电信资源的坦佩雷公约》。

2000 年《民防援助框架公约》。

2000 年《在自然和技术灾害情况下实现协调使用空间设备行动宪章》。

2. 地区性条约和协定

1984 年《美洲国家间便利救灾援助公约》。

1987 年欧洲理事会第 87（2）号决议《在重大自然和技术灾害中防止、保护、组织救灾的开放、局部协定》。

1991 年《建立加勒比紧急灾害应对机构的协定》。

1993 年《构建中美洲国家防止自然灾害协调中心协定》。

1996 年《建立政府间发展机构协定》。

1996 年 6 月 20 日欧洲理事会《关于人道主义援助》的第 1257/96 号法规。

1998 年黑海经济合作组织（BSEC）参与国政府间协调自然和人为灾害紧急援助和应急协调的协定。

2002 年 10 月 23 日欧盟理事会《关于建立一个促进强化民防援助干预共同体机构的决定》。

2005 年《东南亚国家联盟灾害管理和应急协定》。

---

❶ Nick Cater, Legislating to Save More Lives, http：//www. redcross. int/EN/mag/ maga-zine2002_ 3/legislating. html, last visited Sept. 9, 2006.

（二）决议和声明

除了具有法律约束力的全球性、区域性以及双边或多边的国际公约（条约）外，国际组织还通过了大量没有法律约束力，但对于形成国际救灾法习惯规则具有重要启示意义的国际决议、宣言、声明、安排等。在这些决议和声明中，尤其联合国和国际红十字和红新月会联合会最多，影响力也最大。以下仅列出它们通过的一些重要的决议和声明：

1977 年国际红十字和红新月会第 23 届国际大会暨 1977 年联合国经社理事会 1977 年 2012（LXIII）号决议。

1969 年第 21 届国际红十字会大会第 26 号决议，即《在灾害情况下对灾民进行国际人道主义救助的原则声明》。

联合国大会 2003 年第 57/50 号决议、2009 年第 63/137、63/139、63/141 号，2010 年第 64/76、64/251 号，2011 年第 65/133、65/264、65/119 号，2012 年第 66/119、66/227、67/87 号决议，这些决议的名称皆为《加强协调联合国人道主义紧急援助》，决议皆提及了 IFRC 起草的《便利和管理国际救灾及灾后初期恢复重建援助指南》。

2011 年国际红十字和红新月会联合会第 31 届国际大会第 31IC/11/R7 号决议《强化减灾、救灾和恢复重建的规范框架及解决管理障碍》。

（三）指南、行动守则和示范法

在国际人道主义援助的实施中，非政府组织发挥着越来越重要的作用，它们不仅积极组织人员和物资参与跨境救灾，而且注意总结国际救灾中的经验和良好做法，编纂成具有可操作性的、富有指导意义的指南、行动守则和示范法。例如：

1990 年马克斯—普朗克国际法与比较法研究所《人道主义援助行动国际指南草案》。

1994 年《红十字红新月会运动与非政府组织救灾计划行动守则》。

2003 年《人道主义捐赠人原则和良好做法》。

2003 年《国际人道主义责任伙伴（HAP）责任原则》。

2004 年《人道主义宪章与最低赈灾标准全球项目》。

2006 年 IASC 编制的《保护受自然灾害影响的人：IASC 人权与自然灾害操作指南》。

2007 年《人道主义质量和管理标准》。

2003 年 People in Aid 组织《管理和支持援助人员良好实践守则》。

联合国人道主义事务协调办公室和达沃斯世界经济论坛通过的《人道主义行动公私协作指导原则》。

2000 年采掘和能源行业《安全与人权志愿原则》。

《灾害中的性别平等六原则》。

《人道主义捐赠者原则与良好实践》。

2007 年国际红十字和红新月会联合会《便利和管理国际救灾及灾后初期恢复重建援助指南》。

2011 年国际红十字和红新月会联合会《便利和管理国际救灾及灾后初期恢复重建援助示范法》。

第二章 国际救灾法的基本矛盾

一、问题的提出：主权与人道主义的冲突

（一）重大灾害情势下拒绝人道援助引发争论

2008 年 5 月 2 日，纳尔吉斯飓风袭击缅甸南部人口稠密的三角低地地区，造成 14 万人死亡，80 万人无家可归、流离失所。根据联合国人道主义事务协调办的长期评估，损害可能远不止此，他们估计有240 万人受到了这次风暴的直接侵害。据媒体评论，这次自然灾害的规模就连那些富裕、备灾充分的国家如果不接受国际援助的话恐怕都难以抵挡，更何况像缅甸这样的不富裕且又缺乏备灾和反应能力的国家。然而，灾害发生后缅甸军政府所做出的反应令世界为之瞠目。首先是封锁灾害的实际状况的消息，直到 5 月 9 日，军政府才正式宣布接受国际援助救济，但只限于食品、药品、其他物资以及财政援助，而不允许外国专业救援人员进入。面对灾害的严重情况，缅甸军政府对接受国际援助的消极态度引起了国际社会的普遍谴责，因为缅甸政府并没有提供任何令人信服的理由就拒绝了国际援助的提供。当时，法国和美国提出动用"军舰"和军用飞机载运救灾物资进入缅甸遭到拒绝，这引起法国的愤怒。法国声称缅甸拒绝越来越多的国际援助进入这个国家"可能导致真正的反人类犯罪"❶。英国首相戈登·布朗指责执政的军政府因为没有采取行动让这场自然灾害发展成了"人为的大灾难"。他还谴责军政府应对其不人道的行为负有罪责。❷ 直到 5 月19 日，在舆论压力下，缅甸才同意允许来自东南亚国家联盟成员的援

---

❶ France Angered by Burmese Delays, BBC Online, 17 May 2008, http：//news. bbc. co. uk/2/hi/asia – pacific/7405998. stm, visited on 2012 – 2 – 24.

❷ Burma's Guilty of Inhuman Action BBC Online, 17 May 2008, http：//news. bbc. co. uk/2/hi/uk_ news/politics/7406023. stm, visited on 2012 – 2 – 24.

助。5 月 21 日联合国秘书长指出缅甸救灾工作迟缓，呼吁加快救灾工作，缅甸应允许所有援助人员进入，不分国籍。在泰国外长和联合国的推动下缅甸才逐渐开始接受较广泛的国际援助。

缅甸在大灾后对国际援助的消极态度引起了国际社会对这种现象的法律思考。不少西方人士认为，缅甸的表现在实践中并非个案。国际实践显示，一些国家可以提出很多理由拒绝其他国家的国际援助。比如，国家可能为了保护其民族自豪感的形象而拒绝，也可能是因为希望扮演一个不需要外来援助的国家角色。在其他情况下，政府可能不愿接受那些所谓不友好政府或国际组织的援助提供，他们可能只是寻求避开外国人进入其境内，或者担心大量国际援助进来会造成一定的混乱。如 2005 年卡特里娜飓风袭击美国后，美国起初决定拒绝金钱捐赠和其他形式的援助，包括几个国家提供的很多有益用品，如来自古巴的医疗援助。❶ 2004 年海啸和 2005 年南亚大地震发生后，印度也拒绝了某些国际援助，因为它长期不愿意请求国际援助，这是一国政府可以自由决定是否接受救灾援助的典型例证。❷ 2009 年 3 月，则发生了喀土穆驱逐了来自苏丹的援助机构的情况。❸

还有些国家完全拒绝外来救援。如众所周知的朝鲜，多数情况下会拒绝西方国家的援助。而东道国寻找各种理由，或者有时夸大其词，怀疑外来援助的提供隐藏着所谓干预其内政的企图而拒绝或推脱外国援助的情况则并非个案。在某些著名案例中，情况已经表明国内当局明显不能向其境内的灾民提供援助，但它也不愿意接受任何国际援助，或者不愿尽快允许外来人道主义援助进入。例如，1990 年，在地震袭击伊朗的吉兰省导致超过 5 万人受害的情况下，伊朗政府却延缓请求国际援助，呼吁其人民"通过忍耐、奋斗和合作光荣地接受考验"。虽然伊朗最终向国际社会寻求了援助，但政府最初禁止直接的搜救飞行，禁止援助人员入境。另外还有朝鲜不愿承认 1997 年的饥荒，埃塞

❶ K. B. Penuel, M. Statler, Encyclopedia of Disaster Relief. SAGE Publications, Los Angeles, 2011, pp. 322 – 324.

❷ P. Harvey, Towards Good Humanitarian Government. The Role of the Affected State Indisaster response. Humanit Policy Group Policy Brief 37, 2009, http：//www. odi. org. uk/resources/details. asp？id = 4196&title = good – humanitarian – government – affected – state – disaster – response.

❸ Sudan Tribune, Khartoum's Expulsion of Humanitarian Organizations, March 4, 2009, http：//www. sudantribune. com/Khartoum – s – Expulsion – of, 30643. visited 2 March, 2012.

俄比亚为维持农业出口和旅游业而不寻求国际援助等。❶

上述案例向人们提出了一个理论问题:在灾害的严重性超过了受灾国的应对能力的情况下,受灾国援引主权原则任意拒绝外来人道主义援助,置其人民的生命和财产安全于不顾,这种对主权的主张还是否具有正当性。对此,国际法学界展开了热烈的讨论。

(二)目前的法律规制主张

1. 人道主义干预理论

国际上对于人道主义干涉也还并没有正式认可的定义,不同的学者有不同的见解,如西方学者 Joyner & Arend 对人道主义干预下的定义是"由一国或国家团体为了明确的防止或者减轻人权暴行目的而强制干预犯有这种暴行的另一国家事务的行为"❷。Jean – Pierre L. Fonteyne 所定义的人道主义干涉为"正当地使用武力保护另一国的居民不受武断地、持续地虐待,这种虐待超过了主权者的理性和正义所允许的范围"❸。我国学者认为,所谓"人道主义干涉"是指当一国"对它的国民施行虐待或加以迫害到了否定他们的基本人权和使人类良心震惊的程度",在未得到被干涉国政府同意的情况下基于人道主义原因对该国实施武力干涉或以武力干涉相威胁。它包括两类行为:一是出于人道主义目的而实施的强制行动,它出现在有大规模侵犯人权发生的情形下,根据《联合国宪章》第7章,由全球性地区或区域性国际组织实施的或由其授权而进行的集体干涉;另一类是没有授权的单方面的或由多国进行的干涉,这种以武力相威胁或使用武力的行为既没有事先得到联合国有关机构的授权,也没有得到被干涉国合法政府的同意。❹ 有的学者甚至把非武力干涉,如人道主义援助、人道主义外交保护行动等也归入"人道主义干涉",这就可能使长期形成

---

❶ Zama Coursen – Neff, Note, Preventive MeasuresPertaining to Unconventional Threats to the Peace such as Natural and Humanitarian Disasters, New York University Journal of International Law& Politics, Vol. 30, 1998, pp. 645, 677.

❷ Joyner & Arend, AnticipatoryHumanitarian Intervention: An Emerging Legal Norm?, 10 USAFA J. LEG. STUD. 27, 1999/2000, p. 34.

❸ Jean – Pierre L. Fonteyne, The Customary International Law Doctrine of Humanitarian Intervention: Its Current Validity Under the U. N. Charter, 4 CAL. W. INT'L L. J. 203 – 204, n. 3, 1974.

❹ 杨泽伟:《人道主义干涉在国际法中的地位及其前景》,参见 http://www.chinalawedu.com/news/16900/177/2004/8/re3363258341828400220 5504 _ 130049. htm, 2014年10月29日访问。

的国际人道主义援助体系受到挑战，不利于人道主义行动的开展。

人道主义干预虽然在道德上具有一定的正当性，但多数国际法学者都认为不经联合国安理会批准的干预以及非东道国同意的单边人道主义干涉在法律上仍然是不合法的。因为它违背了习惯国际法所确立的不干涉原则。同时，人权高于主权的主张也不符合事实，个人权利，甚至人权，仍主要被视为是屈从于主权权利的权利。一个国家是否可以在未经其许可的情况下军事干预另一个国家的领土，不是为了拯救受害者，而是为防止或终止侵犯人权的行为目前仍未得到认同，未获得权威性的确定。因为《联合国宪章》第 1 条第 3 款只讲到联合国寻求"促进和鼓励尊重人权"，并没有讲到该组织有执行人权的使命。❶

虽然如此，西方也有一些观点认为一项由一个地区性机构提出的倡议也可能是合法的，即使没有联合国安理会的授权。❷ 而且，自"冷战"结束以来，人道主义干涉已变得更加普遍，主张国家主权从属于基本人权保护的主张也甚嚣尘上。❸ 其中最为著名的两个例子是北约 1999 年干预科索沃和西非国家经济共同体 1997 年使用武力对抗塞拉利昂。西方学者认为，在这两个案例中，其正当理由至少部分与使用多边区域性武力制止大规模屠杀平民相联系——当国家拒绝采取行动或者它本身就是武力侵略者的情况下。这两个案例都没有联合国安理会授权，也不是事后批准的干预。❹ 他们还认为，联合国安理会近些年来的行为本身也帮助了人道主义干涉合法化。如经联合国安理会授权或默认在伊拉克北部、波斯尼亚、索马里和卢旺达所采取的人道主义干预行动，就已经表达了"愿意承认人道主义危机本身可能构

❶ U. N. Charter, art. 1, para. 3.

❷ RESTATEMENT (THIRD) OF FOREIGN RELATIONS §905. Report of the International Commission on Intervention and State Sovereignty [ICISS], The Responsibility to Protect Report, at XII, Dec. 2001.

❸ Dr. Klinton W. Alexander, NATO's Intervention in Kosovo: The Legal Case for Violation Yugoslavia's National Sovereignty in the Absence of Security Council Approval, 22 HOUS. J. INT'L L. 403, 2000, pp. 403 – 405.

❹ Dr. Klinton W. Alexander, NATO's Intervention in Kosovo: The Legal Case for Violation Yugoslavia's National Sovereignty in the Absence of Security Council Approval, 22 HOUS. J. INT'L L. 403, 2000, p. 403. Peter A. Jenkins, The Economic Community of West African States and the Regional Use of Force, 35 DENV. J. INT'L L. &POL'Y 333, 2007, p. 346.

成对国际和平与安全的威胁"。❶ 另外，当联合国安理会以 12∶3 的投票成功地反对谴责北约干预科索沃的行动，第 1244 号决议为干预提供了正当性，使这次人道主义干预变成了合法行动。❷ 因为国际上并没有强有力地抗议北约的行动和安理会的反应，各国通过对科索沃委员会发表的调查结果保持沉默，也让人道主义干涉至少在某些情况下合法化。

不过，尽管如此，2000 年 10 月科索沃独立问题国际委员会关于科索沃问题的报告也注意到："在欧洲之外，在西方之外，由于殖民主义和冷战的阴影，世界上很多国家还更多地主张对主权的保护，他们普遍担心西方的干涉主义，而北约愈益增长的全球力量让人们感觉世界其他地方更易受伤害，尤其是像科索沃的情形发生，因为在科索沃案例中，北约就主张有绕过联合国安理会的权利。"❸

因此，我们还不能说仅依科索沃等个案，就认为单边人道主义干涉已经发展成为不可改变的习惯国际法力量。而且目前联合国基于人道主义危机而介入的案例中，皆属于对国内或地区性冲突的介入，还没有一起是对于纯粹的灾害而引发的危机进行的干预。

事实上，有人指出，现在在国际救灾领域中正在出现的这种状况及相应规范的创生并不是新的现象、新的问题，毋宁说这是对旧的人道主义干预以一种更富魅力的重新概念化、理论化。❹ 对于人道主义干预，这恐怕是当代国际法的发展中最富争议的领域了，至今在国际立法中也没有正解。❺ 如果把这一理论扩展到灾害情景下，可能为大国或强势国家对弱国国内事务进行干涉提供一种合法的借口，它们或者会绕过联合国安理会的授权垄断地行使强制权力，对此，必须保持高度的警惕才行。

---

❶ Joyner & Arend, Anticipatory Humanitarian Intervention: An Emerging Legal Norm?, 10 USAFA J. LEG. STUD. 27, 1999/2000, p. 43.

❷ See Ruth Wedgwood, NATO's Campaign in Yugoslavia, 93 AM. J. INT'L L. 828, 1999, pp. 830 – 831. and S. C Res. 1244, U. N. Doc. S/RES/1244 (1999).

❸ Independent International Commission on Kosovo, The Kosovo Report, http://reliefweb. int/report/albania/kosovo – report, published on 23 Oct, 2000, visited on 2014 – 11 – 1.

❹ Tahmika Ruth Jackson, Bullets for Beans: Humanitarian Intervention and the Responsibility to Protectin Natural Disasters, Naval Law Rev., 2010, 59: 1 – 20.

❺ 王虎华："'人道主义干涉'的国际法学批判"，载《法制与社会发展》2002 年第 3 期。

不过，尽管如此，我们也不能认为人道主义干预这一概念是无关紧要的，因为有很多迹象显示，它有被日益接受的可能性。当然，这取决于未来人道主义干预实践的证明和推动。

2. 援引"保护的责任"理论

有学者认为在此情况下应援引"保护的责任"原则，把拒绝接受国际援助视为国家拒不履行保护其国民生命和尊严的行为。这种建议引起许多政府、救援机构、媒体和全球公民的热议。

"保护的责任"引起国际关注始于 2001 年关于干涉与国家主权国际委员会（the International Commission on Intervention and State Sovereignty（ICSS））所起草的报告。报告起草是基于国际社会对 20 世纪 90 年代的卢旺达和科索沃危机未及时作出反应而事实上导致局势不能得到有效控制甚至危机加重的背景下由联合国秘书长科菲·安南发起的。这一概念在 2001 年被正式提出后，受到了国际社会的普遍关注，它不仅被联合国秘书长多次阐述，而且被写入了世界首脑会议文件。尤其是在《联合国千年报告》中，秘书长认为，"没有什么法律原则，甚至主权也不能保护反人类罪。当这种犯罪出现而试图和平地停止这种犯罪已不敷使用的情况下，安理会就有道德义务代表国际社会采取行动"。在他看来，"武装干预必须始终保留作为最后手段，但面对大规模杀戮，这是一种不能放弃的选择"❶。但对于"保护的责任"所适用的范围，则一直存在争论。经过艰苦谈判，2005 年 10 月 24 日第 60 届联合国大会通过的《2005 年世界首脑会议成果》首次以宣言的形式表明，世界上大多数国家大体上接受国际社会整体对陷入特定情势的人民负有保护的责任。它特别强调了"保护人民免遭灭绝种族、战争罪、族裔清洗和危害人类罪之害的责任"；2006 年 4 月联合国安理会讨论武装冲突中保护平民的问题时通过的一项决议确认了《2005 年世界首脑会议成果》中提到的"保护的责任"。2005 年 9 月至今实际上进入对"保护的责任"概念进行大辩论的时期。在这场辩论中，多数国家认为"保护的责任"源于《联合国宪章》、国际人权条约和国际人道法等已经存在的约束之中，认同这一概念的适用范围应严格限定

❶ Preliminary Report on the Protection of Persons in the Event of Disasters, UN Doc. A/CN. 4/598, 5 May, 2008 para 47. See Massingham 2009.

于种族灭绝、战争罪、种族清洗和危害人类罪四项罪行上。至于保护的责任是否再进一步扩大到其他国际不人道的行为，则在国际社会并不能形成共识。多数国家对这一概念使用范围的扩大持谨慎态度，包括美国、日本这样的发达国家，也包中国、巴西、印度尼西亚这样一些发展中国家。❶

就最初的 ICSS 报告初衷而言，它旨在强调两个方面：第一，强调集体的国际"保护的责任"只能在《联合国宪章》的框架内行使，即军事干预只能通过联合国安理会授权，符合宪章第 7 条作为最后手段。第二，把"保护的责任"限定在某些特定的犯罪类型范围内。❷ 联合国秘书长也曾明确宣布排除把"保护的责任"适用于"诸如对艾滋病、气候变化或自然灾害的响应"这些理由，就是怕这一概念的扩大解释可能破坏现有的政治支持，使这一理论的执行更加困难。❸ 因此，把"保护的责任"只限于那四类暴行，即种族灭绝罪、战争罪、种族清洗罪和危害人类罪可能最容易被接受，因为国际社会各国就这些国际罪行的严重性、非人道性已经达成了明确的共识。

不过，也有少数国家支持扩大适用"保护的责任"于拒绝接受国际救灾援助的情况下，如在联合国国际法委员会讨论"灾害发生时的人员保护"草案条款过程中，美国代表明确支持将"保护的责任"并入救灾法领域，强调其政府"对此主题保留采取权利导向的态度，其目标是把保护的责任并入其中，委员会应当聚焦于对减轻灾害影响最有重大实际影响的法律领域，例如，包括发展实际工具促进灾害援助提供者之间的协作，起草有利于救灾人员和设备进入灾区的示范性双边协定"❹。并确认"当当地政府不能或不愿保护其自己的人民时，就要诉诸某种国际行动"❺。

---

❶　参见罗艳华等："'保护的责任'的发展历程及其实施所面临的问题"，http://www. humanrights – china. org/cn/zt/qita/zgrqyjh/yjhzywz/t20101012_ 662097. htm，2014 年 10 月 27 日访问.

❷　A/RES/60/1, 24 October, 2005, para 139.

❸　Implementing the Responsibility to Protect, A/63/677, 12 January 2009 para 10 (b).

❹　ILC Report on the Work of Its Sixtieth Session, UN Doc. A/C. 6/63/SR. 23, para 86.

❺　IFRC, Believe in Humanity. A Consultation with G20 governments, November 2009, 11, a-vailable at http://www.ifrc.org/Global/Publications/volunteers/G20 _ Consultation _ Report _ Nov2009. pdf, p. 19, visited on Nov. 2, 2014.

　　有的国家，如加拿大和澳大利亚对于灾害情况下国际社会所应发挥的作用持更加灵活的立场。它们认为，当自然灾害中灾民的需要超过了受灾国政府和地方当局的响应能力时，国际社会有必要发挥补充作用。它们强调的是补充地位而不是取代受灾国的强制干预。这种立场实际上折中了应当干预与放任不管两种立场之间的截然对立，也成为国际法委员会实际接纳的立场。

　　在学术界，也有学者指出，一个政权的令人震惊的拒绝接受援助的行为实质上构成了反人类的罪行，国际社会应该用"保护的责任"理论予以响应。将国家在自身没有能力应对灾害的情况下拒绝国际援助的行为规定为一种国家责任行为，把国家接受国际援助不仅仅视为一种合作，而是规定为一种义务。❶ 从保护受灾国人民的意义上说，他们有权获得国际援助，这种考虑的初衷是值得肯定的，然而，当把它适用于具体实践中时，其中则会隐藏诸多不确定因素。如果盲目扩大"保护的责任"的适用范围，很可能导致某些国家以此为由实施未经授权的单边干预。实际上，大灾后日益增长的要求接触灾民的要求反而使各国更加强调尊重国家主权和不干涉内政原则，尤其是对那些认为援助可能给其带来负面影响的国家。❷

　　把所谓"保护的责任"扩大适用于灾害情况下，与强调国际社会应当干预国家"明显"不能保护其人民的情形实际上是同一种理念。正如前述，在2008年纳吉斯飓风袭击缅甸后，就引发了人们对"强制"国家同意外部人道主义援助进入其境内这一问题的深思，澳大利亚昆士兰保护的责任亚太中心（The Asia – Pacific Centre for the Responsibility to Protect）对这一案例的严格分析也表明，保护的责任也应适应于那四类犯罪，而对援助提供的限制从表面上看并不构成这类犯罪。❸

---

　　❶ Ashley McLachlan – Bent & John Langmore, A Crime against Humanity? Implications and Prospects of the Responsibilityto Protect in the Wake of Cyclone Nargis, Global Responsibility to Protect 3, 2011, pp. 37 –60.

　　❷ 参见联合国大会第六委员会的讨论，尤其是中国（A/C. 6/63/SR. 23, para 31）、日本（A/C. 6/63/SR. 23, para42）和俄罗斯（A/C. 6/63/SR. 24, para 5）的立场。

　　❸ Cyclone Nargis and the Responsibility to Protect, Myanmar/Burma Briefing No. 2, available at http：//www. r2pasiapacific. org/docs/R2P% 20Reports/asean% 20australia% 20and% 20the% 20r2p%202008. pdf, p. 3, visited on Oct. 28, 2014.

"保护的责任"理论仍然是引发重大争论的理论，争论不仅涉及它的内容模糊不清，而且涉及其适用范围，进而言之，还有其在实践中的实施方式问题。事实上，各国对这一理论的概念和法律范围的广泛怀疑阻碍了把"保护的责任"适用于某些新兴的人道主义危机情势，是为了保护人权的目的而进行单边的人道主义干预成为不正当的行为。相反，各国普遍推定武力的使用只能限于通过安理会的授权才是合法的、正当的。而且，"保护的责任"并没有提供强制干预人道主义危机自然正当的基础。它已经更多地变成了一种用于争论和塑造集体响应人道主义危机的语言而不是一个法律规范。❶ 尤其应当警惕的是，"保护的责任"有可能成为一种"特洛伊木马"，会把外来干涉包裹上惩治"国际罪行"的外衣，将国际罪行的范围不适当地扩展，这种危险是不可低估的。

对于"保护的责任"理论能否适用于非冲突局势，包括自然灾害情景下，国际上有学者做出了理性推测，他认为，在当下关于这一理念的准确含义及将"保护的责任"扩大到自然灾害情况下的优缺点还很不清楚，因为这一理念具有很强的政治性和非法律性。激活"保护的责任"，敦促国际社会立即作出响应，这并不取决于局势而是取决于侵犯人权行为发生的规模和强度。因此，从潜在的可能性来说，某些灾害情形也可能激活《宪章》第7章下的强制干预措施。所以，广泛的解释这一概念于包含灾害可能并不会与联合国安理会的做法相矛盾，因为考虑到严重的人类侵害和自然后果，潜在的可能造成的跨境危机后果，一个潜在的由于一国的不作为而引发的人道主义灾难可能会符合"威胁国际和平与安全"的要求。不过，在指导安理会行动的明确的程序和标准达成一致之前，在这一方向上可能依然还会是政治因素发挥决定性作用，因此，其适用也只能是选择性的。❷

3. 联合国国际法委员会"灾害中的人员保护"法律条款编纂项目

为了解决人道主义与主权的这一根本冲突，联合国也试图做出努

---

❶ A. J. Bellamy, The Responsibility to Protect—Five Years on Ethics, Int. Aff., 2010, vol. 24, p. 158.

❷ Milena Costas Trascasas, Access to the Territory of a Disaster - Affected State, in A. de Guttry et al. (eds.), International Disaster Response Law, The Hague, T. M. C. ASSER PRESS, 2012, p. 247.

力，于是，经联大决议通过，联合国国际法委员会启动了"发生灾害时的人员保护"为主题的法律草案条款编纂项目。

从目前这一项目的进展看，它在某种程度上意欲对受灾国的作用加以限制。虽然它仍然强调了受灾国在救灾中承担"主要责任"（见下文），但事实上，焦点现在正从国家权利（主权）导向的道路转向了以国家义务为导向的道路。这可以从国际委员会关于"发生灾害的人员保护"草案条款中使用了"义务"（duty）而不是"责任"（responsibility）一词上看出来。按照这一新思路，主权就被解释成更多的是一种责任而不是一种特权，据此，这就要求国内当局必须在保护其辖下的人民方面发挥作用。❶ 通过更多地强调受灾国对其人民所负有的特别义务，在某种程度上意味着承认并赋予了灾民有接受人道主义援助的"权利"，援助者也有提供援助的"权利"。

就灾害立法而言，对主权观念的这种重新定义对于国际法的发展明显体现在两个方面：第一，国际法委员会对国际救灾法的编纂似乎开始确认国家的保护义务，同时也意味着把援助受灾国强加给了国际社会，这恐怕难以成立。试图通过解释受灾国在"不能"或"不愿"履行保护其辖下的人民的主要作用时就有义务接受人道主义援助，即要求国家"权力必须负责任地行使"，这就向传统的主张国家主权的道路提出了挑战。这种解释所导致的结论就是，在灾害情况下，如果一国表现出明显的缺乏合作、无效、不能面对人道主义灾难，就有义务接受援助的提供，甚至有义务去寻求外部援助。相反，若拒绝援助的提供，在某些条件下可能被认为构成了侵犯人权。这种观点目前恐怕也无法得到国际实践的支持。

二、人道主义国际援助需尊重国家主权原则

（一）外来援助需受灾国的同意是国家主权和不干涉原则的必然要求

在国际救灾援助背景下，如果要确定受灾国在救灾中的作用和责任，就必然涉及维护受灾国的国家主权问题，涉及未经受灾国同意而进行的单边援助是否有违不干涉内政的原则。

---

❶ ILC, Preliminary Teport on the Protection of Persons in the Event of Disasters, UN Doc. A/CN. 4/598, 5 May 2008, para 55.

毋庸置疑，国家主权原则构成现代国际法的基石，它源于主权平等的基本理念。埃默里·奇瓦泰尔就曾指出，各国是"自由、独立和平等的"，"侏儒和巨人都是人；作为一个主权国家，一个小共和国并不次于最强大的王国"。❶ 这种对主权平等概念的理解，意味着独立和领土主权有更为具体的概念，即，一国可以在自己的领土上行使其职能，而把其他所有国家排除在外。❷ 主权原则已经铭刻在诸多多边和双边国际法律文书中，如《联合国宪章》第2条和《关于各国依联合国宪章建立友好关系及合作之国际法原则之宣言》。国际法庭同样普遍承认国家主权是国际法的基本原则。马克斯·胡伯1928年指出"国际法确立国家对本国领土享有专属管辖权这一原则是解决大多数国际关系问题的出发点"❸。国际法院于1949年称"在各个独立国家间，尊重领土主权是国际关系的一个重要基础"❹。这些说法往往把主权视为一般法律原则。而国际法院后来在尼加拉瓜案中还把国家主权视为国际习惯法的一部分。❺

在应对灾害时，主权平等和领土主权的概念得到广泛援引。联合国大会第46/182号决议所附指导原则是这方面最重要的原则。大会认为：必须按照《联合国宪章》尊重各国的主权、领土完整和国家统一。关于这方面，提供人道主义援助必须是在受灾国同意和原则上应受灾国呼吁的情况下。已有很多应对灾害多边条约的工作把主权作为一个中心原则来援引。❻ 同样，《民防援助框架公约》规定，"提供的

---

❶ Emerich de Vattel, The law of Nations or the Principles of Natural Law Applied to the Conduct and to the Affairs of Nations and of Sovereigns, Charles G. Fenwick, Washington, DC Carneigie Institute, pp. 1916, 1758.

❷ 常设仲裁法院，帕尔马斯岛案，《国际仲裁裁决汇编》第2卷，第838页。

❸ Permanent Court of Arbitration, Island of Palmas case, Reports of International Arbitral Awards, vol. Ⅱ, p. 838.

❹ Corfu Channel case (United Kingdom of Great Britain and Northern Ireland v. Albania), Judgment of 9 April, 1949, I. C. J. Reports 1949, p. 35.

❺ Military and Paramilitary Activities in and against Nicaragua (Nicaragua v. United States of America), Merits, Judgment of 27 June, 1986, I. C. J. Reports 1986, p. 111, para. 212.

❻ 如《加快提供紧急援助公约草案》（A/39/267/Add. 2, E/1984/96/Add. 2）规定：
"尊重受援国的主权和不干涉其内政。"另见《建立国际救济联合会公约》第4条规定："在任何国家……的行动都要得到该国政府的同意。"

所有援助都应尊重受援国的主权、独立和领土完整……"❶ 东南亚国家联盟最近缔结的协定也有类似的说法。❷

不干涉原则是自国家主权平等原则引申出的必然结论，它同样旨在维持各国的主权平等、领土完整和独立。不干涉原则同样被载明在诸多国际文件中。《联合国宪章》就宣称：本宪章不得认为授权联合国干涉在本质上属于任何国家国内管辖之事件，且并不要求会员国将该项事件依本宪章提请解决；但此项原则不妨碍第七章内执行办法之适用。大会在直接提及各国干涉其他国家内政问题时强调："……各国严格遵守不干涉任何他国事务之义务，为确保各国彼此和睦相处之一主要条件，因任何形式之干涉行为，不但违反宪章之精神与文字，抑且引致威胁国际和平及安全之情势之造成。"《关于各国依联合国宪章建立友好关系和合作的国际法原则宣言》序言中称："任何国家或国家集团均无权以任何理由直接或间接干涉任何其他国家之内政或外交事务。因此，武装干涉及对国家人格或其政治、经济和文化要素之一切其他形式之干预或试图威胁，均系违反国际法。"

同样，国际法院也把这一原则视为一项国际习惯法规则。法院在审理尼加拉瓜案时称，"尽管践踏这一原则的例子并不少见，法庭认为该原则是国际习惯法的重要组成部分"❸。国际法院在1949年审理科孚海峡案时也暗示了这一结论。❹

上述牢固确立的国际法原则显然表明，一个受灾国有权采取它认为适当的任何措施来保护在其领土内的人。其他任何国家因此不得采用单边方式从法律上干涉灾害应对工作，更不能使用武力或军事力量进行所谓的人道主义干预：第三方必须根据起草委员会临时通过的第5条，同受灾国进行合作（见 A/CN.4/L.758）。由此可见，那种试图通过"保护

---

❶ 《联合国条约汇编》第 2172 卷第 38131 号。但值得注意的是，很多主要条约没有直接提及主权，包括《为减灾救灾行动提供电信资源的坦佩雷公约》和《核事故或辐射紧急情况援助公约》。

❷ 2005 年《东盟关于灾害管理和紧急反应的协定》规定："在执行本协定时，应根据《联合国宪章》和《东南亚友好合作条约》，尊重各缔约国的主权、领土完整和民族团结。"

❸ Military and Paramilitary Activities in and against Nicaragua（Nicaragua v. United States of America），Merits, Judgment of 27 June, 1986, I. C. J. Reports 1986, p. 106, para. 202.

❹ Corfu Channel case（United Kingdom of Great Britain and Northern Ireland v. Albania），Judgment of 9 April, 1949, I. C. J. Reports 1949, p. 35.

的责任"的方式强迫受灾国接受援助的道路是行不通的，因为根据《2005 年世界首脑会议成果文件》第 138 和 139 段，联合国秘书长在《关于履行保护责任的报告》❶ 第 10（b）段中解释道，"在会员国另有决定前保护责任仅适用于四类特定犯罪和侵害行为：灭绝种族、战争罪、族裔清洗和危害人类罪。如果扩展适用范围，将艾滋病毒/艾滋病、气候变化等灾难或自然灾害也列入其中，那就会有损于 2005 年的共识，就会过度延伸这一概念，使其脱离原貌，或使其丧失实际用途"。

（二）众多国际救灾文件确认了受灾国在救灾中的主导作用

也正是基于主权原则和不干涉原则，诸多国际救灾法文件确立了受灾国在应对灾害方面的主导作用。欧洲人权法院在 2009 年的一个案件中就充分判定国家当局在确定有无"公共紧急状态"时是最合适的机关。❷ 虽然对国内武装冲突引起的灾难是否应划入国际救灾法的范围仍然存在争议，但其中所包含的人道主义精神和原则则是国际救灾法可以借鉴的。有关非国际武装冲突的《日内瓦公约第二附加议定书》就清楚表明了"各国对开展救济负有主要责任的原则"，"红十字和红新月会等救济团体起辅助作用"❸。联合国大会也多次重申了受灾国在应对灾害方面的首要地位。例如大会第 38/202 号决议第 4 段、第 43/131 号决议第 2 段、第 45/100 号决议第 2 段、第 46/182 号决议所附的指导原则、《关于人道主义援助的国际合作》的第 63/141 号决议、2010 年海地地震后通过的第 64/251 号决议等都重申了这一原则。

特别值得指出的是，鉴于国际重大灾害的日益增多和加剧，特别是印度洋海啸和"卡特里娜"飓风所带来的巨大损失，使灾害中的人权保护问题提到了国际社会的日程，而此问题的规范目前又处于法律漏洞的状态，❹ 于是国际法委员会自 2007 年第 59 届会议起决定在其工

---

❶ 联合国大会 2005 年 9 月 16 日第 60/1 号决议。

❷ A. and Others 诉联合王国，[GC]，No. 3455/05，ECHR 2009。

❸ Yves Sandoz and Others（eds），Commentary on the Additional Protocols of 8 June 1977 to the Geneva Conventions of 12 August 1949，Geneva：International Committee of Red Cross，1987，Para. 4871. 评注的这一节提及第二附加议定书第 18 条第 1 款，该条款称救济协会可以向各国政府提供它们的服务，这意味着政府有权拒绝。见《1949 年 8 月 12 日日内瓦四公约关于保护非国际性武装冲突受难者的附加议定书》第 18 条，《联合国条约汇编》第 1125 卷第 17513 号。但是，该议定书认为，在一些情况下，必须采取救济行动（见 Sandoz，第 4885 段）。

❹ Roberta Cohen and Megan Bradley，Disasters and Displacement：Gaps in Protection，Journal of International Humanitarian Legal Studies，vol. 1，2010。

作方案中列入"发生灾害时的人员保护"的专题。至 2011 年第 63 届大会为止，已连续四年作为重要议题加以讨论。在 2010 年第 62 届大会上，关于受灾国是否有权拒绝国际援助的问题就已经成为辩论热烈的话题。❶

经过辩论和反复磋商，国际法委员会形成的基本共识依然是肯定受灾国在救灾中的主要作用。委员会起草的草案文本第 11 条第 1 款规定："提供外部援助需要征得受灾国的同意。"第 9 条第 2 款规定："受灾国在指挥、控制、协调和监督抗灾救济和援助方面应发挥主要作用。"根据特别报告员的解释，这两款规定实际上是对诸多有关国际救灾领域的多边公约、地区性公约和协定、联合国大会的决议、宣言、国际人道主义组织的文件、指南、行为守则等规范性文件的现行有关规定的编纂。比如，就第 9 条第 2 款规定的用语就参考了《加快提供紧急援助公约草案》第 3 条第 2 款、《核事故或辐射紧急情况援助公约》第 3（a）条、《关于提供电信援助的坦佩雷公约》第 4 条第 5 款和第 8 款、《建立加勒比灾害应急中心协定》第 16 条第 1 款、《美洲便利灾难援助公约》第 4（a）条和《工业事故跨界影响公约》等。除参考了这些多边公约，一些双边条约也肯定了各国在控制其境内的灾害援助方面特有的主权作用，使受援国不仅是国际合作和协调的通道，而且也最终掌控救灾行动的进行。比如，《西班牙和阿根廷关于备灾防灾及在受灾时相互援助的合作协定》第 11 条就规定："请求援助国的协调机构应负责指导各种行动。它应为交由其他国家紧急援助小组采取的行动规定指导方针和可能的限制，但不干预行动安排。"类似的条约还有北欧国家间缔结的《关于在发生事故时为防止或限制对人员或财产或对环境的损害进行跨国境合作的协定》第 3 条第 2 段、《法国和意大利关于预测和防止重大灾害及发生自然或人为灾害时互相援助公约》第 7 条、《立陶宛共和国政府和白俄罗斯共和国政府关于预防和消除重大灾难、自然灾害和严重事故后果相互合作公约》第 5 条、《德国和捷克共和国关于在发生灾害或严重事故时相互援助的条约》第 8 条等。

除了上述具有法律约束力的双边和多边协定，受灾国在国际救灾

---

❶ 2010 年联合国国际法委员会第 62 届大会报告第七章"发生灾害时的人员保护"。

援助中所负有的主要责任还规定在人道主义行动者和独立专家制定的很多原则和指导方针草案中。国际红十字会和红新月运动编制的一些文书采用与上述条约相同的方式阐述了受灾国主要责任的原则。如《国际红十字会和红新月运动和非政府组织救灾行为守则》附件1第4项规定，"东道国政府最终负责救灾工作的整体规划和协调"。《国内便利和管理国际救灾和初期恢复援助工作导则》第3条第1段规定，"受灾国有在其境内确保减少灾害风险、救灾和恢复援助的主要责任。"红十字会与红新月会国际联合会在其《救灾原则和规则》原则3.1、《关于复杂紧急情况下提供人道主义援助的莫洪克标准》（以下称《莫洪克标准》）以及国际人道主义法研究所在1993年《人道主义援助权利指导原则》原则3和原则25中也采用了上述做法，强调领土所属国负有"保护和援助遭遇紧急情况的人的主要责任"。❶ 同样，《关于境内流离失所问题的指导原则》也强调了"国家当局有为其管辖范围内的境内流离失所者提供保护和人道主义援助的主要义务和责任"。近期的灾害应对文书还往往把条约文书采用的注重业务行动的做法与《莫洪克标准》注重人道主义的做法结合起来。如2000年首次发布的《人道主义宪章和赈灾最低标准环球项目》❷ 就实现了这种结合，暗示受灾国的主要责任不仅源于传统的威斯特伐利亚主权和不干涉原则，还源于所有民族都享有的尊严和自决权利。地方举措与救灾监督、灾民的自立和尊严密切联系起来，从而体现了国际救灾由传统上只强调主权转向关注人道和人权的趋向。

（三）国际援助需受灾国同意也为国家实践所证明

2007年，在国际红十字和红新月会联合会的主持下所进行的国家实践的相关研究表明，多数灾害一般都能为受灾国自己所应对，各国

---

❶ E/CN. 4/1998/53/Add. 2，附件，原则3，第1段。另见原则25（"国家当局负有对国内流离失所者提供人道主义援助的主要义务和责任"）。

❷ 环球项目，《人道主义宪章和灾害应对最低标准》（2004年第2版）。项目对它在现行法律中的依据解释如下：《人道主义宪章》是手册的基准，该宪章是根据国际人道主义法、国际人权法、难民法和《红十字和红新月运动及非政府组织救灾行为守则》制定的。它阐述了指导国际行动的核心原则，重申了自然或人为灾害（包括武装冲突）的灾民接受保护和援助的权利。它还重申了灾民有尊严生活的权利。

通常只是在最大规模的灾害发生时才会诉诸请求国际援助。[1] 因此，可以预料，在这类特殊情况下国家才可能希望寻求并接受国际援助，而且，这种情况也并不会太多。如果不是这种情况，受灾国通常并不希望任何人道主义救援或外部行动者进入。

因此，就整体情况看，受灾国同意仍然是启动人道主义行动的必要条件。这种同意一般是在灾害发生后由受灾国以某种方式表示。通常会采用请求或呼吁国际援助的方式，也可能仅向某些国家或国际组织请求援助，这常常取决于国家间的友好关系，所参与的国际组织的制度。在重大灾害发生后，也会有一些国家或国际组织主动表达援助意愿。但无论如何，外国或国际组织的援助意思的表达只能构成一种要约，最终都要取决于受灾国的承诺。国家实践也表明有些情况可以通过以很笼统的用语宣布"一揽子同意"欢迎国际援助。虽然这种非专门性的宣告会产生某些问题，但人们一般还是倾向于把这种做法解释为等同于预先同意了国际援助，包括那些来自与受灾国未缔结协定的非缔约方的援助。同样道理，当国家由于国内障碍不愿意或不能及时发布特定的国际援助请求时，有人建议可以考虑其他因素合法地绕开已经形成的要求最终同意的做法。但即便在这种情况下，国家控制外来援助的基本权利仍然存在，包括自由拒绝不合适的援助。[2]

三、主权向人道主义原则的退却：受灾国接受国际援助的义务

人道是国际法的一个长期原则，它作为一个普遍原则已经存在了几千年。[3] 就人道的当今意义而言，它在国际法中是保护人的基石，是国际人道主义法和人权法之间的连接点。就这个意义而言，它对于建立灾害发生时保护人的机制来说依然是一种必要的动力。虽然从严

---

[1] David Fisher, Law and Legal Issues in International Disaster Response: A Desk Study, International Federation of Red Cross and Red Crescent Societies, Geneva, 2007, p. 89.

[2] ILC, Protection of Persons in the Event of Disasters, Memorandum by the Secretariat, UN Doc. A/CN. 4/590, 11 December, 2007, para 58.

[3] Hugo Grotius, De Jure Belli ac Pacis, Paris, 1625; Second Edition, Amsterdam, 1631, Book 3, Chap. 11, paras. 9 and 10. References to the English translation: R. Tuck (ed.), The Rights of War and Peace, Liberty Fund, 2005.

格的法律意义上说，以日内瓦四公约及其两个附加议定书为基础而形成的国际人道法只适用于武装冲突的情境，但诚如国际法委员会"关于发生灾害时的人员保护"特别报告员在研究了国际法庭的一系列判决意见后所得出的，人道主义也适用于发生灾害时的人员保护。人道是国际法的一个既定原则，在武装冲突与和平时期都适用。《莫洪克标准》就规定："无论何处有人遭受痛苦，均须予以救助，尤其要注意人口中最脆弱者，例如儿童、妇女和老人。必须尊重和保护所有受害者的尊严和权利。"国际红十字与红新月运动对人道的定义是"在任何有人遭受痛苦的地方防止和减轻这种痛苦……以保护生命和健康，确保对人的尊重"的努力。❶

"一战"中国际人道主义法的发展和"二战"后国际人权法的形成，在某种意义上说就是对传统主权观念的一种限缩。尤其是 20 世纪 90 年代"冷战"结束以来，人权观念的全球化使人们重新认识近代以来形成的传统的绝对主权概念。主权虽然对于国家概念来说仍然至关重要，但它绝不是绝对的。在事关个人生命、健康、自由和尊严等人性价值和基本权利时，国际最低标准、人道主义法和人权法等法律领域表明，主权和不干涉等原则成为一个分析的出发点，而不是终结点。主权除了意味着对领土内的人和事享有专属的管领和支配权之外，主权概念也被赋予了义务。1949 年，国际法院的阿莱詹德罗·阿尔瓦雷斯法官解释说："我们对主权的理解是，一个国家在其领土上和在它与其他国家关系中拥有的将所有其他国家排斥在外的全部权利和属性……主权赋予国家权利并使其承担义务。"❷ 当代更有西方一些学者提出"人权高于主权"的言论，虽然这过分抬高了人权的地位，为西方霸权主义恣意干涉他国内政提供了借口，但尊重和保障人权已经成为当代文明国家的标志已是毋庸置疑。

（一）受灾国对本国领土上的个人应承担保护责任

主权同时意味着责任和义务。联合国国际法委员会在讨论起草《在灾害发生时人员的保护》条款草案之初，对于这一主题的关注中心是以主要确立以受灾国人员的权利保护为核心，还是主要应关注发

---

❶ 第二十届红十字国际大会第九号决议，维也纳（1965 年）。

❷ 科孚海峡案，见阿尔瓦雷斯法官的个别意见，第 43 页。

生灾害的情况下"援助"或者"援助和救济"就产生了分歧。结果最终形成了把着眼于权利的救灾和着眼于需求的救灾融合起来的做法，形成了一种"文雅的妥协"。❶ 其第 2 条规定："本条款草案的宗旨是促进充分而有效地应对灾害以满足有关人员的基本需求，充分尊重其权利。"而在涉及"受灾国在救灾中的作用"这一问题时，争论更加激烈。虽然各国都认可受灾国在救灾中的主要作用，但有国家，如西班牙、巴西、罗马尼亚和墨西哥等国提出必须平衡国家主权与人权保护之间的关系。他们提出，在受灾国因缺乏能力或意愿未能在发生灾害时保护人员的情况下，受灾国应按照草案第 5 条（即国际合作的义务）寻求其他国家和国际组织的援助。葡萄牙甚至认为，一国应对拒绝接受援助的行为承担责任，因为如果这种行为侵犯了灾民依照国际法享有的权利，就可能构成国际不法行为。当然也有国家，如伊朗认为进行此类定性须谨慎，因为此类定性可能会对国际关系产生不利影响，并成为干预受灾国的理由。❷

上述争论的结果就形成了国际法委员会最终通过的第 9 条第 1 款，即"受灾国由于其主权，有责任在其领土上确保保护人员和提供抗灾救济和援助"。按照特别报告员的解释，该款旨在强调一国的主权与相应的责任之间的联系。之所以不采用诸如"在行使其主权时"及"在行使其主权和责任时"，最后采用了当前的文本表述，限定语"由于其主权"强调的是，受灾国既然受益于不干涉原则，也同时负有责任保护身处其境内的人员。委员会决定，"责任"一词比"职责"更为妥当，用"职责"一词可能导致混淆。

（二）在灾害超过国家的应对能力时接受国际援助的义务也引申自国际人权法

"二战"后一系列国际人权公约，如《世界人权宣言》《公民权利和政治权利国际公约》《经济、社会和文化权利国际公约》的缔结标志着国际人权法的产生。迄今为止，这些人权公约已为世界上绝大多数国家广泛认同，西方一些学者认为这些公约中规定的权利已经形

---

❶ 参见国际法委员会第 62 届会议特别报告员：爱德华德·巴伦西亚－奥斯皮纳《关于发生灾害时的人员保护问题的第三次报告》第 5－9 段。

❷ 参见国际法委员会第 63 届会议特别报告员：爱德华德·巴伦西亚－奥斯皮纳《关于发生灾害时的人员保护问题的第四次报告》第 22 段。

成了习惯国际法。❶ 当灾害发生时必然牵涉到若干人权，诸如生命权、食物权、健康和医疗权、供水权、获得适当的住房和衣物以及不受歧视权等。而且在灾害发生后，灾民处于更加脆弱、权利更易受到伤害的处境下，就更加需要关注对他们的权利保护，这也正是联合国大会决定将"灾害发生时人员的保护"纳入国际法委员会专题的意义所在。

在 2005 年的世界峰会成果中，各国国家元首和政府首脑一致申明："每个国家都有责任保护其人民不受种族灭绝、战争罪、种族清洗和反人类罪的迫害。他们同意，国际社会应帮助各国履行责任，建设其保护能力。此外，当出现一个国家明显不能保护其人民不受上述犯罪侵害的情况下，文件确认，国际社会就要准备"及时地、决定性地"通过安理会根据《联合国宪章》采取集体行动"。❷ 当一国没有能力甚至不愿为其境内受灾害影响的人提供救济时，根据有关人权公约的解释，它就有与国际社会合作的义务，接受国际社会的人道主义援助。比如，《经济、社会和文化权利国际公约》第 11 条规定，在实现食物权的过程中，"缔约国将采取适当步骤确保此种权利之实现，同时确认在此方面基于自由同意之国际合作极为重要"。对于该条的理解，经济、社会和文化权利委员会在其关于适当食物权的第 12 号一般性意见中指出，如果某缔约国辩称，出于资源方面的困难，它无法向有需要的人提供获取食物的机会，那么该国必须表明，它已经做了一切努力利用它掌握的所有资源，作为一个优先事项履行这些最低限度的义务。……如果一个国家声称由于它无力控制的原因而无法履行其义务，则有责任证明这种情况，并证明它已寻求取得国际支持以确保供应和取得必要的粮食，但未能成功。❸ 言外之意，寻求国际支持可能是一国在认为本国资源不足以满足保护需求时为履行其对个人承担的责任而有必要采取的步骤。这也是国际法委员会在"发生灾害时的人员保护"条款草案中同时规定

❶ Arthur M. Weisburd, The Effect on the Customary Law of Human Rights of Treaties and other Formal International Acts, 25 GA. J. INT'L & COMP. L. 99 (1995–1996).

❷ A/RES/60/1, 24, October 2005, para 139.

❸ 经济及社会理事会：《经济、社会、文化权利国际公约》的执行方面出现的实质性问题，第 12 号一般性意见，E/C. 12/1999/5，第 17 段。

"灾民有权得到对其人权的尊重"（第8条）和"如所遭受的灾害超过了国家的应对能力，受灾国有责任酌情从其他国家、联合国、其他主管的政府间组织和有关非政府组织寻求援助"（第10条）的旨趣所在。

四、援助须经受灾国同意与超出自身应灾能力时国际合作之义务之间的冲突

前已述及，根据主权原则和不干涉原则，受灾国在国际救灾中负有主要责任，国际援助只起辅助作用，而且提供国际援助必须经受援国同意或者呼吁。而基于人道义务和国际人权法，一国在灾害超越其对灾害的响应能力时又负有接受国际援助的义务，那么这二者之间如何协调？

（一）接受援助的合作义务以尊重受灾国主权为前提

诚如联合国大会在第46/182号决议中确认的，"许多紧急情况的规模和持续的时间可能不是许多受灾国的能力可以应付的。因此进行国际合作以处理紧急情况和加强受灾国的应付能力是非常重要的。应根据国际法和各国法律提供这种合作"❶。但是，合作不应解释为削弱国际法范围内的主权国家的权利，即可以违背受援国的意志而运用武力进行所谓的"人道主义干预"，侵害受援国的国家主权。合作原则应理解为是对受灾国当局担负首要责任照顾其境内灾民的有益补充❷。国际法委员会认为，在当且仅当灾难超过受灾国应对能力之程度的情形下，这种合作才是适当和需要的。在这种情况下，寻求援助是受灾国根据国际人权文书和习惯国际法履行主要职责的另外一个因素。在国际法委员会的讨论中，虽然大多数委员赞同存在着第10条草案所载述的寻求援助的义务，但也有另一些委员表示反对受灾国有义务，或规定为有义务在发生灾难时寻求外部援助。这一反对意见是基于目前的国际法并没有对受灾国规定任何这样的有约束力的义务。赞同这一看法的委员还表示，第10条草案应以鼓励的语气来措辞，譬如说灾害超出本国应对能力时，受灾国"应当"寻求外部援助，而最后委员会

---

❶ 决议附件，第5段。

❷ 1991年12月19日第46/182号决议，附件，第4段。另见2005年《兵库宣言》，A/CONF. 206/6 和 Corr. 1，第一章，第1号决议，第4段。

采用的措辞表达为"酌情",显然是调和上述两种对立的主张的结果。

实际上,就操作层面来说,东道国的合作态度对于有效地交付和向灾民分派人道主义援助至为重要。很难想象没有受灾国国内当局的同意人道主义救灾行动将如何实施。虽然当今世界出现了当一国出于种种原因拒绝外来人道主义援助时,愿意提供援助的国家可能选择在其领土上采取"秘密行动"的方式,或者将援助交由能被接受的人道主义组织处置,以避开东道国的入境限制,如对之前埃塞俄比亚、苏丹、伊拉克和前南斯拉夫冲突中的一些援助做法。❶ 但这种做法实际上所给予的援助必定是有限的,效率也肯定是极低的。事实上,人道主义行动者需要运送货物和人员,执行分配任务,提供卫生服务及执行其他行动来满足受灾人口的基本需求。而且所有这些行动都要以完全无障碍地进入受灾国为前提条件。没有国内当局的授权,人道主义人员就只能在敌意环境中被迫偷偷地工作,缺乏从事活动所需要的条件,这将明显危及人道主义目标的实现。正如我们已经正确地观察到的:"人道主义援助工作是好是坏,取决于国家的同意:一国是强还是弱、虐待还是关心其人民的福利,依然是人道主义行动者是否能够在危机中存在的核心决定要素。"❷

然而,另一方面,如果受灾国在灾害超过其应对能力的情况下不愿接受国际援助,如前面描述的缅甸军政府那样,国际社会是否可以听任其境内的灾民处于饥寒交迫、水深火热之中?这恐怕又是与人道原则背道而驰的。国际社会要减少因片面强调主权而可能带来的人道主义灾难,推进国际人道主义援助,就必须在一定范围内减损主权。在国际法委员会的方案中,这种寻求二者之间的平衡体现为在合理范围为主权强加了一定的义务,即在灾害影响超出国家应对能力的情况下,受灾国负有不任意拒绝同意外部援助的义务。

(二) 受灾国不得任意拒绝同意外部援助的义务

前已述及,提供国际援助必须经受灾国同意,这是主权原则的集

❶ R. Abril Stoffels, Legal Regulation of Humanitarian Assistance in Armed Conflict: Achievements and Gaps. Int. Rev. Red Cross, 2004, 86 (855): 515 – 545.

❷ Paul Harvey, Towards Good Humanitarian Government. The Role of the Affected State in Disaster Response, Humanit Policy Group Policy Brief 37, 2009, http://www.odi.org/sites/odi.org.uk/files/odi – assets/publications – opinion – files/5092. pdf, p. 1.

中体现。不过，这种权利并非是无限制的。正如联合国国际法委员会"在发生灾害时的人员保护"问题特别报告员在其第三次报告中所指出的，强调主权也意味着义务。❶ 迄今已经出现很多事例，由于否认有关状况构成灾害，或者由于没有同意或在较长时间后才同意接受外来救济的表示，结果使受灾者的状况变得更加恶化，加剧了人员伤亡和财产损失。因此，联合国大会在其第 43/131 号决议和第 45/100 号决议中十分明确地指出："灾害发生后，出现抛弃自然灾害的受害者或者类似没有人道主义援助的紧急情况，是对人类生命和人道主义精神的践踏。"❷ 因此该决议重申了人道主义援助的"核心重要性"（cardinal importance），对人道、独立、公平原则给予"最大考虑"。❸ 同时，这些决议也重申了受灾国的主权，并强调了国家主权对在"各自受灾地区内开启、组织、协调和贯彻人道主义援助时的首要地位"❹。第 46/182 号决议中重申了这种平衡，为以后此类决议的表达方式奠定了基石。决议也强调，国家主权应当以最有助于保护和援助有需要的人的方式行使。❺ 国际法委员会已经承认，受灾国由于其主权有义务在其领土上确保人员保护和向他们提供人道主义援助。❻ 这里的"由于其主权"，蕴含着正是因为国家享有主权才有义务对其人民提供保护和帮助。换言之，保护其人民是主权的应有之义。因此，如果在受灾国没有能力应对灾难而又不愿做出适当反应，而这又将危及甚至侵犯灾民的权利和尊严的情况下，仍然要求援助要获得受灾国同意，国际社会将无所作为。合理的做法只能是依据国际法对这种同意权的行使做出适当限制，但又不能对主权原则置之不顾。故此，国际法委员会在全体会议上提出了折中方案：当且仅当一场灾难超过国家应对能力的情形下，受影响国有责任酌情从其他国家、联合国、其他主管的政府间组织和有关非政府组织寻求援助。可以考虑让受灾国

---

❶　A/CN. 4/629，第 75 段。

❷　UN General Assembly Res. 45/100, U. N. Doc. No. A/RES/45/100 (1990), pream. para. 5.

❸　UN General Assembly Res. 45/100, U. N. Doc. No. A/RES/45/100 （1990），pream. para. 13, at operative para. 1；UN GA Res 43/131, U. N. Doc. No. A/RS/43/131 (1998), pream. para. 12, at operative para. 1.

❹　UN General Assembly Res. 45/100, at para. 2；43/131 at para. 2.

❺　A/65/10，第 298、299 和 331 段。

❻　E/CN. 4/1996/52/Add. 2（1996 年 12 月 5 日），第 362 段。

承担责任的后果，规定在不妨碍其主权——有权决定是否需要外部援助的前提下，受灾国对援助"不应无理地不予"同意。换言之，虽然受灾国有是否同意国际援助的权利，但这种权利不能滥用，不能不合理地使用。

在国际法委员会意见之外，对此问题规定更为激进的是国际法协会 2003 年在比利时布鲁日通过的《关于人道主义援助的决议》，它以更明确的方式把这项原则涉及的人道主义问题和业务行动问题结合起来。国际法协会指出：受灾国有义务不任意无理地拒绝目的仅为提供人道主义援助的善意表示或拒绝他方接触灾民。特别是，如果这种拒绝可能使灾民的基本人权受到危害或把制造平民饥馑作为一种战术，受灾国则不得做出此种拒绝。这一规定把受灾国的主要责任与全体人民在发生灾害时接受人道主义援助的权利联系起来。《莫洪克标准》也确认："在政府或其他当局不能或明显不愿意提供维持生命的援助的情况下，国际社会有权也有义务向受灾的和受到威胁的平民提供保护并提供符合国际法原则的救济。"（第 II. 4 节）。1998 年《国内流离失所者指导原则》也引入了同样的观念，它确认："国际人道主义组织和其他适当的行动者有权提供其服务支持国内流离失所者。这种提供不应视为一种不友好的行为或者是干涉一国内政的行为，而应当善意地来加以看待。"联合国人权委员会和大会在一致通过的决议中也对《国内流离失所者指导原则》表示了欣赏，其中的原则 25 第 2 段也规定："有关当局，特别是在它无能力或不愿意提供必要的人道主义援助的情况下，不得任意拒绝［他方提供人道主义援助］。"❶ 在这一案文中已经确立了"不得任意拒绝"的表达。这些规定的益处在于，它在强调国家起到的组织者和促进者双重作用的同时，也强调了国家对切实提供援助的责任。国际法委员会特别报告员的结论是，当一国无能力或不愿意保护和援助其境内受灾害影响的人员时，对同意的一般规则做出合理限制可能是正当的。这也就是说，为了有效地履行国家确保提供保护和援助的义务，在需要并可以获得适当的外部援助的情况下，如果援引援助必须经受灾国同意这项国家的基本权利将

---

❶ E/CN. 4/1998/53/Add. 2，原则 25，第 2 段。

导致保护和援助的缺乏或减少，则不能使用这项权利。❶

1. 何谓国家"不能"或"不愿"保护其人民？

（1）国家"不能"保护其人民。这里所针对的情形主要就是那些国家由于其有限的资源不能履行其帮助和保护其人民的情形，也包括那些国家的政府当局陷入完全瘫痪或者不能有效地控制其领土，即所谓"失能国家"（failed States），不能应对也无力履行其指导和协调救灾的情况。例如，2010 年 1 月 12 日，一场大规模地震袭击海地，摧毁了海地政府的基础设施，其救灾能力几乎完全瘫痪，国家已"无能力"提供救灾响应，就属于这方面的例证。

然而在实践中，许多情况下要确定一国"不能"对其人民提供援助和保护十分困难。这方面并没有客观的标准和指标，即便是根据世界银行的统计所确定的那些贫困国家，也不能一概认为它们就缺乏应对能力。而像美国这样的发达国家，也不见得就一定认为具有充分的应对灾害的能力，像"卡特里娜"飓风袭击美国后美国当局的表现就充分说明了这一点。判定是否有能力应对灾害，保护其人民，这个涉及灾害后果的严重性与受灾国当局可动员的国内资源的相称度，还有灾害响应的迅捷度。这些目前都还没有客观的标准或指标。而且，正如有学者所指出的，这无非只是一个技术问题，而毋宁包含着一种政治考量。做出这样一种评估本来就是一种政治行为，政治考量常常严重影响着捐赠国政府决定是否进行干预，如何进行干预。❷

正如有的学者富有见地地指出的，我们与其抓住一个国家"不能"帮助人民，还不如把焦点集中于国际社会应当发挥的支持作用上，集中在鼓励和支持国家履行其援助和保护其处于灾害中的人民这一责任上。❸ 培育这些国家和地方的人道主义响应能力和发展战略，而不是把国家"不能"解释为不法干涉的合法借口。的确，在还无法

❶　国际法委员会第六十三届会议于"发生灾害时的人员保护"问题特别报告员爱德华·巴伦西亚－奥斯皮纳的第四次报告，第 70 段。

❷　Paul Harvey, Towards Good Humanitarian Government. The Role of the Affected State in Disaster Response, Humanit Policy Group Policy Brief 37, 2009, http：//www. odi. org/sites/odi. org. uk/files/odi－assets/publications－opinion－files/5092. pdf, p. 2.

❸　Paul Harvey, Towards Good Humanitarian Government. The Role of the Affected State in Disaster Response, Humanit Policy Group Policy Brief 37, 2009, http：//www. odi. org/sites/odi. org. uk/files/odi－assets/publications－opinion－files/5092. pdf, p. 3.

确立起国际社会合作的法定义务时，确立国家寻求援助的法定义务也是无法实施的。

关于由谁来证明受灾国救灾的"不能"，根据国际法委员会建议的草案条款，对于不接受援助的充足理由的证明责任归于受灾国。诚然，就举证责任要求的公开和公正性来说，要求受灾国公开证明，如举行听证证明其能够应对灾害是最为可取的，但从国际法委员会的草案条款来看，它所选取的道路是恰恰避开要求受灾国公开证明的做法，这显然是考虑了尊重受灾国的主权和救灾中需要由它来发挥主导作用而做出的一种妥协方案。国际法委员会考虑到如果让受灾国对每一项援助请求都要做出正式答复并证明将会使受灾国承担过重的负责，也有对受灾国的不尊重和不信任之嫌。

（2）国家"不愿"帮助其人民。如果说"不能"所蕴含的救灾能力还是有一定的客观衡量因素的话，那么观察一国"不意"对其人民提供保护则纯粹引入了一种主观标准，这就更不容易确定。最近国际救灾法在这方面的发展表明有一种走向，即当一国拒绝外来援助和救灾人员进入其领土而又没有提供有效理由时就认为满足了这一要件。联合国国际法委员会试图渐进地发展这一要件，在其草案条款第 11 条中就在救灾行动领域引入了某种判定合格的同意机制，即它要求同意外来援助不应当任意做出保留，只要可能，国家就必须就已知的外来援助的提供做出决定。

决定附保留的同意是不是任意的需要进行评估。原则上，这方面也没有普遍的判定标准，只能基于具体情况具体分析，通常这一新兴的规则的实际应用会引发困难。实际上，对于拒绝同意有效而不是那些无效的情形似乎更容易识别一些。比如，人们普遍接受国家如果能够证明以自己的资源为基础能提供充分有效的救灾就是不接受国际救济的有效理由，或者表明当国家已经从其他地方接受了适当而充分的援助的情况下。但在这些情况之外，例如，当援助的提供符合人道、公正和中立的原则且没有其他的援助资源可以选择的情况下，就完全可以推断决定不同意接受援助就是武断的、任意的。

虽然无论在判定"不能"，还是判定"不愿"上都存在相当的困难，但必须承认国际法委员会草案条款引入这一发展要素是一个积极的步骤，即使对这一新规则认真审查表明，是否接受援助的最终裁量权仍然属于受灾国。另外，如果根据国际人权法能够任意拒绝援助解读为对基本人权，如生命权、获得充足食物权、基本卫生保健权、适足住房权等的侵害，在某些国家和地区，这就可能会允许个人向人权监控机构提出控告。但问题是，在出现国家瘫痪的极端情况下，是否还要由国家采取积极的措施向其人民提供需要的援助？还是采取集体措施执行人道主义援助是正当的？在此问题上，值得注意的是，国际干预与国家主权委员会（ICISS）《关于保护的责任的报告》认为，"尽管那些直接受影响的国家负有不可推卸的保护的主要责任，但更广泛的国家间社会也负有残余的责任。在某一国家显然不愿或不能履行其保护的责任，或者它本身就是实际的罪行或暴行实施者时；或者在这一特定国家外的人们直接受到了该国行动的威胁的情况下，这一备用性质的责任就应当激活了。这一责任还要求在某些情况下，广泛的国家间社会所采取的行动要支持那些处于危险或者处于严重威胁中的人们"❶。

实际上，承认国际救灾法规则正以人权义务的方式得到解释是一回事，而主张把拒绝接受援助作为无限定的人道主义干预是另一回事。正如我们所看到的，到目前为止还没有证明强制性地人道主义干预具有正当性，国际法委员会虽然想努力通过界定灾害中人员保护的义务，借此来发现现行国际人道法，但也明显可以看到，就目前的国际人道法的发展来看，国际法委员会既不是基于"保护的责任"观念来对主权做出一种现代解释，也没有把这一发展建立在人道主义干预的理论基础上，它从理论上证成国家有义务接受灾害援助仍然依靠的是传统的国际合作原则、团结和人权保护。

2. 如何判定"不合理的任意拒绝给予同意"？

对此问题，特别报告员指出，并不存在一个统一的标准，应根据每个案例的具体情况确定一个国家的行为何时构成该国无能力或不愿意，不能一概而论。如果受灾国显然缺乏所需的商品或服务，无能力的客观因素可能就得到满足了。当一个国家的确具备适当救济所需的资源和能力，但表示它不想使用这些资源或能力时，可以认为该国不

---

❶ ICISS, The Responsibility to Protect, Report of the International Commission on Intervention and State Sovereignty, December 2001, available at http：//responsibilitytoprotect. org/ ICISS% 20Report. pdf, para 2. 31. Accessed February 11, 2012.

愿意提供援助。不接受援助的决定是否是任意的取决于案例的具体情况，应逐案确定。从这方面的实践看并不存在结论性意见，因此要归纳一般规则没有什么价值。但这也并不是说没有任何标准可循。

比如，援助方所提供的援助必须具备人道主义援助的性质，才可能构成不被拒绝的理由。国际法委员会列举了人道主义援助所应当具备的三个条件，即人道、中立、公正。

首先，人道主义援助必须符合某些人道主义原则。这一原则要求必须确保援助是以注重受灾者的权利和需求为中心的。

其次，"中立"和"公正"意味着提供的援助没有任何政治意义，不要求任何回报，确保援助活动"不背离救灾的目的"。❶ 而且，援助的给予和分配也应当是非歧视性的。

如果提供援助的意思表示确实满足这些标准，受灾国要表示"不给予同意"则必须有非常强有力的和合理的理由。如果一个国家拒绝给予同意时没有提供此种理由，可以认为该国的拒绝是"任意的"。对于国际援助的正当性与不得拒绝的关系，国际法学会在 1989 年《关于保护人权与不干涉各国内政的原则的决议》第 5 条中也明确指出：一个国家、国家集团、国际组织或立场公正的人道主义机构如红十字国际委员会表示愿意向境内人民的生命或健康受到严重威胁的另一个国家提供食品或医药用品，不得被认为是对该国内政的非法干涉。但是，此种提供援助的表示，尤其是提供援助所用的手段，不得带有威胁进行武装干涉或任何其他恫吓措施的意味；应不具歧视性地给予和分配援助。境内存在此种紧急情况的国家不应任意拒绝提供人道主义援助的表示。

此外，接受援助的表示还应当及时做出。因为在灾害情况下，提供救济的速度至关重要。诚如联合国大会在其第 43/131 号决议和第 45/100 号决议中所阐述的，"深信在提供人道主义援助，特别是提供粮食、药品或医疗保健而这些援助迫切需达到灾民手中时，行动迅速可使灾民数目不致急剧上升"❷。根据红十字国际委员会的意见，只有在因安全原因不可能进入接受援助的居民所在的领土时，延迟才可能

---

❶ 联合国大会第六十五届会议正式记录，补编第 10 号（A/65/10），第 310 段。

❷ 分别见序言部分。

真正是有理由的。❶

基于上述考虑，国际法委员会在关于"受灾国不任意拒绝给予同意的义务"的问题上起草了以下案文："1. 如果受灾国无能力或不愿意接受所需援助，则不应任意对外部援助拒绝给予同意。2. 在受灾国接到根据本条款草案第 12 条第 1 款提出的援助提议时，应毫不延迟地通知有关各方其有关此种提议的决定。"

（三）人道原则的进一步扩张：国际社会有表示援助意向的权利吗？

目前，国际法委员会关于"灾害中的人员保护"专题会议还正在研究和探讨国际社会的援助权利问题。他们考察了诸多国际文件的相关条款，如 2005 年《国际卫生条例》第 9 条第 2 款、2005 年《兵库行动框架》第 13（b）段、1949 年《日内瓦公约》共同第 3 条第 2 款、1986 年《核事故或辐射紧急情况援助公约》第 2 条第 4 款、1991 年《美洲便利灾难援助公约》第 2 条、1998 年《坦佩雷公约》第 4 条第 5 款和第 6 款、2000 年《民防援助框架公约》第 3 条、2005 年《东盟关于灾害管理和紧急反应的协定》第 3 条第 1 款等，认为这些规定体现了国际社会有向受灾国提供援助意向的权利，从而认定受灾国相应地也就负有接受援助的义务。但在我们看来，从这些规定的具体表述来看，大多数仍然是旨在确立受灾国在灾害应对中的主要作用，强调灾害援助应经受灾国同意的规定，使用的措辞主要是国际社会有"责任"而不是"权利"来提供援助。

但也有一些倾向值得注意，如国际法学会在 2003 年《关于人道主义援助的决议》第 4 条，❷ 就具体规定了表示愿意提供和实际提供人道主义援助的权利："1. 国家和组织有权向受灾国表示愿意提供人道主义援助。这种表示只要完全属于人道主义性质，即不应被视为非法干涉受灾国的内政。2. 国家和组织有权向受灾国境内的受灾者提供人道主义援助，前提是得到受灾国的同意。这种表述虽然明确阐明了国家和组织有向受灾国提供人道主义援助的权利，但对于这种权利的性质并没有清楚的界定，即这里只区分了人道主义援助不同于人道主义

---

❶ 红十字委员会："一九四九年八月十二日日内瓦四公约一九七七年六月八日附加议定书评注（1987）"，第 2846 段。

❷ See B. Vukas（Rapporteur），"Humanitarian Assistance" 71，Annuaire de l'Institut de Droit international（2004），p. 262.

干涉。"❶ 指明了人道、中立、公正（不歧视）的人道主义援助并不构成对国家内政的干涉，但这里并没有指明这种人道主义援助的权利是否直接对应于受灾国接受援助的义务。况且，从权利的本质来说，权利通常表现为一种利益，而提供援助并不能给援助者带来实体利益（当然可能带来国家形象之类的无形利益），如果援助真的能给援助国带来实质利益的话，则可能就有违人道主义援助的中立性了。另外，对于向受灾国境内灾民的直接援助，还明确要求需得到受灾国的同意。可见，这里区分了对国家的援助和对灾民的援助，前者没有要求受灾国同意，但后者则明确要求由受灾国的同意，这里所体现的观念依然是援助首先只能针对国家而不是灾民个人，灾民个人的援助需要受灾国来实施。但是，也应当注意到，从国际法委员会"关于灾害情况下的人员保护"专题的法律编纂工作来看，这种观念正在发生转变。国际法委员会在编纂时所坚持的基本价值观念首先是关注对"发生灾害时的人员保护"，而不是国家间的援助，是基于保护灾民权利的路径而不是基于援助的路径。基于权利的路径意味着在处理有关情况时不仅仅考虑到人的需要，而且还要考虑社会对个人不可剥夺的权利做出反应的义务，它赋予个人必要的权能，从而能够将其要求的公正作为一项权利，而不是一种施舍，并为社区在需要时寻求国际援助提供道德基础。❷ 由此可见，人道主义援助的核心价值正在转向个人，而不是针对国家，这也说明主权在国际人道主义援助的法律中正在出现退却的趋势，这是一个值得关注的信号。

尽管是否存在一项获得国际人道主义援助的普遍权利还存在着争议，但在目前，诸多人权文件、一些法律专家的主张和"软法"文件

---

❶ 国内学者对此问题的阐述，参见刘静静："区分人道主义干涉与人道主义援助"，载《江苏教育学院学报（社会科学版）》2007 年第 1 期。

❷ 国际法委员会第六十届会议："关于发生灾害时的人员保护问题"的特别报告员爱德华德·巴伦西亚 – 奥斯皮纳先生的初步报告，第 10 – 12 段。

的支持使这样一项权利有逐步强化的趋势。❶ 至少，对于《国际红十字和红新月会救灾原则和规则》而言，正如国际红十字和红新月会（既包括国家也包括红十字红新月行动者）在 1995 年的修正案中所表明的，运动"将其提供和接受人道主义援助视为所有人的一项基本权利"❷。无独有偶，国际人道主义法研究所在其 1993 年"人道主义援助权利指导原则"（圣雷莫原则）原则 5 也规定：国家当局、根据法定任务可以提供人道主义援助的国家组织和国际组织，例如红十字委员会、难民署（联合国难民事务高级专员办事处）、联合国系统其他组织以及专业人道主义组织，有权在本原则所定条件都已满足时表示愿意提供这种援助。此种表示不应被视为不友好行为，或对一国内部事务的干涉。有关国家当局在行使其主权时，应该对向本国民众提供人道主义援助的表示给予合作。同样，联合国《境内流离失所问题的指导原则》中的原则 25 第 1 段也规定：国际人道主义组织和其他适当的机构有权向国内流离失所者提供它们的服务。当局应诚意对待这种服务，不得认为提供这种服务是不友善的行为，或是干预一国的内政。这些非约束性文件都使用了"有权"之类的表述，意味着国际社会一些组织正在倡导将提供人道主义援助视为国际社会的一项权利，但鉴于这种表述尚缺乏普遍性，因此，遽然得出存在国际人道主义援助的权利的结论恐怕为时尚早。

结 语

应当说，国际人道法和国际人权法从产生之日起，实际上就在不断地侵蚀着传统的国家主权观念。传统主权观把国家权力视为一种至

---

❶ 参见《国内流离失所者指导原则》原则 3（2），U. N. Doc. No. E/CN. 4/1998/53/Add. 2（1998）（以下简称《指导原则》）；1994 年《国际红十字和红新月运动和非政府组织救灾行动守则》（Code of Conduct of the International Red Cross and Red Crescent Movement and NGOs in Disaster Relief（1994））第 1 条；available at http：//www. ifrc. org/Docs/idrl/I259EN. pdf；《国际法协会保护人权和国内事务干预的决议》（Resolution of the Institute of International Law on the Protection of Human Right and the Principle of Non – Intervention in Internal Affairs of States（Santiago de Compestela Session 1989），第 5 条；国际法协会《人道主义援助权指导原则》（International Institute of Humanitarian Law, Guiding Principles on the Right to Humanitarian Assistance（April 1993），原则 1，available at http：//web. iihl. org/iihl/Album/GUIDING% 20PRINCIPLES. doc；Jon Ebersole, Mohonk Criteria for Humanitarian Assistance in Complex Emergencies, 17 Human Rights Quarterly 192（1995）。

❷ 参见 1995 年国际红十字和红新月会联合会第 26 届大会报告，附件 IV，第 2. 1 段。

高无上的权威，主权者甚至可以不受国际法的约束，通过战争实现国家利益，"丛林法则"一度成为国际惯例。在弱肉强食的残酷战争中，人们开始反省战争背离人性所带来的严重后果，红十字运动创始人亨利·杜南先生首先将伦理学与法学相结合并运用于战争，创造性地将人道主义——对人类的深切同情——从伦理学范畴引申到了法律学范畴，提出对战争进行制约的理念，旨在减轻战争的残酷性，保护人的生命和健康，国际人道法应运而生。20 世纪 70 年代以来，由于代理战争、国内宗教、种族和民族等方面的矛盾和纷争，国内武装冲突日益加剧，国内冲突中的人道主义灾害也日益严重，国际人道法开始从国际武装冲突扩展适用于国内武装冲突。另一方面，随着科学技术的日益进步，工业化带来的环境问题，人类对自然的过度开发，导致自然和人为的灾害不断增多，它们给人类所造成的巨大损失常常绝不亚于一场战争的损害，于是，灾难过程中的人道主义保护愈益成为众所注目的世界话题。遗憾的是，在这一领域，迄今并没有统一的全球性法律文件调整这一法律关系，这一问题就成为联合国立法部门必须面对的紧迫课题。虽然主权原则迄今为止依然是国际关系的基本准则，它构成国际秩序的基础。然而，随着全球问题不断加剧，国家间依赖性日益增强，当一国面临重大的自然和人为灾害而自身又不具有充分应对灾害的能力的情况下，以维护主权为由置其灾害状态下的国民生命和财产损失、基本权利和尊严于不顾而拒绝外来人道主义援助，显然也是有悖人道主义原则的，在这种情况下，人道主义原则对主权原则的侵蚀恐怕已是情理之中的事。

如何协调人道主义援助与国家主权原则的冲突成为国际法委员会在处理"关于灾害状态下的人员保护"问题时不得不面对的现实问题。从国际法委员会目前所讨论形成的案文看，人道主义对主权的限制正在成为国际救灾法中的价值追求。但是，从国际法委员会对这一问题所草拟的案文看，很多问题争论仍然十分激烈，所形成的案文也并不是终局的。即使国际法委员会最终确定了现行的草案案文，其最终形成有法律约束力的公约或者国际惯例的过程也必然艰巨而漫长。因为案文即使可以确定下来，其中也有很多问题没有解决，比如如何判定灾害后果超过了受灾国的应对能力，如何判定一国不愿接受国际人道主义援助？正如开始案例中的缅甸军政府所表现的那样，它并没有明确拒绝国际人道主义援助，而是声称愿意接受国际援助，但在具体实施援助措施时则消极合作，或者只接受特定形式、特定国家和组织的援助而拒绝综合援助，抑或在接受了援助之后并不能及时、有效、公平地将援助分配到灾民手中，这些问题在目前的框架内依然都是未决的问题。尽管如此，国际法委员会的努力是值得肯定的，它作为执行联合国"逐渐发展和编纂国际法"的机构，其所启动和进行的工作代表了国际法发展的趋势，它所进行的法律编纂工作通常是归纳和总结广泛的国家实践、先例的结果，同时也具有较明确和系统的理论支撑，因此，它代表了未来国际法的发展趋向，这是我们不能不加以重视的。

第三章　跨境救灾的国际法制

前已述及，在国际救灾领域，目前尚不存在一个核心的综合性的国际公约，虽然 20 世纪 30 年代建立国际救灾联盟的努力流产了，但此后，国际社会并未完全丧失对跨境救灾中的法律问题的关注，相反，无论是在全球层面还是在地区层面，双边层面还是多边层面，致力于消除跨境救灾中存在的种种障碍的努力一直存在，涉及跨境救灾法律问题的规范性文件大量存在。当然，这种规范往往并非以专门性文件的形式出现，而是反映在国际法的诸多部门和领域中，在这些法律部门中，既有具有法律约束力的国际公约和条约，但更多的是各类"软法"文件，如国际组织的一些决议、宣言、守则、示范法、指南等，它们虽然没有正式约束力，但正因为其所具有的灵活性、建议性、示范性而受到关注。这些软法很多是由非政府组织的持久努力而完成的，它们虽不是公约，却仍然有不同程度的道德权威，因为它们往往是既有国际共识的编纂，是国际人道主义援助最佳实践做法的证据。

从国际救灾法的发展阶段来看，它大致经历了早期的初创探索、星火燎原发展和法典式编纂三个阶段。成立国际救灾联盟的努力可谓代表了国际救灾法发展的初创阶段。应当说，在 2011 年 IFRC 启动国际救灾法编纂项目之前，跨境救灾的法律规范基本停留在星火燎原阶段，这类规范散布在涉及国际人权法、国际人道法、国际运输法、海关法、国际卫生法、国际空间法、国际电信法等诸多领域。从 IFRC 启动 IDRL 项目以来，国际救灾法进入了综合性的规则编纂阶段，一个综合性的国际救灾法典（示范法）期待在未来发展成为跨境救灾援助国际公约。

一、国际救灾法的初始发展

创建国际救灾法的雄心实际上从 19 世纪下半叶就已经存在，只不过因当时的跨境救灾规模尚不大，跨境救灾中存在的种种问题还并不十分突出。再加之"二战"后东西方"冷战"所造成的意识形态上的相互歧视，使得创建综合性国际救灾公约的动力不足，这个时期最为突出的成就当属创建国际救灾联盟的努力。

（一）创建国际救灾联盟的努力

人类在苦难面前往往更容易表现出空前的团结和合作。事实上在很久以前，各国就已经开始表示愿意互相帮助应对自然灾害。例如，1755 年发生了几乎让葡萄牙天翻地覆的大地震，当时英国乔治二世要求英国议会发送"迅速和有效的救济，尽可能适合于那里的紧急情况"❶。虽然存在某些零星的跨境救灾行动，但是，直到 19 世纪末，国际社会才共同努力试图创建一个大型国际救灾体制。

1869 年，第二届国际红十字会大会讨论扩大其人道主义工作的需要，以加强和平时期对灾民的灾难救助。它通过了一项决议，呼吁各国红十字会"在发生公共灾难，如战争的情况下，要求立即对灾民开展有组织的援助"❷。之后，在 1884 年，在第三次国际红十字会大会上，美国红十字会呼吁修订 1864 年的《日内瓦公约》，向灾民提供援助。虽然大会通过了修改决议，但从来没有实施过。

针对自然灾害的新一轮国家间合作的努力发生在 1919 年，这与国际联盟的建立相联系。《国际联盟盟约》内就包含了一条规定，规定鼓励各成员推动建立一个世界性的改善健康、防止疾病和减轻痛苦的组织。❸ 在同一时期，各个国家的红十字会和红新月会组成了红十字会国际联盟，以扩大对和平时期遭受灾害的人提供援助。其后，在 20世纪 20 年代，国际红十字会的重点开始转向创建一个国际救灾合作联盟上。1921 年，红十字国际会议建议建立一个新的公约，让红十字会在向自然灾害的受灾者提供救济方面发挥作用。这最终导致了建立国际救灾联盟大会的召开。1927 年，大会通过了《建立国际救灾联盟公

---

❶ Peter Macalister – smith, International Humanitarian Assistance：Disaster Relief Actions in-International Law and Organization 17（1985）, at 17.

❷ International Federation of Red Cross and Red Crescent Societies, World Disasters Report 2000, 2000, at 149, available at http：//www. ifrc. org/docs/pubs/disasters/WDR2000. pdf, here-inafter WORLD DISASTERS REPORT 2000.

❸ Peter Macalister – smith, International Humanitarian Assistance：Disaster Relief Actions in-International Law and Organization 17（1985）, at 18.

约》，于1932年生效。这是迄今为止第一次，也是唯一一次各国建立一个以条约为基础的综合性国际救灾体系的努力。

国际救灾联盟的建立旨在为各国"相互间提供救灾援助，通过可用资源方法上的协调鼓励国际救灾，推动该领域国际法的发展"❶。其四个主要目标是在灾害超过受灾人民的资源能力的情况下提供援助，协调公共灾害期间的救灾组织，鼓励防灾研究，引导相互间的国际援助。❷ 此外，公约的条款还并入了两个重要原则："尊重缔约国领土主权原则和援助的非歧视原则。"❸ 国际救灾联盟的一个弱点就是"它只聚焦于议会和行政问题，而不提供救灾领域的工作标准和指南"。❹ 因此，实际上它从来也没能在国际救灾法上建立起持久的机制。对于自然灾害的国际救助来说，国际救灾联盟实际上从来也没有发挥其真正的作用，因为其财力是有限的。当它面临最初几个灾害时，也只能采取一点象征性的行动。在其建立后的几年里，只被委任从事了一些科学工作。虽然如此，创立国际救灾联盟的倡议仍然体现了各国认识到有必要运用国际法来共同应对自然灾害。

（二）其他努力

直到几场重大的灾害发生后国际救灾法才取得了重要进展。19世纪60年代末70年代初，几场重大的地震、洪水、干旱等灾害袭击了世界不同地区。在组织这些大规模的救灾行动时所遭遇的困难推动了1971年联合国大会决定建立联合国救灾事务协调办公室（UNDRO）。该办公室旨在"成为联合国系统救灾事务的中心"，❺ 负责协调救灾行动，帮助各国制订救灾行动计划，推动灾害预防。虽然UNDRO是建立的第一个国际救灾组织，但它本身并不负责执行救灾行动。实际上，它只起到了向其他救灾机构传播信息的信息交换所的作用。

在之后的几年里，也有几个组织试图建立统一的救灾标准。例如，1969年，国际红十字大会通过了《国际红十字救灾原则和规则》。

---

❶ Peter Macalister – smith, International Humanitarian Assistance: Disaster Relief Actions in-International Law and Organization 17 (1985), at 19.

❷ Convention Establishing an International Relief Union, July 12, 1927, art. 2.

❸ Convention Establishing an International Relief Union, July 12, 1927, art. 4.

❹ WORLD DISASTERS REPORT 2000, at 151.

❺ General Assembly Resolution 2816 established UNDRO. G. A. Res. 2816 (XXVI), U. N. Doc. A/RES/2816 (XXVI) (Dec. 14, 1971), 3.

1980 年，国际法委员会制定了一个救灾合作示范协议。之后，在 1982 年，联合国培训和研究院发布了一套救灾行动示范规则。1984 年，UNDRO 也起草了它自己的提供紧急援助公约❶，1985 年，才始见关于救灾行动与国际法的论文发表。❷ 组织国际救灾法的努力持续到 20 世纪 90 年代。1995 年，国际红十字和红新月会联合会第 26 届大会通过了两套新规则，旨在为救灾行动提供指导：一是《国际红十字和红新月会及非政府组织救灾行动守则》；二是《红十字和红新月会救灾原则和规则》。

这一时期，虽然已经有了几个方面的努力来试图建立统一的救灾行动规则和政策，甚至也有几个国家核准了其中一个或几个指南，但这些规则并没有被广泛核准。它们也没有上升到条约的地位，结果，这些指南对救灾者来说都没有约束力。

从 20 世纪 90 年代开始，联合国大会不断地通过名为《加强协调联合国人道主义紧急援助》的决议，目标是改进灾害应对行动。如 1991 年第 46/182 号决议呼吁“联合国开始越来越积极地从事国际救灾法的建立工作。加强联合国体系下的紧急人道主义援助的协作”❸。但由于成立的联合国救灾组织（UNDRO）效率低下，被指责为实际上成为一个官僚主义机构，❹ 为改变形象，联合国创建了人道主义事务部，后来重新改组为人道主义事务协调办公室（OCHA）。OCHA 吸收了 UNDRO，它的建立旨在处理一系列人道主义行动和自然灾害的应对。OCHA 的使命不仅包括协调人道主义响应，而且制定政策并提出人道主义倡议。另外，联合国还宣布从 1990 年到 2000 年为“国际减灾十年”。随着近年来对救灾协调问题的关注，2000 年，国际红十字和红新月会国际联合会（IFRC）谈到，在国际法中存在灾害应对的“漏洞”。在救灾标准方面还没有一个权威的法律渊源。❺ 于是，IFRC 才牵头开始了国际救灾法（IDRL）的编纂工作。这项编纂工作首先是

❶ See Rohan J. Hardcastle & Adrian T. L. Chua, Humaiitanai Assistance: Towards a Right of Access to Victims of Natual Disasters; 325 INT'L REV. RED CROSS 589, 595 (1998).

❷ WORLD DISASTERS REPORT 2000, at 151.

❸ G. A. Res, 46/182, 1, U. N. Doc. A/RES/46/182 (Dec. 19, 1991).

❹ See, e. g., Masters of Disasters, NEW REPUBLIC, Sept. 13, 1999, p. 11.

❺ WORLD DISASTERS REPORT 2000, p. 151.

在各种不同行动者的人道主义规范及其他各类国际法律渊源中梳理出与跨境救灾活动相关的法律规则和规范。这种梳理显示，之前虽然没有综合性的国际救灾法文件，但散见于其他不同部门和领域、与消除跨境救灾障碍有关的正式和非正式法律规范还是十分丰富的，可谓呈"星火燎原"之势。

二、国际救灾法的"星火燎原"阶段

这个阶段以分布于不同法律部门的规范为标志，这些规范可以直接或间接地适用于跨境救灾行动。既有全球性的规范，也有区域性及大量双边条约；既有政府间组织开展的工作和制定的不具有法律约束力的决议、宣言，也有大量非政府组织编纂的指南、守则和示范协议。这些规范的梳理已经充分体现在 IFRC 所审定出版的《初步研究》一书中。这里仅择其中有代表性的规范加以说明。

（一）国际救灾的国际法制

虽然就全球范围看尚缺乏一部综合性的国际救灾公约，缺乏一个统一的国际救灾机制，但这并不意味着不存在任何国际性救灾法律规范。国际救灾法律规范大量散布在各类其他国际法部门中，这些法律部门十分广泛，法律渊源丰富多样。以下分法律渊源述之：

1. 国际公约

（1）国际人权法。在国际人权法体系内，只有两个有约束力的文件直接提到了灾害援助。一个是 1990 年《非洲儿童权利和福利宪章》。其第 23 条在相关部分规定，无论是在自然灾害、国内武装冲突、民变、经济和社会秩序崩溃还是任何其他原因导致的灾难的情况下，各国都应当"采取一切可能的措施"确保难民儿童和"国内流离失所的儿童"得到"适当的保护和人道主义援助，享受本宪章和其他国际人权和人道主义文件所规定的权利"。另一个是 2006 年《残疾人权利国际公约》，它要求各缔约国采取"一切必要措施确保对残疾人在危险情况下的保护和安全，包括武装冲突、人道主义紧急状态和自然灾害发生的情况下"❶。

大量其他条约，如著名的《公民权利和政治权利国际公约》（IC-

---

❶ UN General Assembly Resolution 61/106, U. N. Doc. No. A/RES/61/106 (2007).

CPR）和《经济、社会和文化权利国际公约》（ICESCR）所规定的权利与灾害救助和恢复重建援助皆有密切联系，如其中所规定的生命权、获得适足食物和饮用水、住房、衣物的权利、健康权、获得生计的权利和不受歧视的权利等，都被解释为与救灾和恢复重建中灾民所应享有的权利相关。

根据联合国人权委员会对这两个人权公约的解释，各国负有三个层面的义务来实现人权：尊重的义务（即保证自己不侵犯这些权利）、保护的义务（即保护权利所有人不受第三方侵害）和实现的义务（即采取积极行动增强人们获得这些权利的机会）。如果一国只是避免了任意处决其公民或者保护公民免受私人暴力，那么这还不是充分地保护了生命权，它还必须采取积极措施降低死亡率，如采取措施"消除营养不良和流行病"。❶ 这种义务就是赋予国家的一种积极的义务。同样，"在国内冲突或者其他紧急状态下阻碍获得人道主义食品援助"也构成侵犯食品权。❷ 联合国经社理事会在其一般评论第12条中就认为，食物权就是指一种免于遭受饥饿的核心权利，如果在一国领土内存在饥饿，而且它不能证明已经立即（immediately）采取了一切努力（every effort）解决这一问题，包括通过寻求国际援助，那么，这种权利就受到了侵犯。

（2）国际人道法。国际人道法的适用场景一般限定于战争或武装冲突的情况下，不包括本研究目的下的"灾害"（disaster）。但这并不意味着国际人道法便与国际救灾毫不相干。例如，《日内瓦公约》及其附加议定书就要求确保各国内红十字会和红新月会使用其标识，无论是和平时间还是战时。此外，当"自然"灾害与武装冲突同时存在的复合情况下，国际人道法就可以适用了，而且作为特别法，它将优先于其他类型的法而适用。虽然国际人道法还不能直接适用于单纯的灾害背景下，但无论怎样，我们通过类比适用的方法，观察一下国际人道法对于国际救灾下的意义是有必要的，因为国际救灾所面临的问题与国际人道法的适用场景具有相似性，尤其是从国际救灾法最初产

---

❶ See Human Rights Committee General Comment No. 6, The right to life (art. 6), 1982, para. 6, republished in U. N. Doc. HRI/GEN/1/Rev. 6, p. 131 (2003).

❷ Committee on Social, Economic and Cultural Rights, General Comment No. 12, The Right to Adequate Food, U. N. Doc. No. E/C. 12/1999/5 (1999), para. 19.

生的那些事实情况而言，是可以追溯到国际人道法的。

如《日内瓦公约第四议定书》第 59 条中就规定："如占领地全部或部分居民之给养不足时，占领国应同意救济该项居民之计划，并对该项计划使用力所能及之一切方法予以便利。该项计划，可以由国家或公正人道组织如红十字国际委员会承担之，在该计划中尤应包括食物，医疗品及衣服的装运物资之供给。各缔约国均应允许该项装运物资之自由通过并保证予以保护。"

《日内瓦公约第一附加议定书》（涉及国际冲突中的非占领领土）第 70 条和第二附加议定书（主要针对国内冲突）中也表达了类似的义务，但其所规定的条件是要得到有关国家的同意。但根据对于这些部分的评论宣称，这种同意并不意味着可任意地拒绝援助，比如拒绝方如果是要把饥饿作为一种作战手段而拒绝接受援助，就是特别禁止的行为。❶ 这为当代国际救灾法中所争论的受灾国是否可以任意拒绝接受国际人道主义援助提供了注释（见第一章"国际救灾法的基本矛盾"）。

关于提供这种援助的机制，从《日内瓦第四议定书》第 30 条的规定中也可以推断出，人道主义援助应根据需要来提供。在平民要求人道主义救援的情况下，还应当尽一切可能请求和接受之。第 142 条也规定，各方可以控制提供救援的社团和组织的数量，但不应因此而妨碍救济的供应。第四议定书还要求救济物资"在被占领土应当豁免所有费用、税收或关税，除非这些费用根据领土国的经济利益是必要的"，而且占领者"要为快速分配救济物资提供便利"。关于这一节的评论指出，豁免费用、税收和关税的范围包括适用于"某些非赠送的但根据政府间长期安排不用付款的物资"，而且讲到应当将其视为"绝对的例外，因为授予绝对豁免所有费用体现了对待救济行为的真正精神"❷。

第一附加议定书第 70 条进一步讲到了"快速而无障碍地通过"，

❶ COMMENTARY ON THE ADDITIONAL PROTOCOLS OF 8 JUNE 1977 TO THE GENEVA CONVENTIONS OF 12 AUGUST 1949, 820 & 1479 (Yves Sandoz et al, eds. , International Committee of the Red Cross 1987).

❷ Commentary, IV Geneva Convention Relative to the Protection of Civilian Persons in Time of War 320 (Jean S. Pictet, ed. , International Committee of the Red Cross 1958), p. 327.

这一规定背后的意图就是要"为了避免任何骚扰，尽量减少手续和免除任何多余的繁文缛节。海关官员和警察尤其应该'接受'能够达到这种效果的指令。所提到的通行可能是在陆运、水运或者空运过程中。然而，通过的速度以及是否会畅通无阻取决于当地的情况，因此这里施加的义务也只是相对的：救援货物应该以当时情况的许可尽可能快速通行"❶。

第四日内瓦公约第 23 条还为加快物资运输规定了更多专门的便利，这些专门便利的对象包括不管来自何方的"医疗和礼拜用品"，以及为"15 岁以下的孩子、待产孕妇所需要的救灾物品"。同样，第三日内瓦公约第 70 条的两个条款和第四日内瓦公约第 110 条也特别要求发送给被扣留人员（detained persons）的救灾物资也要豁免所有"重要关税和其他税捐"。

国际红十字会委员会 2005 年出版的《习惯国际人道法》对众多人道法公约和国家实践进行了研究，归纳出日内瓦诸公约中的诸多规范已经形成习惯法规则，既然是习惯规则，其效力范围就超越了公约缔约方的局限，无论是在国际和国内冲突中都是有约束力的。例如，它得出的一个结论是："冲突各方对满足平民需要的人道主义救济必须允许并便利其快速无障碍地通过，公正且不得实施不利区分地保护他们的权利；"❷ 冲突各方"必须保证获得授权的人道主义救援人员享有履行其职能所必要的活动自由"，这种自由只能因军事必要而进行临时的限制；❸ 人道主义救援人员和物资"必须受到尊重的保护"。❹尽管承认"人道主义组织没有有关方面的同意不得行动是不言而喻

---

❶ Commentary on the Additional Protocols of 8 June 1977 to the Geneva Conventions of 12 August 1949, 820 & 1479 (Yves Sandoz et al, eds., International Committee of the Red Cross 1987), p. 822.

❷ Jean‐Marie Henckaerts and Louise Doswald‐Beck, Customary International Humanitarian Law, Volume I: Rules xxxii (International Committee of the Red Cross 2005), Rule 55, p. 193.

❸ Jean‐Marie Henckaerts and Louise Doswald‐Beck, Customary International Humanitarian Law, Volume I: Rules xxxii (International Committee of the Red Cross 2005), Rule 56, p. 200.

❹ Jean‐Marie Henckaerts and Louise Doswald‐Beck, Customary International Humanitarian Law, Volume I: Rules xxxii (International Committee of the Red Cross 2005), Rule 31, 23, pp. 105–111.

的"，但该研究同时也声称，"这种同意不能是任意地拒绝援助"。❶

上述规定为 IFRC 编纂 IDRL 中如何确定受灾国接受援助应采取的态度、对救灾援助物资所应享受的过境便利和优惠待遇提供了法律依据。

（3）难民法及有关国内流离失所者的法律。如同国际人道法一样，传统意义上的难民法通常也与灾害并没有多大联系。因为，在国际法上，难民是一个具有特定含义的称谓。这就是 1951 年《难民地位公约》及其附加议定书对于"难民"的定义。这两个文件把难民定义为"基于一种可以证明成立的理由，由于种族、宗教、国籍、身为某一特定社会团体的成员或具有某种政治见解的原因而畏惧遭受迫害并留身在其本国之外，并由于这样的畏惧而不能或不愿意受该国保护的人，或者一个无国籍的人，并由于上述事情留在他以前经常居住国以外而现在不能、或由于上述畏惧而不愿意返回该国的人"。根据这一定义，难民只限于那些因特定原因受到迫害威胁而逃离本国的人。即便是《1969 年非洲难民问题专题公约》和《1984 年难民问题卡塔赫纳宣言》扩大了这一定义，也只提到基于人道因素而逃离家园的人，这些因素包括武装冲突、外来侵略、公共秩序受到破坏，在后来的文件中还加进了普遍的暴力和大规模侵害人权等原因。尽管《1969 年非洲难民问题专题公约》和《1984 年难民问题卡塔赫纳宣言》扩大到了"公共秩序受到破坏"，但其含义是模糊的，就这两个公约的背景和上下文而言，一般认为是不包括自然灾害的。❷ 当然，近年有些人主张应呼吁扩大对所谓"环境难民"的国际保护，❸ 但这一建议还没有获得普遍支持。

虽然难民法无法直接适用于灾害情势，但它至少在以下两个方面

---

❶ Jean – Marie Henckaerts and Louise Doswald – Beck, Customary International Humanitarian Law, Volume I: Rules xxxii (International Committee of the Red Cross 2005), p. 197.

❷ Hector Gros Espiell et al, Principles and Criteria for the Protection of and Assistance to Central American Refugees, Returnees and Displaced Persons in Latin America, 83 INTERNATIONAL JOURNAL OF REFUGEE LAW 96 (1990); Micah Rankin, UNHCR Working Paper No. 113, Extending the Limits or Narrowing the Scope? Deconstructing the OAU Refugee Definition Thirty Years on (April 2005), p. 20.

❸ United Nations University Press Release, As Ranks of "Environmental Refugees" Swell Worldwide, Calls Grow for Better Definition, Recognition, Support (Oct. 11, 2005), available at http://www.ehs.unu.edu/file.php?id=58.

与国际救灾中的行动有关：（1）难民也会受到其居住地国的灾害影响，他们有权享有难民法下的国际救灾和恢复重建的权利；（2）大规模的难民流本身就构成一场"灾难"，按照前面所描述的当代定义，接受国如果陷入了人道主义危机，它就需要国际支持。

相比而言，国内流离失所者方面的法律（Law for Domestic Indis-placed Persons，IDPs）与灾害问题下的流离失所者的保护更具相关性。鉴于现有的难民制度、国际人权法、国际人道法存在着的灰色区域或者漏洞，即既无法涵盖虽由政治原因，但属于国内武装冲突引起的，限于国内迁移的难民，同时，更无法包含因生存环境恶化，因各类灾害所导致的被迫迁离家园者的情况，所以建立一种专门保护因各种原因被迫迁离居住地但又在国内流离失所的人的法律制度就颇为必要，迫在眉睫。

这种制度首先是布鲁金斯协会高级研究员罗伯塔·柯恩（Roberta Cohen）在 1984 年目睹了埃塞俄比亚的状况后萌发倡议的。在那里，由于干旱、饥饿、内战导致成千上万的人被迫逃离家园流入该国北部类似难民营之类的地区避难，那里既没有充分的寄身之所、食物和清洁的饮用水，也没有药物和卫生设施。他认为，如果这些人越过边境逃到邻国苏丹或肯尼亚的话，他们就会受到联合国对难民所提供的稳定的人道主义援助，但由于人们未跨越国界并不构成难民，所以不能享受难民待遇。这种显著的不公触动了柯恩，他在返回华盛顿后参加的难民工作组（这是一个关于难民问题的思想库）就开始研究这个问题，后来便推动将这一问题纳入联合国人权委员会议程。

1992 年当时的联合国秘书长加利委任著名学者、布鲁金斯协会高级研究员、前苏丹外交官（苏丹正是当时国内流离失所者最多的国家，达 400 万人）弗朗西斯·邓（FrancisM. Deng）承担了对这一问题的研究任务，并让他与柯恩一道展开研究，他们的研究成果体现为 1998 年出版的两卷本著作《大规模逃离的民众：国内被迫迁移的全球危机》和《被抛弃的人们：国内被迫迁移的案例研究》。之后他们发表了一系列演讲、发言和文章传播其研究成果并提出了一套解决 IDPs 问题的策略。包括一个概念框架、一个法律框架、制度性安排和防止流离失所情况发生和更有力地保护被迫迁移者免受危险和虐待的策略设计。

在实践中，20 世纪 80 年代末 90 年代初，当联合国难民事务高级专员办公室、联合国儿童基金会、国际红十字和红新月会等非政府组织试图对国内流离失所者进行救助时也苦于难以找到明确的规则依据。当弗朗西斯·邓接受联合国秘书长的任命作为其国内流离失所者问题的代表时所做的第一件事就是向人权委员会寻求帮助，重新审查当时的国际人权法、国际人道法和难民法能否适用于这类人，结果发现虽然相当多的问题可以为现有的这些法律所涵盖，但也存在 17 个不能充分保护的领域，而且有 8 个领域存在明显的漏洞。比如是否可以强制国内流离失所者迁回或重新安置问题，失踪者和离散的家庭成员重新团聚的问题，对于不受国际人道法调整的情势，譬如国内动乱和零零星星的暴力行为归什么法律调整，对于被迫迁移造成的财产损失的赔偿，或者逃离家园者获得官方文件（通常在接受公共服务时要求提供该文件）的权利问题，被迫迁移的妇女在其生育时的特殊医疗需要和心理健康是否需要规定清楚的问题，等等，国际法都没有加以规定。这些问题都被提出来，认为是应当在确立国内流离失所者制度时加以解决的。

在完成对现有法律文件的编纂和评审后，为了给予编纂和评论性分析一个更富"操作性"的视角，弗朗西斯·邓着手拟定一份《国内被迫迁移问题的指导原则》（以下简称《指导原则》），其草拟工作于 1996 年至 1998 年在一个专家小组的帮助下进行。红十字国际委员也会被邀请对这一进程提供意见。1996 年 10 月和 1997 年 6 月在日内瓦召开了工作会议，而向专家征求意见的工作于 1998 年 1 月应奥地利政府邀请在维也纳进行。其后，《指导原则》得以最后定稿。

联合国秘书长将其代表的报告，连同《指导原则》一起提交人权委员会，于 1998 年 4 月的会期中审议。委员会就此事项进行了讨论，并注意到该报告和《指导原则》，决定在其议事日程中保留该事项，并拓展秘书长代表的职权。

自从 1998 年该《指导原则》提交给联合国人权委员会后，它已经被翻译成 40 多种文字，并被得到广泛使用。2001 年联大和 2003 年联合国人权委员会已经把《指导原则》视为处理国内被迫迁移情况下的"重要工具"和"标准"。在 2005 年联合国改革报告中，科菲·安南甚至呼吁各国"接受"指导原则，作为"保护国内流离失所者的基本国际规范"，并推动各国采纳它。自 2004 年后，每届联合国大会决议中关于"保护和援助境内流离失所者"部分都"确认《指导原则》是保护境内流离失所者的重要国际框架，欢迎越来越多的国家、联合国机构、区域组织和非政府组织以《指导原则》为标准，鼓励所有相关行动者在处理境内流离失所情况时采用《指导原则》"。《指导原则》虽然没有法律约束力，但在实践中，地区性国际组织、联合国各机构和非政府组织经常把《指导原则》用作监控和倡议保护国内流离失所者的工具。例如美洲国家间组织人权委员会、欧洲安全与合作组织成员国都承认《指导原则》构成其处理国内流离失所者的框架。在非洲之角，政府间发展机构在一个部长级声明中称《指导原则》是制定国内流离失所者保护之国内政策的"有益工具"。联合国各机构和非政府组织广泛传播该原则，用它来培训其工作人员。2006 年 11 月 30 日，11 个国家在非洲大湖地区通过《保护和援助境内流离失所者的议定书》（尚未生效），它要求缔约国必须遵守通过的指导原则。❶

　　《指导原则》在引言部分对"国内流离失所者"一词做了一个非常宽泛的定义。国内流离失所者是指"那些被强迫逃离其家园或习惯住处的个人或群体，逃离的原因特别是要避免武装冲突、普遍的暴力、对人权的侵犯或天灾人祸，而这种逃离并没有越过国际承认的国界"。根据起草者对定义的解释，第一，虽然定义特别列明了一些造成国内被迫迁移者的原因，但这里只是举出了一些典型情况，以体现之前难民法所不能包容的情形，并非穷尽性列举，国内流离失所者也包括其他原因造成的逃离家园者。❷ 第二，列入"天灾人祸（natural or human - made disasters）"，原因是要发展传统难民法，因为传统难民法主要着眼于政治和冲突原因造成的流离失所，而并不包括各种灾害。而且，这里的"天灾人祸"实际上将各种灾害所造成的流离失所现象全部纳入了。在确立了适用范围后，指导原则规定了一系列人权法和人道法所确立的国内流离失所者所享有的权利，包括有权获得人道主义

---

❶ Protocol on the Protection and Assistance of Internally Displaced Persons, arts. 3（6）&（7）& 4（1）（f）（version of Nov. 30, 2006）, available at http：//www3. brookings. edu/fp/projects/idp/GreatLakes_ IDPprotocol_ final. pdf.

❷ Mooney E. The Concept of Internal Displacement and the Case for Internally Displaced Persons as a Category of Concern, Refugee Survey Quarterly, 2005, vol. 24, No. 3, p. 11.

援助的权利（原则3.2）。

它们还为人道主义组织规定了一系列权利和义务，如人道主义组织提供服务的要约不应当"任意撤回"，应当授予这些组织自由进入的权利并提供便利，它们的行动应当受到尊重和保护（原则25）。另一方面，它们呼吁人道主义援助应"按照人道、公正、无歧视的原则来实施"，呼吁人道主义组织"和其他适当的行动者在提供人道主义援助时""适当考虑保护国内流离失所者的需要和人权，并在这方面采取适当措施。在这样做时，这些组织和行动者应当尊重相关国际标准和行动守则"。（原则24、27）

（4）外交特权与豁免权法。在国际法中，外交特权和豁免的概念是传统上给予外国政府的外交和领事代表的特殊待遇。这种待遇已被编入了获得广泛承认的1961年的《维也纳外交关系公约》和1963年《维也纳领事关系公约》，甚至被国际法学界认为形成了习惯法。在国际救灾法中，人们所关心的问题是跨境救灾人员进入受灾国后能否像外交人员那样享有特殊法律地位。根据公约规定，外交和领事特权与豁免权适用的范围一般不超越外交和领事代表履行职责的范围，也不能扩大到工作人员、外交代表的家庭与家庭人员。也就是说，这种特殊待遇的适用主体是特定的，据此，外国参与救灾或恢复重建活动的民防、军事等救援人员一般也不应享受这种特权。正因为如此，为了便利国际救灾人员的行动自由，许多双边条约和关于救灾援助的协议中就为这些人员明确规定了类似的外交特权和豁免。

首先，对于政府间组织，根据这类组织的宪章或章程，它们历来被授予特权和豁免权，使其能够在履行职责时免受来自单一国家的无故干扰。如诸多广泛批准的文件授予联合国及其机构和官员这种待遇，包括1946年的《联合国特权和豁免权公约》以及1947年的《联合国专门机构特权和豁免权公约》。其他国际和区域政府间组织也被赋予了国际法上的特权和豁免权，包括一些积极参与救灾的组织，如国际移民组织、欧盟和东盟。

而对于非政府组织，一般情况下无法享受外交特权和豁免权。历史上，《坦佩雷公约》是个例外，它将这种权利扩展至非政府组织人员提供电信援助方面的服务。另外，国际红十字委员会和国际红十字和红新月会联合会也被授予特权与豁免权，这些特权和豁免权是仿照那些提供给联合国的、根据与其所运营的大多数国家的政府达成的协定而授予的,这是由于其依据《日内瓦公约及其附加议定书》所肩负的独特国际职责、其构成以及广泛的认可度而获得的。

当然,这种特权和豁免权也不是绝对的。接收国保留第一时间禁止组织进入并在其领土上活动的权力,以及宣布某个特定官员或代表为"不受欢迎的人",并排除其在其驻在国领土上活动的权利。此外,有关文件也禁止享受特权和豁免权的当事人滥用权力。此外,官员所享有的豁免权也可由派遣国或组织撤回。

(5)国际海关法。海关事关国际贸易便利化。随着贸易自由化的发展,海关法日益推崇要有利于扩大货物和救援物资的进口。在过去的几十年里,一些特殊的涉及救灾方面的海关文件也得到了发展。不过,总体说来,相关的规定要么无约束力,要么只适用于有限数量的国家。

比如,1970 年,海关合作理事会(CCC)[现称为世界海关组织(WCO)]就通过了专门针对救灾的第一份海关文件——《世界海关理事会加快推进救灾货物交付的建议》(以下简称《CCC 建议》),不过这份文件不具有法律约束力。该建议针对 CCC 的所有成员以及联合国的所有成员国,呼吁各国采取多项措施以促进救灾物资的入境,其中包括:对救济物资的出口或进口限制的豁免;简化相关的文书工作;豁免经批准机构批准的货物的关税、税款和费用;以及授权海关在正常规定的时间和地点之外也能清关。

该建议的许多方面后来被纳入了两个主要的海关公约附件。其中一个是《关于海关手续简化和协调的公约》(《京都海关公约》),于1973 年通过,并于 1999 年进行了大幅修订。其中,《京都海关公约》的可选的"具体附件"是两个与救灾具体相关的附件:特定附件 B. 3和 J. 5。具体附件 B. 3 提供的"实践建议"指出,国家对部分商品免税,这些商品如食品、药物、衣物和毛毯,被作为礼物给予经批准的慈善机构或慈善组织,由他们免费提供给有需要的人;具体附件 J. 5提供了与《CCC 建议》中的内容类似的建议,以加速救灾物资的清关。

1990 年,《临时准入公约》(《伊斯坦布尔公约》)通过,该公约强化了诸多公约中关于"临时准入"的规定,即放弃进口税收,简化临时进口的特定类型货物的文书要求。❶《伊斯坦布尔公约》的附件B.9 规定，救灾设备和物资（如医疗、外科和实验室设备、车辆、毛毯、帐篷等）进口可以免除关税和税费，规定：如果它们要被复出口，由临时准入国以外的人所有；免费装运；应发放给临时进入国有权当局批准的人。该附件现在有 37 个缔约方。《伊斯坦布尔公约》附件 D（有 36 个缔约方）考虑到了动物的临时准入问题，包括搜救犬和其他参与搜救行动的动物。

《伊斯坦布尔公约》和其他海关条约尽管不是专门针对灾害情况的，但与灾害情况却特别相关。例如，《伊斯坦布尔公约》附件 C 就考虑到临时许可外国机构所运用的运输方式（这与附件 B.9 所规定当地机构的装运形成对比）。附件 B.2 与 1962 年《临时进口专业设备海关公约》都适用于"专业设备"，包括访问另一国家领土履行专门任务的人所需要的任何呼叫、贸易和职业方面所需要的设备。❷《伊斯坦布尔公约》附件 A 和 1961 年《关于货物暂准进口的 ATA 报关单证册海关公约》考虑了某些货物的临时进口，包括转运（含专业设备）所需要的文书简化（"the carnet"），无须邮递安全证明。

此外，《1975 年根据 TIR 手册进行国际货物运输的有关关税协定》（以下称 TIR 公约）也考虑了在通过缔约方领土时减少转运货物的文书和海关检查，根据经批准的国内保证机关签发的欧洲国际公路运输证（TIR carnet，代表 transport international routier，即国际公路运输）即可放行。

1995 年，联合国人道主义事务部（即联合国人道主义事务协调办公室的前身）和世界海关组织还共同制定了一个《示范海关协议》，涉及"在灾害和紧急情况下加快进口、出口和转运救灾货物和救灾人员通关"的内容。示范协议重申了前面所讲的那些海关文件中的条款，并将其扩展到联合国的行动或其批准的行动中的民防、军队、国际搜救队和非政府组织的工作。后来又附加到世界海关组织的《特别附件 J 指南》中供各缔约方参考。

---

❶ Convention on Temporary Admission, June 26, 1990, available at http：//www.wcoomd.org.

❷ World Customs Organization, Position as Regards Ratifications and Accessions (at 1 July 2006)：Convention on Temporary Admission, July 25, 2006 (as amended), Doc. No. PG0139E1a, available at http：//www.wcmood.org. at annex B.2 art.1 (3).

（6）国际运输法。救灾物资运输的效率直接关系到灾民能否在第一时间获得生命补给。目前虽然没有有关运输救灾物资和设备的专门条约，但是有一些直接相关的个别条款。例如，除了旨在减少文牍工作及国际航运的其他手续外，1965 年《关于国际海上运输便利化的公约》（107 个缔约国）要求缔约国"促进参与救灾工作的船只"的出入境以及它们运输的人员和货物的清关。同样，1944 年《国际民用航空公约》（即《芝加哥公约》，189 个缔约国）的附件 9 要求缔约国方便从事救灾工作的飞行器进入、离开以及从其领土过境，被联合国认可的国际组织和该飞行器的所属国应采取一切可能的措施，以确保它们的安全。同时，该公约呼吁各国确保救灾航班上的人员和物资刻不容缓地投入救灾工作。❶

至于国际公路运输文件，它们在很大程度上并没有特别提到救灾情形。不过，也有一些一般性的公约可能与救灾运输有关。这些公约包括 1954 年《私人公路车辆临时进口海关公约》《1994 年海关处理用于国际运输的集装箱堆场（Pool Containers）公约》。所有这些公约都规定车辆或集装箱要能保证复出境应免税入境，还有前述《1975 年根据 TIR 手册进行国际货物运输的有关关税协定》，也规定了国际公路转运通过有关国家时转运国应放弃边境检查。

（7）国际电信法。应急通信对于救灾是至关重要的，这已在电信技术发展早期制定的国际电信法文件中得到体现。调整电信的国际文件经常有关于应急电信的特别规定，如优先传输和回应求救信号，尤其是来自船舶和飞机的信号，并要保留这种呼救信号的波长。❷

国际上最重要的专门针对国际救灾行动的电信文件是 1998 年《为减灾和救灾提供电信资源的坦佩雷公约》，这是全球第一个综合性的灾害电信国际合作的规制框架。

公约规定，缔约方应当降低减灾和救灾过程中使用电信的法律障

---

❶　International Standards and Recommended Practices – Annex 9 to the Convention on International Civil Aviation, Facilitation (12th ed., International Civil Aviation Organization, 2005, Annex 9"), at sec. 8.8, 8.9.

❷　International Radio Telegraph Convention of 1906, art. 9; International Radiotelegraph Convention of 1927, art. 5; Règlement de service télégraphique international of 1928, art. 35; General Radiocommunication Regulations of 1932, art. 7; International Radio Telegraph Convention of 1906, art. 9.

碍，包括限制出口和进口，对使用特定类型设备、使用特定无线电频率的限制（第9条）。公约还明确呼吁解决"这种法规执法中的拖沓问题。"［第9条第（2）（e）款］此外，公约还提出了一个实现此目标的非穷尽性的措施清单，如对特定电信资源提供清关，承认外国已经核准的设备，暂时放弃规制等。❶

尽管给接收国保留了决定从什么国家和组织请求援助的特权，但公约要求各签字国（在国内法许可的范围内）向提供电信援助的组织和私人给予某些优惠和豁免，包括豁免当地法院管辖，豁免有关税费，豁免捕获等，包括授予提供救灾援助的私人小型卫星地面接收站免于征收各种税费的权利，他们不受逮捕和拘留，而之前这种特权和豁免只授予联合国和多边机构及其人员。公约还呼吁接收国提供当地设施和服务，加快或放弃许可证程序，采取措施确保救灾人员、设备和物资的安全（第4、5条）。公约委任联合国救灾协调员以领导地位，尤其是要制定标准协定来补充公约，制作现有资源和供应商的详细目录。

该公约于2005年1月正式生效，截至2003年4月3日，已有55个国家签署该公约。联合国大会、世界电信发展大会、世界无线电通信大会以及国际红十字和红新月会联合会大会都呼吁各国核准或承认《坦佩雷公约》。

除此之外，国际红十字会和相关国际电信联盟的不同机构还通过了其他相关电信文件。如1965年第20届国际红十字会大会上通过一个决议，鼓励为各国红十字会建立一个国际无线电通信网络；❷ 1977年在第23届大会上又通过一个决议，指出了在建立这一网络上取得的进展，呼吁在1979年召开的世界无线电通信管理大会上对此采取实际措施。❸ 1979年世界无线电通信管理大会通过的第10号决议敦促各国政府考虑国际红十字会和红新月会对无线电通信的需要，并分配给它们救灾工作专门的频段；1994年世界电信发展大会第7号决议呼吁所有政府消除救灾中使用电信的国内规制壁垒；2000年世界无线电通信大会决议呼吁各国设置两条无线通信以及工作频率；这次大会的第

---

❶ 参见《坦佩雷公约》第9条。

❷ Resolution 15, 20th International Conference of the Red Cross, Vienna, 1965.

❸ Resolution 9, Red Cross Emergency Radio Communications, 23rd International Conference of the Red Cross and Red Crescent, Bucharest, 1977.

645 号决议呼吁各国努力为救灾通信建立一个协调的频谱；2003 年世界无线电通信大会第 646 号决议建立使用地区和谐一致的波段来实现公共保护和救灾职能。无线电通信和国际电信联盟的电信标准化领域的研究团体还向各国就救灾通信行动方面发布了一系列相关建议，包括建议为使用固定卫星服务提供便利，为全球跨境无线电设备的流通提供便利，建立一个国际应急优先计划，为业余无线电行动提供便利。❶

（8）国际捐赠法。在国际救灾中，受灾国常常需要来自境外的广泛援助，这些援助多数来自政府间组织、非政府间组织以及私人的捐赠。

自 20 世纪 60 年代后期始，粮食援助的主要提供者多次认同《食品援助公约》的规定，这是国际谷物协定的一个组成部分。《食品援助公约》的最初版本是 1999 年通过的，有效期限为 3 年。后经过多次修订，最近的一次修订是在 2007 年，并于 2008 年 6 月 30 日生效。参与制定的 22 个缔约方包括 21 个国家和欧洲联盟。公约确立了食品援助的一些重要原则，如：（1）尊重基本人道主义原则；（2）只能以最有效和最适合的援助方式提供；（3）满足国际质量标准，与接收人一切的饮食习惯和营养需要相一致；（4）特别考虑妇女、儿童和弱势群体的需要，确保妇女参与到行动决策中；（5）避免伤害到当地收入、生产和贸易；（6）即便在紧急状态下也要考虑受援国长期恢复重建和发展的目标。❷

随着救灾援助的不断发展，在 2003 年斯德哥尔摩国际大会上，捐赠者通过了一套《最佳人道主义捐赠行为原则和做法》（以下简称《原则》）。《原则》规定了人道主义行动的一致目标和定义、人道主义援助中捐赠者遵循的一般原则，融资、管理和问责的最佳实践。原则既适用于人为的危机，也包括了自然灾害。它呼吁捐赠者确保提供的人道主义资金应当快速和灵活（如不指定款项用途）地分配和使用，符合人道、公正、中立和独立的原则，以满足客观的关键需要为基础。

---

❶ ITU－R Recommendations S. 1001 and ITU－R F. 1105－1；ITU－R M. 1637；ITU－T Recommendation E. 106；ITU－R M. 1041. 2.

❷ Food Aid Convention, art. 8（d），8（a），3（j），8（b），7（b）&（c），8（a）（iii），8（a）（i）& 9（d），7（d）.

《原则》还敦促捐赠者推动受益人参与救灾援助项目的规划和实施，确保对新危机的资金援助不会取代对既有危机的人道主义应对。❶

（9）国际民防法与军事法。1966 年，国际民防组织（ICDO）转变为一个政府间的合作组织，其任务是支持建立和发展国内民防组织，帮助它们开展合作，交换信息，推动研究，散发战时和灾害发生时人员和财产保护方面的信息。❷

2000 年，ICDO 通过了《民防援助框架公约》，以消除民防组织在国际救灾行动中的有效相互援助的障碍问题。框架公约规定了提供和接受援助的机制，并对相应援助应当如何进行做出了规定，同时还有规定减少行政和关税壁垒以及给予援助者必要的特权和豁免权的条款，最后对应给予民防装备运输提供便利条件做出了承诺。它还呼吁各方补充更为详细的协议以更好地体现其精神实质。❸

尽管很多国家在救灾时会在一定程度上把武装力量和民防力量联合起来，但 ICDO 的文件并不关注军事力量。虽然如此，1994 年由捐赠国和人道主义机构编制的《在救灾中使用军用和民防财产的指南》（又称《奥斯陆指南》）还是把二者联系起来了。《奥斯陆指南》鼓励各国在国际救灾行动中在没有其他民用选择时使用军事和民防财产（MCDA）作为最后手段；敦促 MCDA 捐赠者遵守一系列广泛的原则，要求受灾国向 MCDA 行动者提供某些法律上的便利（如关于海关、签证、飞行过境许可及其他方面）。它们为使用 MCDA 作为联合国指导的救灾行动特别规定了详细的指导，包括建议军事组织应当只提供间接援助，不与受灾国的人民发生直接交往。❹《奥斯陆指南》的附件还提供了一个 MCDA 救灾援助的示范性双边协定。

---

❶ Meeting Conclusions, International Meeting on Good Humanitarian Donorship, Stockholm June 16 – 17, 2003 (hereinafter "Good Humanitarian Donorship Principles"), available at http: // www. reliefweb. int/ghd.

❷ Constitution of the International Civil Defence Organization, 985 U. N. T. S. 1975, 1976 (1975).

❸ Framework Convention on Civil Defence Assistance, May 2, 2000, 2172 U. N. T. S. 231 (2000), art. 4 (b).

❹ Guidelines on the Use of Military and Civil Defence Assets in Disaster Relief, as revised in 2006, available at http: //www. ifrc. org/idrl, paras 5, 32 (iv).

（10）国际卫生法。国际卫生法中最重要的法律文件莫过于《世界卫生条例》（IHR）。在2007年生效的IHR修正案中，将传染病的范围扩大到所有可能对公共卫生产生威胁的疾病（包括传染病与其他疾病），为国家报告疾病事件规定了更加详细的要求，要求各国形成自己的疾病检测和反应能力。它们还扩大了世界卫生组织（WHO）的权力，可签发没有约束力的建议，收集非国家来源的信息（如研究机构和非政府组织），用以向受灾国政府提供咨询（受灾国必须调查并在规定时间内作出回应）；在某些情况下，可不经受灾国同意分享疾病信息。IHR还为非国家行为提供了一条正式道路，提醒国际社会应对公共卫生风险。

IHR还涉及限制那些通过不适当地虚构卫生风险来不必要地限制贸易的做法。因此，有些条款限制有关国家对与国际救灾行动有关的旅客、货物、船舶、飞机和其他运输工作实施限制。❶ 而反观调整国际贸易的世界贸易组织《关于适用卫生和植物检疫措施的协定》，对这些问题并没有更为详细的要求。

还有几个与救灾药物和医疗设备的进口特别相关的文件。例如，1996年，世界卫生大会（WHA）和联合国麻醉药物委员会都通过决议允许国际监控的药物在用于急救医疗时可以及时供应。❷ 1997年世界卫生组织就制定了这方面的标准指南。❸ 而且，2003年世界卫生组织和泛美卫生组织（PAHO）还联合制定了在灾害中使用外国野战医院的指南。❹

世界卫生组织还提供了一个经常更新的《基本药物示范标准清单》。❺ 这个清单规定了基本卫生保健系统以及与重要疾病斗争所必要的最低药物以及急救包。这个清单列明了最低的药物与医疗供应，要

---

❶　Revised IHR, at Part V.

❷　WHA Resolution on "collaboration within the United Nations system and with other international organizations; Supply of controlled drugs for emergency care", U. N. Doc. NO. WHA4918 (May 25, 1996); United Nations Commission on Narcotic Drugs, Resolution 39/7 (1996), available at http://www. unodc. org/unodc/en/resolutions 90s. html.

❸　Model Guidelines for the International Provision of Controlled Medicines for Emergency Medical Care, U. N. Doc. No. WHO/PSA/96. 17 (1996).

❹　WHO – PAHO Guidelines for the Use of Foreign Field Hospitals in the Aftermath of Sudden – Impact Disasters (2003).

❺　WHO Model List of Essential Medicines (15th ed. 2007).

求能满足 10000 人 3 个月的需求。它还制定了一个《机构间关于生殖保健基本药物清单》和一套《药物捐赠指南》。❶ 对于灾害背景下的药品进口，世界卫生组织制定了《国际商务运输中的药品质量认证计划》。❷

（11）国际环境与工业事故法。很多环境和工业事故条约也与预防灾害有关。例如，1994 年《联合国经历严重干旱和/或荒漠化国家为消除荒漠化而斗争的公约》，1992 年《联合国气候变化框架公约》及其 1997 年京都议定书，1989 年《控制有毒废物跨界流动及其处分的巴塞尔公约》，1993 年《国际劳工组织关于防止主要工业事故第 147 号公约》及其相应的建议，都试图检讨可能导致灾难发生的条件。有些公约同样建立起了应对环境灾害的国际合作系统。例如，1986 年《核事故或辐射紧急情况援助公约》就阐述了预防核辐射事故的国际协助运行机制的启动、协调和运作程序，涉及设备以及人员的转运、特权与豁免和费用。这一在切尔诺贝利核事故背景下产生的国际公约，截至 2013 年 9 月 17 日已有 111 个成员国，68 个核准国。❸ 按照公约，条约中提出的条款仅适用于国家、国际原子能机构和其他政府间组织。尽管如此，国际红十字会和红新月会、非政府组织和其他非政府行为者同样在切尔诺贝利核事故的恢复中扮演了重要角色。

其他范例有 1990 年《油污防止、响应和合作公约》及其 2000 年《危险和有毒物质污染防治、响应和合作议定书》，都要求缔约方通知受影响的国家其向海上排放油类、危险或有毒物质的情况，建立国内和地区性防范和应对系统（包括指定有能力的国内机构和中心），在严重事故发生时开展应对能力和使用相关资源的合作，提供咨询性服务、技术

---

❶ Interagency List of Essential Medicines for Reproductive Health, U. N. Doc. No. WHO/PSM/PAR/2006. 1 (2006); Guidelines for Drug Donations (WHO, 2d ed. 1999), available at http://www. who. int/medicines/en.

❷ WHO Certification Scheme on the Quality of Pharmaceutical Products Moving in International Commerce available at http://www. who. int/medicines/areas/quality_ safety/regulation_ legislation/certification/en.

❸ 国际原子能机构网站, http://www. iaea. org/Publications/Documents/Conventions/cac-nare_ status. pdf。

支持和设备。❶ 为了改善这种合作的有效性，进一步要求各缔约方"采取必要法律或行政措施便利"船舶、飞机及其货物的到达，"加快人员、货物、物资和设备的进入、通过和运出其领土"。❷ 同样，1997年《非航运使用国际水道公约》也要求各方"根据情况采取一切可行的措施防止、减轻和消除水道中产生的紧急情况的有害影响"。❸

（12）武器控制法。战争和非战争冲突中使用具有灾难性的武器也是造成人类重大灾难的因素之一，因此国际救灾合作机制同样也包含在几个广泛得到核准的武器控制条约中。尽管这些公约主要关注的是这些武器在武装冲突情况下的潜在使用，但它们也涉及超出规定情境下的非法使用武器，如在遇到独立的恐怖袭击时各国间是否应相互提供援助。

例如，1972年《禁止发展、生产和储存细菌（生物）有毒性杀伤性武器公约》（以下称《生物武器公约》）就禁止发展、获得、储存和转让生物或有毒性武器系统"用于敌对或者在武装冲突中"。❹ 对于援助，它规定："如果安理会决定该缔约方暴露在违反公约的危险之中，公约的每个缔约方根据《联合国宪章》有义务在其他缔约方请求时提供或支持援助。"❺

1993年《禁止发展、生产、储存和使用化学武器以及销毁此种武器的公约》的规定更加严格。公约第10条规定了一种严格、有时间约

---

❶ International Convention on Oil Pollution Preparedness, Response and Cooperation, Nov. 30, 1990, 30 I. L. M. 733 (1990), at arts. 5 – 6; Protocol on Preparedness, Response and Co – operation to Pollution Incidents by Hazardous and Noxious Substances, adopted on March 15, 2000 and entered into force on June 14, 2007. See IMO website, http: //www. imo. org/home. asp? topic_ id = 161, at arts. 3 – 4.

❷ See International Convention on Oil Pollution Preparedness, Response and Cooperation, Nov. 30, 1990, 30 I. L. M. 733 (1990), at art. 7; Protocol on Preparedness, Response and Co – operation to Pollution Incidents by Hazardous and Noxious Substances, at art. 5.

❸ Convention on the Law of the Non – Navigational Uses of International Watercourses, May 21, 1997, art. 28, UN General Assembly Res. No. 51/229.

❹ See Convention on the Prohibition of the Development, Production and Stockpiling of Bacteriological (Biological) and Toxin Weapons and on Their Destruction, April 10, 1972, arts. 1 – 3, 1015 U. N. T. S. 163.

❺ Convention on the Prohibition of the Development, Production and Stockpiling of Bacteriological (Biological) and Toxin Weapons and on Their Destruction, April 10, 1972, art. 7, 1015 U. N. T. S. 163.

束的对受化学武器毒害的受害者所属国的紧急援助请求的回应（其中除其他外，包括检测设备和警报系统；防护设备；净化设备和净化剂；医用解毒剂和治疗；以及关于任何此种防护措施的咨询意见）。❶

（13）空间法。总体来说，外层空间法虽然重点涉及太空和平利用、太空物体、太空旅行等问题，❷ 但也有几个文件谈到了使用卫星成像来支持减灾和救灾的问题。1986 年，联合国大会通过了一项决议，规定了《关于从外层空间遥感地球的原则》。其第 11 条原则规定："遥感应当促进保护人类免受自然灾害的伤害"，因此各国应当迅速传达其通过遥感获得对受灾国或者可能即将受到自然灾害损害的有用的任何信息。

1999 年，加拿大、欧洲和法国空间局，后来又有其他 8 国加入，❸ 通过了《合作实现自然和技术灾难的情况下协调利用空间设施的宪章》（即《国际空间宪章》）。宪章呼吁来自各成员国的民防力量可以要求各成员国提供灾情或即将发生的灾害方面的卫星成像。同样，尚未成为其成员的国家也能通过一个成员国的民防部门请求支持。最后，欧盟、联合国人道主义事务协调办公室以及得到承认的国际和国内组织（包括非政府组织）也可以与请求援助的缔约国建立合作关系。

2006 年末，联合国大会通过了一个决议，制定了一项新的联合国计划，"让所有国家、所有相关国际和地区组织都能获得所有类型的天基信息和灾害管理的相关服务，支持完整的灾害管理周期，通过设立一个空间信息通道对灾害管理提供支持，充当灾害管理和空间社会

---

❶ Convention on the Prohibition of the Development, Production, Stockpiling and Use of Chemical Weapons and on Their Destruction, Jan. 13, 1993, 32 I. L. M. 804.

❷ 当然，也有一个重要协议涉及为拯救行动而共同利用卫星接收和共享求救信号的问题，这就是著名的《国际搜救卫星 COSPAS – SARSAT 系统计划协定》，See http：//www. cospas – sarsat. org.

❸ 现在的成员包括欧洲空间局（ESA）、法国国家空间研究中心（CNES）、加拿大太空署（CSA）、印度空间研究组织（ISRO）、美国海洋大气局（NOAA）、阿根廷空间局（CONAE）、日本太空探测署（JAXA）、美国地质调查局（USGS）、灾害监测国际成像公司（DMC），包括阿尔及利亚空间技术中心、尼日利亚国家空间研究开发局、土耳其 Tübitak – BILTEN、英国航天局英国国家空间中心和萨瑞卫星技术有限公司、德国宇航中心（DLR）、韩国航空宇宙研究院（KARI）、国家空间研究院（INPE）、欧洲气象卫星应用组织（EUMETSAT）以及中国国家航天局（CNSA）等。参见 http：//www. disastercharter. org/web/charter/members, 2014 年 8 月 27 日访问。

沟通联系的桥梁，发挥能力建设和体制强化的推进器，尤其是对发展中国家"。❶

（14）人道主义人员安全法。1994 年，联合国大会通过了《联合国人员和有关人员安全公约》，但公约的适用范围限于联合国维和使命而不涉及第 7 章的执行使命和其他安理会或联合国大会所宣布的具有特别危险的行动，并不适用于灾害情景。2005 年，联大通过《联合国人员及相关人员安全公约任择议定书》，将最初的《联合国及相关人员安全公约》扩展到与"和平建设"和"紧急人道主义援助"行动等人道主义的、政治的和发展的行动。后一类适用于非冲突性灾难。不过，东道国可以特别决定不适用于某一特定的自然灾害行动，只要它在部署前作出了这种宣布。❷ 而且，议定书并没有扩大最初公约所适用的那几类人，即仍只限于联合国人员和专家，限于根据协议服从联合国指令的非政府组织的人员。这意味着对于参与国际救灾行动的大量非联合国工作人员来说，人身安全方面目前仍然缺乏坚实的国际法保障。显然，未来的国际救灾法需要在这方面作出努力。

虽然缺乏具有约束力的文件，但联合国大会和安理会通过了大量决议呼吁各国确保人道主义人员的安全，虽然一般都是直接提及武装冲突的情形。例如，联合国安理会 2004 年第 1564 号决议就"要求所有武装团体，包括叛乱力量停止所有暴力，与国际人道主义救援和监控行动合作，确保其人员遵守国际人道法，为人道主义人员的安全提供便利条件"。❸ 同年的联合国大会第 59/141 号决议呼吁各成员国确保"人道主义人员安全无障碍地进入"；❹ 第 58/122 号决议敦促"所有国家采取必要措施确保人道主义人员的安全"❺。但遗憾的是这些文件仅具有倡议性质，并没有法律上的约束力，没有对违反上述规定者规定相应的后果。

2. 国际组织的决议和宣言

在前一部分，我们主要回顾现有的全球性或地区性具有约束力的

---

❶ UN GA Res. 61/110, UN Doc. A/RES/61/110 (Dec. 14, 2006), at para. 6.

❷ U. N. Doc. No. A/C. 6/60/L. 11 (2005), art. II (3).

❸ UN Security Council Res. 1564, UN Doc. No. S/RES/1564, para. 10 (2004).

❹ UN General Assembly Res. 59/141, UN Doc. A/RES/59/141, para 18 (2004).

❺ UN Doc. A/RES/58/122, para. 3 (2004).

条约、公约和协定等，这些规范性文件大部分是具有法律约束力的。但在全球性规范文件中，还有很多一般决议和宣言已为有关国际救灾的政府间主体和国际主体所接受。这些决议和宣言虽然从法律上说没有强制约束力，但因它们一般得到各国的普遍认可，将会对未来国际公约或国际习惯法的形成发挥重要影响。

（1）联合国。早年，联合国对灾害问题的关注十分有限，零星而分散。然而，1964 年，联合国经社理事会（ECOSOC）要求联合国秘书长（Secretary General）就国际救灾的协调问题作出报告，由此第一个有关该问题的联合国大会（GA）协议由此诞生。随后，ECOSOC 和 GA 都对灾害反应机制开始了持续的关注，通过了大量的决议，并对这个问题每年都给予关注。最初，这些决议主要集中于鼓励援助国增加有效援助的数量，提高有效援助的效率。但随着联合国在救灾援助方面主导作用的持续增强，决议开始侧重于增强联合国在救灾中的作用，以及联合国与其他救灾机构，例如国际红十字会和红新月联合会的协调上。联合国关注的其他重要主题还有国家主权的地位问题（主要决议见第一章"国际救灾法的基本矛盾"部分），追求救援的简易化与质量保证问题，以及重要的承诺问题。

①联合国的协调工作。1971 年，GA 第 2816（XXVI）号决议呼吁 SC 任命一名救灾协调员，负责"组织、引导、协调"联合国的救灾工作。后来的一些决议继续强调协调的重要性，比如说，它强调"缺少国际范围基础上的广泛合作，会导致诸多如援助方不了解所急需的援助、重复援助或者无效援助的问题"❶。他们要求联合国相关机构、政府以及各人权组织和救灾协调官合作，与协调官分享救灾的最新资讯，帮他解决办公室的资金问题以及其他障碍。❷

1991 年，GA 通过了具有里程碑式意义的第 46/182 决议。该决议旨在巩固联合国在"组织协调国际社会的各种力量来支援受灾国"中的"中心而独一无二的"地位。并用更高级别的"紧急救灾协调官"（ERC）代替了救灾协调员，ERC 的职责在于促进国际援助在灾害和冲突等紧急情况下的协调，他和他的秘书（不是 OCHA）被赋予了大

---

❶ UN GA Res. 3243（XXIX）（1974），p. 5.

❷ UN GA Res. 41/201，U. N. Doc. A/RES/41/201（1986）.

量职责，包括收集和传播信息，处理受灾国的援助请求，以及对人道主义援助的入境展开磋商。它还建立了一个新的政策制定机构——机构间常设委员会（IASC），该机构由联合国人道主义与发展机构组成，还长期邀请国际红十字和红新月会联合会、国际红十字会、国际移民组织和非政府组织公会参与。IASC 希望使国际社会达成共识，加速促进救援资金的到位，并创立了小型的"中央紧急周转基金"（CERF），在突发紧急情况时提供到位的资金支持。

还有大量的决议呼吁联合国和其他相关组织合作，特别是与国际红十字会和红新月联合会以及非政府组织的合作。如 1994 年，GA 表达了对"白盔倡议"（White Helmets Initiative）的支持。该倡议是在联合国的支持下，通过组织和部署来自成员国训练的备用志愿者团队提供国际援助的计划。2006 年，GA 还强调国际救灾还亟须联合国系统和军方在提供救援方面进行更好的合作。❶

②消除国内法阻碍国际人道援助的问题。1968 年，GA 第 2435 条（XXIII）决议要求秘书处研究适用于联合国救灾组织所面临的法律状态。❷ 1971 年，GA 第 2816 条决议（XXVI）决定委派一名独立的国家救灾协调官来加快紧急情况下的国际救灾援助，指定"协调官也有义务考虑通过适当的立法或者是其他手段来使救援更加高效，包括赋予救援物资飞越领空和领土权和其他必要的特权和豁免权"。❸

1977 年，ECOSOC 和第 23 次国际红十字会大会通过了一个名为"加快国际救灾的措施"的建议清单（以下简称《加快措施》），采纳了 1976 年联合国救灾协调员办公室（UNDRO）和红十字会联合会共同进行的一项研究。该项研究提出了各国海关应当采取的一些重要的法律步骤，❹ 如放弃领事签发原产地证书和发票要求、减少进口关税文件、减少对食品进口的熏蒸要求和限制、减少援助人员签证要求以及受灾国应对国际援助的提供便利的运输，如对救灾物资提供国内航

---

❶ UN General Assembly Resolution No. 61/134, U. N. Doc. No. A/RES/61/134 (2007), at para. 5 – 6.

❷ UN General Assembly Res. 2435 (XXIII) (1968), para. 6.

❸ UN General Assembly Res. 2816 (XXVI) (1971), paras 8 (b) & (e).

❹ 23rd International Conference of the Red Cross (1977), res. VI; ECOSOC Res. 2012 (LXIII) (1977). General Assembly.

班和绿色航线并减免航班费用、对救援航班赋予飞越领空和领土权等。研究同时呼吁所有援助国应尽量避免提供"无关的物资"，受灾国应提供充分的通知来告知援助国自己所急需的救援物资。

《加快措施》对于后来的联合国决议产生了很大影响，这可以从GA1990 年通过的第 45/100 号决议和 1991 年的第 46/182 的决议中看出，这两个决议都呼吁"需要人道主义援助的受灾国"应"便利人道主义组织来实现人道主义援助，特别是对食品、药品、避难所、卫生救助这类对受害者来说十分必要的救援提供便利"。决议同时呼吁受灾地区的邻近国家也应对救灾物资的运输提供便利。❶ 2000 年的第 54/97 号决议和 2002 年的第 56/109 号决议也呼吁受到切尔诺贝利事故影响的国家采取措施便利人道主义组织提供援助，包括简化入关手续、采取一定方式豁免人道主义组织所提供援助的关税、其他税收和费用，包括非政府组织的援助。❷

2002 年，GA 通过了《关于国际城市搜索与救援》的第 57/150 号决议，呼吁受灾国"减少关税、简化关于国际城市搜索救援团队以及他们的设备和材料的管理程序，以便利他们的入关、运输、停留及出关"，包括在关税、签证、动物检疫、使用领空、设备及药品进口等方面提供便利。❸ 另外，该决议呼吁援助国保证他们的救援队要跟随国际搜索与救援协调团开展工作，特别是救援团应"及时调度供应物品、自给自足、训练救援人员、有一定工作程序和工作设备，救援人员还要有文化意识"。❹

③主要承诺和声明。近年来，联合国成员国还曾通过了与国际救灾有关的一系列承诺和声明。如 2000 年《联合国千年宣言》就号召各成员国"不遗余力，确保遭受自然灾害、种族灭绝、武装冲突和其他人道紧急状态的影响特别严重的儿童和所有平民均能得到一切援助和保护，使他们尽快恢复正常生活""加强国际合作，包括分担责任

---

❶ UN General Assembly Res. 46/182, supra note 156, at annex, paras. 6&7; UN GA Res. 45/100, UN Doc. A/RES/45/100 (1990), para. 4 &7.

❷ UN General Assembly Res. 56/109, UN Doc. NO. A/RES/56/109 (2002), para. 4; UN GA Res. 54/97, UN Doc. No. A/RES/54/97 (2000), para. 3.

❸ UN General Assembly Res. 57/150, U. N. UN Doc. A/RES/57/150 (2002), at para 3.

❹ UN General Assembly Res. 57/150, supra note 75, at paras 3, 5.

及协调对难民收容国的人道援助；协助所有难民和流离失所者自愿地、有尊严地安全返回其家园，并顺利重新融入其社会。"❶

（2）国际红十字会和红新月会联合会（IFRC）。国际红十字会和红新月会大会是国际红十字会和红新月会联合会的最高层次会议，每四年举行一次。IFRC 也是当代最为活跃的从事国际救灾法编纂活动的倡议者和实践者。其大会已经通过了大量关于国际救灾的决议，一些决议只涉及国际红十字会和红新月会的行动，另外一些决议则涉及普遍性的国际救灾活动。

①仅指导 IFRC 行动的决议。这类决议比较重要的如 1969 年第 21 次国际大会通过的《红十字会和红新月会救灾原则与规则》，细化了各组织之间的协调以提高救灾质量。1977 年第 23 次国际大会上通过了红十字会紧急情况无线电联系决议，要求成员国和世界无线电通信管理大会为红十字会/红新月会提供专用频率。❷ 还通过了一项有关红十字会人员签证事务的决议，由各国红十字会要求政府提供便利，简化红十字会联合会和红新月会以及各参与救灾行动的红会人员的签证办理手续。❸ 1981 年第 24 次国际大会通过了一项决议，为国内红会提供了一些执行措施，以保证医疗人员具备相关能力。❹ 随后第 25 次国际大会通过了一项关于使用药品和医疗设备的决议，呼吁各国对捐赠物以及捐赠物的使用、标示、包装制定指南。❺ 1995 年，第 26 次国际大会则通过了红十字会和红新月会应对科技灾害特别是原子和化学灾害的指南。❻

---

❶ United Nations Millennium Declaration, UN General Assembly Res. 55/2, U. N. Doc. No. A/RES/55/2（Sept. 18, 2000）, paras. 23 & 26.

❷ Resolution 9, Red Cross Emergency Radio Communications, 23rd International Conference of the Red Cross and Red Crescent, Bucharest, 1977.

❸ Resolution 5, Issue of visas to delegates appointed in connection with appeals for assistance in time of disaster, 23rd International Conference of the Red Cross and Red Crescent, Bucharest, 1977.

❹ Resolution 26, The role of medical personnel in the preparation and execution of Red Cross emergency medical actions, 24th International Conference of the Red Cross and Red Crescent, Manila, 1981.

❺ Resolution 19, Medical supplies in Red Cross and Red Crescent emergency operations, 25th International Conference of the Red Cross and Red Crescent, Geneva, 1986.

❻ Resolution 4, Principles and action in international humanitarian assistance and protection & Annex 1, The Role of the Red Cross and Red Crescent Societies in response to technological disasters, 26th International Conference of the Red Cross and Red Crescent, Geneva, 1995.

②涉及普遍性救灾行动的决议和指南。关于超出国际红十字和红新月运动之外人道主义援助的一般救灾文件，重要的包括，1969 年第 21 次国际大会通过的《对灾害状态下的平民实施人道主义援助的原则宣言》，它呼吁国际人道主义组织遵守人道主义原则（如拒绝歧视、公正、中立），协调救援活动以避免重复援助，并呼吁各国政府为以上组织提供便利，包括便利救援物资的运输、入境和分配。❶ 大会同时通过了关于国际救灾行动中空中运输的决议，要求航空公司"不得提供不平等待遇，特别要减少救灾物资的运费"。❷ 1977 年，第 23 次国际大会通过了《加快国际救济的措施》的决议，该《措施》随后也被联合国大会通过。❸ 1999 年，第 27 次国际大会通过了《行动计划最高目标 2.1》，要求各国建立和更新灾害防范计划，在必要时应与国际灾害应对系统保持联系。2003 年国际大会通过《最高目标 3.2》，呼吁对目前的国际灾害应对机制的法律框架进行审查，并发展其他指南、工具和示范法。从此开启了国际红十字和红新月会联合会编纂国际救灾法的序幕。

2007 年 11 月，在国际会议第 30 届大会上，日内瓦公约和国际红十字和红新月运动的缔约方一致通过了《国内便利和管理国际救灾和灾后初期恢复援助的指南》（The IDRL Guidelines）。2008 年，联合国大会通过第 63/139、63/141 和 63/137 号决议，鼓励各国采用这一指南。指南的发布旨在帮助各国应对国际救灾中面临的共同问题，并为其提供法律解决方案，这样就可以实现人道主义救灾援助更好的协调和合作，避免国际救灾行动的迟延问题。指南通过后，目前已经有不丹、波斯尼亚和黑塞哥维纳、布基纳法索、哥伦比亚、芬兰、印度尼西亚、墨西哥、莫桑比克、纳米比亚、荷兰、新西兰、挪威、巴拿马、秘鲁、菲律宾、塔吉克斯坦、越南等国在国内立法中采纳了该指南。❹

---

❶ Resolution 26, Declaration of principles for international humanitarian relief to the civilian population in disaster situations, 21st International Conference of the Red Cross, Istanbul, 1969.

❷ Resolution 23, Air transport in international relief actions, 21st International Conference of the Red Cross, Istanbul, 1969.

❸ Resolution 6, Measures to expedite international relief, 23rd International Conference of the Red Cross and Red Crescent, Bucharest, 1977.

❹ 参见国际红十字和红新月会联合会网站，http://www.ifrc.org/what-we-do/disaster-law/about-disaster-law/international-disaster-response-laws-rules-and-principles/idrl-guidelines/new-legislation-adopted-on-idrl/，2014 年 8 月 27 日访问。

（3）国际议会联盟。国际议会联盟是由 140 个国家的议会组成的国际组织，它也关注到跨境救灾问题并通过了大量关于国际救灾的决议。典型的如 1988 年通过了一项主张人道主义组织应成立一个起草国际救灾公约的工作团队的决议，❶ 可惜该决议未成功实施。虽然如此，联盟对救灾问题的关注丝毫未减。后来，联盟通过了一项决议促使各国认可《坦佩雷公约》和《奥斯陆方针》，❷ 邀请各国议会在 IDRL 准则的基础上使用第 28 次国际红十字会和红新月大会的《2003 年国际联合会报告》，❸ 并要求各国"意识到开发一个关于人道主义援助的国际框架的重要性，该框架要依据中立和公平原则，尊重国家主权、领土完整和国家统一"❹。

国际议会联盟的决议同时要求各国"促进不同的人道主义组织之间的协调合作"，❺ "推进捐赠者反应行动上的协调合作"，❻ "参与国际援助协调以确保可利用的资源得到有效利用"❼。2006 年，国际议会联盟就非洲饥荒作出决议，"敦促有关国家的政府采取一切适当措施为食品供给迅速到达受灾地区提供便利通道和安全保护"，呼吁"所有各方确保所提供的食品援助不用于政治目的"并"推荐受灾国议会

❶ Ves Beigbeder, The Role and Status of International Humanitarian Volunteers and Organizations: The Right and Duty to Humanitarian Assistance, Martinus Nijhoff Publishers 1991, p. 379.

❷ International cooperation for the prevention and management of transborder natural disasters and their impact on the regions concerned, para. 8, 108th Inter – Parliamentary Conference, Santiago de Chile, 2003.

❸ International cooperation for the prevention and management of transborder natural disasters and their impact on the regions concerned, para. 13, 108th Inter – Parliamentary Conference, Santiago de Chile, 2003.

❹ Natural disasters: the role of parliaments in the prevention, rehabilitation, re – construction and the protection of vulnerable groups, para. 12, 113th Assembly of the Inter – Parliamentary Union, Geneva, 2005.

❺ The International community in the face of the challenges posed by calamities arising from armed conflicts and by natural or manmade disasters: the need for a coherent and effective response through political and humanitarian assistance means and mechanisms adapted to the situation, para 4, 93rd Inter – Parliamentary Conference, Madrid, 1995.

❻ International cooperation for the prevention and management of transborder natural disasters and their impact on the regions concerned, para. 4, 108th Inter – Parliamentary Conference, Santiago de Chile, 2003.

❼ Natural disasters: the role of parliaments in the prevention, rehabilitation, reconstruction and the protection of vulnerable groups, para. 12, 112th Assembly of the Inter – Parliamentary Union, Manila, 2005.

监督食品援助过程"❶。

3. 行动守则和标准

虽然很多国际援助组织长期遵循的是不同的内部或者国内管理行为规范和责任体系,❷ 但也有一些组织已经开始采用质量管理的一般国际标准,如 ISO – 9000 系列标准。❸ 但直至 20 世纪 90 年代才进入国际人道主义援助体系内的行动守则和标准制定的鼎盛时期。这些守则和标准都是自发制定的,各组织只需宣布是否自愿遵守这些规则,不过,这些规则都建立了自己不同等级的制度化监督机制。由于这些法典和标准是由非官方主体发起的,一般被视为没有法律效力,但这并不影响人道主义组织纷纷宣布遵守这些守则和标准,而且这其中的几个标准已成为人道主义领域的权威性文件。

1992 年,一个美国非政府组织网络——InterAction (共同行动)制订了一套名为《民间自愿组织标准》(Private Voluntary Organization (PVO) Standards) 并要求其成员机构遵循。❹ 这些标准涉及内部治理、管理、财政透明度以及以什么方式提供人道主义援助等问题。每个"共同行动"的成员每年都须依据 PVO 标准证明自己执行的水平,如果没有执行,成员们就要表明其下一步要改进的步骤。

1991 年,红十字会和红新月会代表委员会呼吁国际联合会"建立一个专家团队,研究在面对自然灾害和科技灾害时制订人道主义援助《行动守则》的可能性"。❺ 国际联合会随后和人道主义响应指导委员会 (SCHR) 合作,建立了一个联结几个主要非政府组织 (包括当时

---

❶ The need for urgent food relief in order to combat drought – induced famine and poverty in Africa, for the World's most industrialized nations to speed up aid to the continent and for particular efforts to be made to reach desperate and poor populations, 114th Assembly of the Inter – Parliamentary Union, Nairobi, 2006.

❷ 关于这方面的情况,参见 International Center for Not – for – Profit Law, Report and Recommendations:NGO Accreditation and Certification:The Way Forward? (undated), available at http://www. doc88. com/p – 1933929359486. html, 2014 年 8 月 28 日访问。

❸ See D. B. Verboom, The ISO 9001 Quality Approach:Useful for the Humanitarian Aid Sector? (2002), available at http://www. reliefweb. int/rw/rwb. nsf/AllDocsByUNID/25f9cf5a7c0b4ab0c1256b4b00367719, 2014 年 8 月 28 日访问。

❹ 关于这套标准的产生历史、作用和文本,参见 InterAction 网站, http://www. interaction. org/document/interaction – pvo – standards, 2014 年 8 月 28 日访问。

❺ Decision 17, Humanitarian assistance in situations of natural and technological disasters, Council of Delegates of the Red Cross and Red Crescent (1991).

的 CARE，国际明爱组织、天主教救济服务、路德世界联盟、乐施会，拯救儿童组织和世界保护教堂委员会）的网站，于 1994 年为国际红十字会和红新月运动以及非政府组织制定《行动守则》。❶《红十字会和红新月会和非政府组织救灾行动守则》于次年在红十字会和红新月会国家大会上决议通过。❷

《红十字会和红新月会和非政府组织救灾行动守则》设立了 10 项基本原则和 3 项附则，3 项附则为受灾国政府、捐助国政府和受灾国的政府间组织提供了一些建议。非政府组织要在国际联盟的组织下登记成为《行动守则》的签约成员。虽然有着不同的地理范围，该法迄今已有超过 400 个组织签署，成为此类型文件中签署组织数目最多的法律文件之一。❸

1995 年，一个关于粮食援助的非政府组织的团队制定了《非政府组织食品援助和食品保障行动守则》（以下简称《NGO 食品援助守则》）。❹《NGO 粮食援助守则》要求签约国努力实现粮食和其他事务的权利，对重要食品快速反应并进行分发，执行旨在解决食物不安全问题的综合计划，确保计划受益人积极参与，和其他资金保管者开展广泛合作，提供高质量、高均衡的食物。

1997 年，一些人道主义非政府组织、国际联合会和国际红十字委员会组织了一个 "环球计划"（Sphere Project），为人道主义援助的特定部门制定了一套详尽的标准，名为《环球计划：人道主义宪章与人道救援响应最低标准》（以下简称《最低标准手册》），于 2000 年颁布，2004 年进行了修正，现在已经发展到 2011 年修订版。❺《最低标准手册》重申了从国际援助的人道主义、人权和难民法中引申出的一

---

❶ 关于该守则形成的详尽历史，参见 Peter Walker, Cracking the Code: The Genesis, Use and Future of the Code of Conduct, 29 DISASTERS 323（2005）。

❷ See Resolution 4, Principles and values in international humanitarian assistance and protection, para. E（1）, 26th International Conference of the Red Cross and Red Crescent, Geneva, 1995.

❸ See Dorthea Hilhorst, Dead Letter or Living Document? Ten years of the Code of Conduct for Disaster Relief, 29 DISASTERS 351（2005）.

❹ The text of the Code is available on the website of Dochás, the Irish Association of Non - governmental Organizations, at http: //www. dochas. ie/resources10a. htm.

❺ Sphere Project, Humanitarian Charter and Minimum Standards in Disaster Response（2011 revision edition）（hereinafter "SPHERE HANDBOOK"）, available at http: //www.sphereproject. org/handbook/contributors - to - the - 2011 - revision/, visited on 2014/8/28.

般原则。《最低标准手册》首次规定了关于国际救灾和重建计划的详细标准和核心指标（后者有时是可量化的），内容具体到：（1）供水系统、卫生设施及其改善；（2）食品保障和营养；（3）避难所、定居和非食品物资；（4）医疗服务四个领域的具体设置标准。虽然它不像《红十字会和红新月会和非政府组织救灾行动守则》那样有专门的"签署"程序，但它也越来越受到广泛认可。该计划也制订了具体的培训包，供从事人道主义事务的非政府组织进行人员培训，更好地贯彻人道主义精神。

同一时期，国际人道主义社会还研究了设立名为"人道主义巡视官"的可能性，来接受和处理受益人的投诉。当时该提议未得到一致同意，后来成为"国际人道主义责任伙伴关系"（HAP）工作的一部分，该组织分别在 2003 年和 2007 年制定了《问责原则》❶ 和《人道主义质量和管理标准》，❷ 这两个文件都旨在促进人道主义组织联合起来履行对其受益人的责任。

其他由人道主义组织制定的著名标准包括由紧急恢复重建发展集团（Groupe Urgence Réhabilitation Développement，URD）制定的罗盘方法（Compas Method），它就像 HAP 的工具一样，强调一个以过程为导向的方法来改善人道主义援助的质量和责任；❸《2006 年国际非政府组织责任宪章》关注透明度、管理和支配问题；❹《援助人员的管理和支持最佳实践守则》（2003 年修正版）旨在改善人道主义救灾组织的人力资源管理状况。❺ 另外还有一些倡议，如《为人道主义行动中的责任和表现而积极学习》（The Active Learning Network for Accountability and Performance in Humanitarian Action，ALNAP）网络❻和《应急能力建设工程》（Emergency Capacity Building Project，ECB）❼，都寻求人道

---

❶ Available at http：//www. hapinternational. org/en/page. php？ IDpage = 3&IDcat = 10.

❷ Available at http：//www. hapinternational. org/pdf _ word/m818 – HAP% 202007% 20 Standard. pdf.

❸ Available at http：//www. projetqualite. org/fr/index/index. php.

❹ Available at http：//www. ingoaccountabilitycharter. org.

❺ People in Aid Code of Good Practice in the Management and Support of Personnel（2003），available at http：//www. peopleinaid. org/pool/files/code/codeen. pdf.

❻ See http：//www. alnap. org/，visited at 2017 – 5 – 31.

❼ See http：//bond. org. uk/resources/emergency – capacity – building – project – ecb，visited at 2017 – 5 – 31.

主义援助获得更好的评估，更富责任感。

就在本书写作时，国际社会又发起了几个有关建立和完善国际救灾反应新标准的倡议。国际标准组织（ISO）正力图建立一套"社会保障"标准，以指导"在应对那些破坏和影响社会功能的有意无意中形成的危险，自然灾害或紧急情况时所采取的行动"❶。可以看到，这个标准包含了应对灾害时在"命令、控制、协调和合作"方面的指南，例如在"信息收集、信息分享和信息审核；信息传播和知识传播；协同工作；程序和体系；决策支持；警告"等方面的指导。❷ 国际人道主义事务协调办和达沃斯世界经济论坛正在制定《人道主义行动中慈善性民间部门管理指导原则》。❸ 该原则规定了一系列自愿规则。根据这些规则，要求民间行动者要确保其救灾努力符合人道主义原则，对人道主义组织的行动和使命发挥补充作用。

4. 示范法和指南

1980 年，国际法协会通过了由 Michel Bothe 教授制定的《人道主义援助行动示范协定草案》。❹ 这个协定旨在为受灾国家和援助国家或组织达成协议的提供基础，处理一些重要问题，如救灾的启动，私人救灾物品的入境，救灾物资的关税，货币兑换以及援助国有遵守受灾国法律的义务等。

1982 年，由前国际原子能组织总干事、国际危机集团董事会成员（the Board of Trustees of the International Crisis Group）Mohamed El Baradei 博士授权，联合国培训和研究学院（UNITAR）制定了类似的一项倡议——《灾害救助行动示范规则》，还根据需求增加了注释和案

---

❶ See International Organization for Standardization, Business Plan – ISO/TC 223: Societal Security (ver. 1, Nov. 24, 2006), p. 1.

❷ See International Organization for Standardization, Business Plan – ISO/TC 223: Societal Security (ver. 1, Nov. 24, 2006), p. 7.

❸ See UN OCHA Press Release, WEF/OCHA Cooperation in Davos: Facilitating Public – Private Partnership in Humanitarian Assistance (May 2007), available at http://www.enewsbuilder.net/focalpoint/ e_ article000802421. cfm.

❹ See UN OCHA Press Release, WEF/OCHA Cooperation in Davos: Facilitating Public – Private Partnership in Humanitarian Assistance (May 2007), available at http://www.enewsbuilder.net/focalpoint/ e_ article000802421. cfm.

例。● 对于救灾时紧急情况处理方面的双边协议，《示范规则》制定了三类规范：一类针对援助国与受灾国之间的协议；一类针对"援助组织"（如人道主义组织）与接受援助方之间的协议；另一类针对援助国家或组织与运输方之间的协议。

1990 年，Max Planck 比较公法和国际法协会公布了由 Peter Macalister – Smith 筹备的《人道主义援助行动国际指南草案》。●《指南草案》是在德国政府的要求下制定，旨在确立"灾害发生时国际人道主义援助的普遍而具体的原则，但在武装冲突下这些原则并不适用"。《指南草案》确立了人道主义援助的"基本原则"，也指出了援助国家或组织、受灾国和私人援助方的权利和责任。

2004 年，巴尔干半岛地区的各国红十字和红新月会提议了一套在国际救灾中受灾国和救灾国行动的《推荐规则和惯例》（Recommended Rules and Practices），规定了应当赋予援助国（包括人道主义组织）的大量法律上的便利，也规定了确保救灾物资和基金得到合理分配的相关机制。●

虽然前面提到的四个法律文件有着明显的一致性，特别是在受灾国需向援助国提供法律便利的种类方面，但这四个文件之间也有一些有趣的路径分歧，特别体现在援助方和受援国的责任配置方面。例如，国际法协会的《示范草案》认为救灾物资的分配一般应由受灾国分配（但草案也规定了一个可变规则，即在援助国坚持要自己分配情况下可以改变），● 而其他的法律文件则倾向于救灾物资应由国际行动者分

● MOHAMED EL BARADAI, MODEL RULES FOR DISASTER RELIEF OPERATIONS (United Nations Institute for Training and Research 1982) (hereinafter "UNITAR Model Rules").

● Peter Macallister – Smith, International Guidelines on Humanitarian Assistance (Max Planck Institute for Comparative Public Law and International Law 1991).

● Balkan National Societies meeting on IDRL – Belgrade 24 – 26 September 2004: Recommended Rules and Practices on Implementation of International Disaster Response Laws, Rules and Principles in the Balkans (hereinafter Balkans National Societies Recommended Rules and Practices), available at http://www.ifrc.org/Docs/pubs/idrl/idrl – recommendations. pdf.

● See ILA Draft Model, supra note 432, at art 10 (offering two variants). The Special Rapporteur's note on this article explains:《Normalement, la distribution peut et droit être confiée à une organisation locale. Mais l'histoire des actions de secours montre des exemples où cette solution s'est avérée peu adéquate. Pour cette raison, le texte propose deux variantes entre lesquelles les parties pourront choisir》.

配。《Max Planck 指南草案》则高度关注了国际人道主义组织的责任，与之相反，在其他文件中，只有《Balkans 推荐规则》简略地提到了这些。此外，国际法协会的《示范草案》呼吁所有的行动者应根据国际法对他们的行为承担责任，而联合国培训和研究学院的《灾害救助行动示范规则》只提到联合国成员的权利和豁免。另外，Max Planck《国际指南草案》和《Balkans 推荐规则》都赞成受灾国也应承担援助国和人道主义组织不承认其他相反的协议时所应承担的责任。❶

虽然上述文件来自于非常不同的国际环境，但在我们谈及指南之类的规范时则不能不提及机构间常设委员会（IASC）的"产品"（products）。如上面所提到的，IASC 是 1991 年根据联合国大会第 46/182 号决议建立的，其主要作用是协调各机构的人道主义行动。❷ 虽然它主要是联合国的一个机构，但国际联合会、国际红十字委员会（ICRC）、国际移民组织（IOM）以及几个非政府组织网络让 IASC 成为泛国际人道主义社团的首要决策机构之一。从组建之日起，IASC 通过了大量的决策、指导方针和有关文件。这些文件虽然对任何一个参加组织并不具有强制约束力，但作为人道主义共识的产物，无疑具有一定的权威。❸ 当然，这些文件涉及人道主义行动的诸多领域，对于本研究而言，最为重要的是突出强调其协调框架。这些框架包括关于国内流离失所者的政策文件❹、关于人道主义协调员的职权范围（建议人道主义协调员在确定人道主义团体处理本地员工的薪水等级、关税和旅行通过等问题时发挥核心作用）、❺ 使用集束方法确定"指导注解"等。❻

❶ Cf. ILA Draft Model, at art 16; UNITAR Model Rules, Model B, Rule 14; and Max Planck Guidelines, at para. 25.

❷ See UN General Assembly Resolution 48/57, para. 6, U. N. Doc. No. A/RES/48/57 (1993).

❸ These documents are available at http://www. humanitarianinfo. org/iasc.

❹ See Inter‐Agency Standing Committee, Implementing the Collaborative Response to Situations of Internal Displacement: Guidance for UN Humanitarian and/or Resident Coordinators and Country Teams (2004).

❺ See Inter‐Agency Standing Committee, Terms of Reference for the Humanitarian Coordinator (2003), sec. 4. 1 (3), available at http://www. humanitarianinfo. org/iasc.

❻ See Inter‐Agency Standing Committee, Guidance Note on Using the Cluster Approach to Strengthen Humanitarian Response (2006) available at http://www. humanitarianinfo. org/iasc.

第四章　跨境救灾的区域法制

一、欧盟

（一）民保机制

1. 欧洲民保合作的历史进程

在灾难面前，人类会有一种休戚与共的观念，欧盟作为当代一体化水平最高的区域之一，其在跨境救灾合作机制的建立方面也走在世界前列。应当说，这个大家庭在成立伊始就是为了加强欧洲在国际层面的竞争力，依靠集体力量增强应对来自政治、经济、社会危机的能力。从某种意义上来说，这种休戚与共的观念在欧盟成立之初就已经具备。

欧盟在应对灾害危机方面的主要机制被称为民保或者民防机制（civil defense regime）。在民防机制的强化上，《里斯本条约》可以说是一个重要的分割点，可以被视作欧盟民保领域的一项重大改革，因为《里斯本条约》奠定了欧盟在民保领域有资格采取行动的法律基础。当然这一重要成果的到来并不是一蹴而就的，欧洲层面在之前做出了许多努力，现将在《里斯本条约》之前欧洲层面就民保领域开展合作的重要事件整理如下：

1985 年 5 月	在罗马召开了一次部长级会议，之后欧洲理事会与各成员国的政府代表进一步通过了一系列决议，奠定了共同体发展民保领域合作的基础
1987 年 6 月	欧共体引入民保合作的决议
1989 年 2 月	共同体制定民保合作新发展决议
1990 年 11 月	共同体制定正式民保合作决议
1991 年 7 月	制定在自然和技术灾难情况下改善成员国间相互援助的决议
1994 年 10 月	通过加强共同体民保合作的决议
1997 年	欧洲理事会决定建立一个民保领域的行动计划，为该领域的重大项目提供金融支持、开展培训和信息交流活动

| 2001 年 | 欧洲理事会决定建立一个共同体民保机构（CPM）的决定 |
| 2007 年 | 欧洲原子能共同体重新通过了 2007/779/EC 号理事会决定 |

总的说来，在缺乏欧共体民保立法的特定法律基础的情况下，上述决议和决定还主要是根据《欧共体条约》（TEC）第 308 条（所谓的"灵活条款"）做出的。此外，1992 年 2 月 7 日的《马斯特里赫特条约》引入了 TEC 第 3 条，列入了共同体有权为 TEC 第 2 条的目的采取执行诸如"能源、民保和旅游领域的措施"。不过，这一暗示本身并不能构成欧洲共同体在这三个领域采取行动的法律基础。因为无论对于这类措施的目标，还是共同体在民保领域的具体职能都是不清楚的。

另外，《马斯特里赫特条约》1 号声明的附件中，虽然重新审查了引入 TEC 专门主题的问题，包括了能源、民保和旅游业，尤其是增加了 1996 年政府间会议的框架。但这一问题直到《里斯本条约》为止，法律基础问题仍然是个没有得到清楚的界定的悬念。上述一系列决议和决定虽然在指导欧共体的民保行动上发挥了一定作用，但是由于这些决议没有法律约束力，其最终发挥的作用仍具有一定的局限性。总体来讲，在缺少特定法律基础的情况下，欧共体虽然根据 TEC 第 308 条通过了建立共同体行动计划和民防机制的决定，这一决定授权理事会在没有提供必要法律基础的情况下有权实施民防领域合作的必要措施，但此项权利的局限性在于，它需要理事会成员的一致同意。这就使应对灾害危机方面的努力常常因无法达成一致而效率低下。虽然此后做出一些条款上的改善和努力，但最终还是未能为采取规范行动提供更重要的更适当的法律基础，共同体在民防领域的职能作用被弱化。

2. 《里斯本条约》后的民保问题

2009 年 12 月，《里斯本条约》正式生效，这标志着欧盟民保领域合作的重大改革。

一方面，《欧盟运行条约》（TFEU）第 6 条（f）款笼统地规定了欧盟有权"执行支持、协调或补充成员国"在包括民保领域内的行动。这一职能更准确地规定在了 TFEU 的第 XXIII 标题下，名为"民保"（civil protection）并由第 196 条构成。这一规定标志着在欧盟的主要法律中已经明确有了承认它有资格采取民保领域的行动的法律基础。

另一方面,《里斯本条约》还引入了欧盟主要法律中的"休戚与共条款",准确地说就是 TFEU 第 222 条。

TFEU 第 222 条第 1 段规定了此条款的实体内容和范围,第 2 - 4 段内容规定这一条款实施的程序内容。其中第 222 条第 1 段内容如下:"(1) 如果一成员国成为恐怖主义袭击的目标或者遭受自然或人为灾害,欧盟及其成员国应当以休戚与共的精神共同行动。欧盟应当动员所有手段供其使用包括成员国可用的军用资源以实现:(a) 阻止恐怖主义者对成员国领土的威胁;保护民主体制和平民不受任何恐怖主义的袭击;在成员国发生恐怖袭击时应该成员国政治当局的请求在其领土内援助之。(b) 在成员国发生自然或人为灾害时应该成员国政治当局的请求在其领土援助之。"

从内容来看,休戚与共条款的范围得到扩大,既涵盖了恐怖主义袭击也包含了自然或人为的灾害,但进一步思考实质范围内容,就会发现自然或人为灾害的定义没有得到明确,这个问题会对激活休戚与共条款的先决条件造成疑问,究竟是只适用于大规模地同时或持续影响多个成员国的事故,还是仅仅只适用于袭击一个国家的灾害,前者属于防止休戚与共条款被滥用的限制性解释,后者是出于该条款的目的和宗旨所确定的范围,上述限制性解释其实是有局限性的,当一国遭受的灾害确实超出其应对能力时,若适用限制性解释,那休戚与共条款的目的和宗旨便遭到制约,因此考虑到每个国家都有充分的责任和义务向其公民提供保护以及成员国行使援助请求权的善意,对灾害的精细化定义有不恰当之处,最终跨境救灾援助是否启动源于对现实灾难影响范围以及受灾国的应对能力的综合考虑。既要防止休戚与共条款被滥用,又要实现其目的和宗旨,对灾害更准确的定义需要欧盟在理论和实践中找到一个平衡点。另外还有一个领土范围的问题,按照规定内容来看,该条款应当只适用于那些发生在欧盟内的灾害,但灾难可能存在的特殊性、休戚与共条款针对内部安全与外部安全的双重性都对领土范围问题提出了挑战,因为一个紧急状态的发生不见得有准确的领土范围,某些流行病的发生就是这样,因此是否对领土范围进行广义解释会直接关系到欧盟内外对灾害应对的有效性。不管怎样,欧洲议会表示赞成对第 222 条的领土范围持广义解释。在 2011 年

9 月 27 日通过的决议中，欧洲议会邀请欧洲委员会，在建立欧洲的灾害应对能力时考虑休戚与共条款及其实施安排，这将确保欧盟内外更加有效和一致的灾害应对。❶

对于 TFEU 第 222 条所起到的法律效果，应从欧盟、受灾国和相对于受灾国而言的其他成员国三方面的权利与义务来分析。首先，此条款赋予了欧盟一种超越政府之间关系的义务，并赋予了它协调、动员其各成员国的充足权利。从成员国之间休戚与共义务的实际履行来看，欧盟这项权利很明显，因为各成员国援助义务的履行要在欧盟理事会内进行相互协调。其次，欧盟在启用休戚与共条款权利上的主动性是受限制的，应收到受灾国政治当局的请求时才能采取行动，所以受灾国本身有不要求欧盟援助的权利，同样其他援助国家在进行跨境救灾援助时也应收到受灾国政治当局的请求，因此受灾国在是否发出援助请求方面享有充分的权利，受灾国的这一法律权利，相对于"超国家意图"的休戚与共条款赋予欧盟的所谓超越政府间的权力而言，是国际救灾援助中国家主权原则的重要体现。最后，相对于受灾国而言，其他成员国的法律地位也是只有当它们收到受灾国政治当局的援助请求时，才能履行其在欧盟理事会协调框架下的援助义务，当然它们也享有便利援助的法律权利，有权善意地选择具体的援助方式，因为《欧盟运行条约》关于第 222 条的声明中提到："在不影响欧盟采取措施对一遭受恐怖主义或自然、人为灾害袭击的成员国履行休戚与共义务的情况下，整个第 222 条都不影响另一成员国有权选择最适当方式履行其自己对那一成员国的休戚与共义务。"总而言之，第 222 条赋予各方义务的同时，也考虑到了它们应该享有的权利。

对于欧盟新民防职能的目标与范围，TFEU 第 196 条可以说给出了较为准确而详尽的规定。该条规定："1. 欧盟应当鼓励各成员国间的合作以提高制度的有效性，预防和保护不受自然或人为灾害的损害。欧盟的行动旨在：（a）支持和补充成员国在国内、地区性和当地层面

---

❶ European Parliament, Resolution of 27 September 2011 on "Towards a Stronger European Disaster Response: The Role of Civil Protection and Humanitarian Assistance", doc. P7_ TAPROV (2011) 0404, para 3 [emphasis added] . See also the Report of 19 July 2011 by Elisabetta Gardini (doc. A7 – 0283/2011).

的风险防范行动，准备好民防人员，应对欧盟内的自然或人为灾害；(b) 推动欧盟内各国民保服务之间的快速有效的行动合作；(c) 推动国际民保工作协调一致。"

从某种意义上来讲，此项规定具体涉及的领域正是赋予欧盟实施上文论述的第 222 条——休戚与共条款时所应承担的职能，依此来确定欧盟在民保领域采取行动的权利。首先，该条规定既涵盖欧盟内部的民保合作，同时也涵盖了欧盟对外的民保合作，将领土范围扩大到欧盟内外。其次，在自然或人为原因导致灾害发生时，欧盟的职能范围不再仅仅是灾害发生时协调各成员国以一种休戚与共的精神对受灾国进行援助，其范围已经被扩大至风险防范、灾害管理和救灾三个阶段，第 196 条开始聚焦于预防行为，而之前论述的第 222 条聚焦于救灾行动，两者既有区别又有重合，这意味着许多实际问题选择法律基础时，需要两者结合起来加以解读。调整范围的扩大这一点迎合了欧盟内支持建立一个综合灾害管理办法的共识，即将现行的跨境救灾法律制度框架予以扩大。例如，在这方面，欧洲理事会 2009 年 11 月达成了建立欧盟内灾害预防共同体框架的共识，2010 年 12 月欧洲议会向欧洲理事会提出了建立欧盟快速反应能力的建议。最后，对于第 222 条规定中的受灾国"政治当局"的表述，许多学者认为这一概念是模糊的，存在着地区性或地方当局是否应该纳入这一概念范围内的问题，而根据第 196 条规定欧盟在所有层面支持和补充成员国行动的目标，则明确涵盖了地区性和地方当局所应受到的支持，应当说这一点意义重大。因为这意味着地方当局接受援助的意愿可能也变得十分重要，而不只是考虑国家当局。

3. 欧盟现有的民保机制

2007 年 11 月 8 日的欧盟理事会建立民保机制的决定和 2007 年 3 月 5 日民保金融工具的决定（2007/162/EC，Euratom）两项文件是欧洲现有民保制度的法律基础。❶ 不过，欧洲委员会在综合评价了现有

---

❶ S. Myrdal &M. Rhinard, The European Union's Solidarity: Empty Letter or Effective Tool? An analysis of Article 222 of the Treaty on the Functioning of the European Union, Occasional Papers (2/2010), Swedish Institute of International Affairs. http://www. sipri. org/research/ security/eu-roatlantic/eu – seminar/documentation/ 2010_ Myrdal%20Rhinard_ EU%20Solidarity%20Clause_ UIOP. pdf.

的立法之后，还创设了目前有 31 个国家参加的新的欧盟民保制度。根据第 2007/779 号决定，民防机制可以"在发生重要紧急状态或者即将来临的威胁时"（Article 1（1））启动。"重大紧急状态"被定义为"任何对人员、环境或财产具有或可能具有负面影响，可能导致根据机制呼吁援助的状态"。（Article 3（1））那么，这种重大紧急状态是否与灾害同义呢？根据第 222 条请求援助应当由有关成员国善意地行使，考虑每个成员国有普遍的责任向其公民提供足够的保护。无论怎样，紧急状态的严重性就意味着"灾害"这一概念。❶

沿着这一方向，值得提及欧洲理事会在斯德哥尔摩计划中所表述的立场，按照这一立场："欧盟的灾害管理建立在两个主要原则上：一是成员国有责任对其公民针对既有的风险和威胁提供必要的保护；二是如果灾害超过了一成员国的能力或者影响了不止一个成员国，成员国就要休戚与共地相互援助，无论是在灾害前、灾害过程中还是灾后。"❷

除此之外，根据第 1 条第 2 款，民防机制将确保保护"首先是人员，另外还有环境和财产，包括文化遗产在遭受共同体内外发生的自然或人为灾害、恐怖主义行动和技术、放射或环境事故，包括意外海上污染情况下的保护，还要考虑到孤立的、最远的其他地区或共同体的岛屿上发生上述灾害"。这些保护的对象被认为符合国际惯例对灾害的广泛定义。

现有欧盟民防机制主要包括三个部分：监测和信息中心，交流培训项目以及模块化建设。监测和信息中心（MIC）设在布鲁塞尔，隶属于欧盟委员会环境总署，实行 24 小时全天候管理，将各成员国的民防部门联系起来，是欧盟民防机制的通信中心和行动中心。MIC 有三项重要职能，分别是联络枢纽、信息传播和行动协调。第一，MIC 作为欧盟跨境救灾的重要联络枢纽，它连接着受灾国和为受灾国提供援助的参与国，是援助请求和援助救济的交换中心，受灾国将援助请求

---

❶ S. Sur（2007）Article I – 43. In：Burgorgue – Larsen et al（eds）Traité établissant une Constitutionpour l'Europe, Parties I et IV, "Architecture constitutionnelle", Commentaire article pararticle, Tome 1. Bruylant, Bruxelles, p. 574.

❷ European Council, "The Stockholm Programme—An Open and Secure Europe Serving and Protecting Citizens", OJ2010 C 115/25.

信息发送至 MIC，MIC 将受灾国的援助请求发送至其他所有成员国的联络点，在收到受灾国援助请求的信息后，善意为其提供援助的国家经过讨论评估后将可提供的援助内容回传给 MIC，MIC 将这些援助信息提供给请求国，最终由请求国决定是否接受提供的援助以及接受哪些援助，监测和信息中心在指挥和协调干预行动时可以起到促进作用。第二，MIC 会发布有关成员国备灾、减灾事宜的相关信息以及民众感兴趣的民防信息，更重要的是，MIC 还发布自然灾害的早期预警，并及时跟踪突发事件的最新进展和民防机制所提供的援助。第三，MIC 对各成员国提供的援助发挥着行动协调作用，确定援助需与求的差距并寻求解决办法，并在必要时，派遣民防专家支持援助的技术协作。

欧盟民保机制由一系列因素和行动构成，因此引入模块化方式，将各种因素和行动进行分类归于各种模块，目前欧盟总共筹备了 17 种不同的民防模块，各个成员国也是通过建设并提供这种模块的形式参与欧盟民事保护机制，模块的内容大致为自给自足的任务和需要驱动的预先确定的资源安排。

民防机制还提供培训项目、模拟训练、专家交换等民防技术学习制度，欧盟官方文件《欧共体民保机制培训计划》（The European Community Civil Protection Mechanism Training Programme）发布有关培训项目的具体信息。自 1991 年 12 月以来，欧盟已经展开了有关森林火灾、化学事故、危机管理、危机情境中的沟通等方面的培训，培训过后一般会有针对相应灾难的模拟训练项目，除此之外，还经常组织讲习班、专家研讨会和试点项目。这一项机制加强和促进了民防援助干预之间的合作，并提高团队和模块之间的协作能力

上述欧盟民防机制的三个部分将欧盟所有成员国能够提供援助的资源和力量，将各类有关政府的网络和系统、民保部门、专业人员统一在欧盟机构的协调与指挥之下，尽欧盟及其成员国全力形成最优化组合，实现欧盟内外跨境救灾的高效协调。在 2004 年印度尼西亚海啸中，欧盟的快速有效反应和应对证明了欧盟这种统一协调的民防机制具有的优越性，在得知南亚地震和海啸的消息以后，欧盟迅速启动民防机制，通过监测和信息中心，欧盟成员国将其上千名的救灾人员、各领域专家及大量的救灾物资运送到受灾国家，在以后多次欧盟内外的国际救灾援助中，欧盟这种救灾响应的内在一致性得到充分肯定。

欧盟民保制度并非完美无缺、无懈可击的法律机制，对灾害的响应能力需要进一步强化，从 Barnier 所提出的报告到新欧盟民保机制的2011 年建议无疑都体现了这方面的强烈意愿。基于此，2011 年建议（Article 11）提出了加强"欧洲应急能力"（European Emergency Response Capacity）建设的概念。

为了使欧盟的救灾更具可预见性，欧洲委员会认为有必要克服现行制度建立在以参与国临时提供援助为基础的弊端。为此，建议规定欧洲委员会不用与各成员国协商提出主要类型的灾害场景，绘制可用的成员国资产，采用提前的救灾能力部署应急计划（Article 10）。其次，为了提高关键资源的利用率，新的"欧洲应急能力"应由成员国预先自愿认缴的民保资产储备构成，供欧盟救灾行动备用（Article 11（1））。应急能力将根据认证和登记程序由欧洲委员会管理并供成员国使用（Article 11（4））。

这些建议虽然被成员国广泛采纳，不过仍有一些问题需要解决才能保证此系统的有效运行，如在特殊情况下，如何解决成员国自愿部署资产登记的权利与构建欧盟整体备用资产的义务之间的冲突；如何在不影响成员国发展自身民保能力的基础上，形成最合算、最适当的欧洲整体层面的备灾应急资源等问题，都还需要在未来的救灾实践中加以检验并推动欧盟救灾立法的新发展。

（二）人道主义救援

ECHO 是欧盟委员会的分支机构，成立于 1992 年，其主要目的是使之前零零碎碎的欧盟人道主义救援政策能够理性化。现今全球人道主义救援资金总量的 30% 都由 ECHO 提供（除了其会员国在双边基础上提供的 25%），通过超过 200 个非政府间组织和国际机构发放，其中包括联合国及国际红十字会和红新月会运动。

1996 年 6 月 20 的欧盟理事会法规（Regulation）第 1257/96 号列明了委员会关于人道主义救援的目前任务。该法规指出，欧盟人道主义援助应当包括无歧视地援助、救济和保护第三国的人民，尤其是弱小国家。而且，发展中国家自然灾害的受害者、人为危机，如战争和战乱的受害者、堪比自然或人为灾难的异常事态的受害者具有优先地位。这种救援可能时间有限，但不只是提供生命救援，而且还要支持短期的恢复重建工程和措施以减少未来的危害。如上救援通过补助金的形式提供（即受援国无法预知会得到多少），这种资金可能是由欧盟成员国的非政府组织或国际组织提供，但"必要时"也会由委员会自身或成员国的专门机构提供。❶

法规对受赠的非政府组织列出了一系列的适格标准，包括他们的经验、技术和后勤能力，是否愿意与各类协调机构合作，是否能做到公平公正，是否能授权委员会设定额外标准。它还详细说明了援助如何启动，建立协调机构（包括由成员国提供双边援助的信息交换机构），规定了可以资助的物资和项目的类型，规定援助应该豁免各类税费和关税。❷

同样是在 1996 年，理事会通过了 1996 年 11 月 22 日关于发展中国家恢复重建行为的第 2258/96 号法规。它规定支持"旨在采取帮助有关国家恢复社会和政治稳定性的行动，重建所需要的有效经济和制度机能，满足灾民整体上的需要"，"逐步接管人道主义行动，为恢复中期和远期发展援助铺平道路"。❸ 恢复和重建援助也是通过补助金的方式提供，可能会通过国际和非政府组织发放，也可能会通过区域性组织，国家、省级、地方政府部门和机构，社区组织、机构，以及公共、私人经营者发放。❹ 和第 1257/96 号法规一样，它也制定了合格工程的固定标准以及确保效率的协调机构和机制。❺

在 2007 年，委员会通过了一件通信（communication）向欧洲理事会和欧洲议会表明了采纳一份新的"人道主义援助欧洲共识"的愿望，其中包括了主张尊重人道主义原则和国际人道法的坚定立场，改善协调欧盟及全球人道主义援助的措施，正式采用了"良好人道主义捐助原则和最佳实践"和《奥斯陆指南》（前文已述），确立了救援和保护的最低标准，包括对需要进行的评估所用的一般框架；坚定地明

---

❶ Council Regulation（EC）1257/96 of 20 June 1996, Official Journal L 163, July 2, 1996, arts. 1 - 2, 5, 7 - 9.

❷ Council Regulation（EC）1257/96 of 20 June 1996, Official Journal L 163, July 2, 1996, arts. 3 - 5 & 13 - 17.

❸ Council Regulation（EC）2258/96 of 22 November 1996, Official Journal L. 306, Nov. 28, 1996, at 1 - 4.

❹ Council Regulation（EC）2258/96 of 22 November 1996, Official Journal L. 306, Nov. 28, 1996, arts. 3&5.

❺ Council Regulation（EC）2258/96 of 22 November 1996, Official Journal L. 306, Nov. 28, 1996, arts. 4&6.

确了欧盟对国际人道主义组织的支持。❶

除了这些内部法规，这几十年来，欧盟及其成员国还与"非洲、加勒比和太平洋国家集团"的成员国就发展援助签订了一系列成功的"合作协议"。其中最成功的例子即著名的《科托努协定》，于 2000 年通过并于 2005 年修订。关于人道主义和危机救援，该协定确定了基本的人道主义原则以及该类救援的主要目标。它确定了这种救援"应该应受危机影响的非洲、加勒比或太平洋国家，或委员会、国际组织、当地组织、国际非政府组织的请求而进行，且救援应按程序执行以使其迅速、灵活、高效。同样地，它还规定了应当保证自由接触和保护灾民，人道主义人员和设备的安全应得到绝对的保障。《科托努协定》从 2003 年开始实施，规定有效期至 2020 年，且有定期的修订机会"。❷

（三）欧洲地区其他跨境救灾合作机制

1. 欧洲理事会（COE）

1987 年，欧洲理事会（the Council of Europe，COE）部长委员会通过第 87（2）号决议创建了一个名为"在重大自然和技术灾难中预防、保护和组织救灾合作的团体"。这个政府间论坛，就是现在的《EUR – OPA 重大危险协定》。在其 26 个成员国间❸开展有关灾害事务的研究、公共信息交换和政府对话，其活动包括研究成员国救灾的法律和制度框架，开发标准化的损害评估模板和建立地震预警系统，该系统可作为受灾害影响的成员国与其他成员国之间交流受损情况及需求的信息渠道。❹

COE 还通过了两项并不是专门针对灾害的协定，它们也与本研究主题相关。

---

❶ See European Commission, COM（2007）317 final, Brussels, June 13, 2007.

❷ See European Commission, Information Note on the Revision of the Cotonou Agreement, available at http：//ec. europa. eu/development/ICenter/Pdf/negociation_ 20050407_ en. pdf.

❸ 成员国有阿尔巴尼亚、亚美尼亚、阿塞拜疆、比利时、波斯尼亚和黑塞哥维那、保加利亚、克罗地亚、塞浦路斯、格鲁吉亚、希腊、卢森堡、马耳他、摩尔多瓦共和国、摩纳哥、葡萄牙、罗马尼亚、俄罗斯、圣马力诺、塞尔维亚、西班牙、马其顿、土耳其、乌克兰，以及不属于欧洲理事会的三个地中海国家：阿尔及利亚、黎巴嫩、摩洛哥。参见 http：//www. coe. int/t/dg4/majorhazards/presentation/memberstates_ en. asp。

❹ See generally http：//www. coe. int/t/dg4/majorhazards。

第一项协定是《1960 年临时进口医疗、外科手术和实验室设备免费借给医院和其他医疗机构用于诊断和治疗目的豁免关税的协定》。这个协定要求其 47 个成员国向有特别需要的其他缔约国提供长达 6 个月的免息医疗、外科和实验室设备贷款。接收国必须为此贷款购来的设备临时给予一切可能的进口便利，包括确保提供一切必要许可证件并豁免各类关税、税收和费用。❶

第二项协定即《1986 年承认国际非政府组织法人资格的欧洲公约》，由欧洲理事会于 1986 年通过（以下称《欧洲 NGO 协定》）。《欧洲 NGO 协定》是目前唯一一个规定国家是否和如何认可国际非政府组织的国内法律地位的协定。根据其条款，成员国承诺认可国际非政府组织法律上的人格和能力，这种地位的授予可以由另一成员国出示协定规定的文件来证明，除非该组织的目标或活动"危害国家和公众安全，或不利于防止混乱或犯罪，或者有损卫生或道德，或危及保护他人的权利和自由；……或危害到维护与另一国或国际的和平与安全"❷。该协定于 1991 年开始实施，目前有 11 个成员。❸

2. 北约（NATO）

在 1953 年，北大西洋公约组织成员国第一次通过了"和平时期北约灾后救援合作"的一些规程，而这个协定只适用于北约成员国之间的合作。在随后的几十年间北约只是偶尔地参与这类行动。1992 年，规程经过修订，允许对非北约成员国进行援助。新规程还规定每个成员国承诺要通知北约要通过受灾国以外向其转运物资。❹

1998 年，北约部长级会议通过了一项名为"加强国际救灾领域的务实合作"的政策，并据以建立了欧洲—大西洋救灾合作中心（英文缩写"EADRCC"）。负责整合北约国家之间的灾后救援；这次改革由

---

❶ Agreement on the Temporary Importation, Free of Duty, of Medical, Surgical, and Laboratory Equipment for Use on Free Loan in Hospitals and Other Medical Institutions for Purposes of Diagnosis or Treatment, April 28, 1960, Council of Europe Official Journal L 131, May 15, 1986, pp. 48 – 49, at arts. 1 – 2.

❷ European Convention on the Recognition of the Legal Personality of International Non – Governmental Organizations, April 24, 1986, full text see http://conventions.coe.int/Treaty/en/Treaties/Html/124.htm, at arts. 2 – 4.

❸ 成员国签字、核准、声明保留情况参见 http://conventions.coe.int/Treaty/Commun/ChercheSig.asp? NT = 124&CM = 8&DF = 5/15/2006&CL = ENG, visited on 2014/9/4。

❹ See North Atlantic Treaty Organization, NATO's Role in Disaster Assistance 14 (2001).

志愿参与的成员国组建了一支非常设的欧洲—大西洋救灾部（Euro-Atlantic Disaster Response Unit, EADRU），为北约外的救援工作提供军用和民用资产。在 EADRU 所通过的《标准行动程序》中指出，成员国必须与联合国协作，并遵循《奥斯陆指南》。行动程序的一个附加条款提供了一个救灾国与受灾国间的协议范本。EADRCC 和 EADRU 随后在北约国对受"卡特里娜"飓风影响的美国和 2005 年地震的巴基斯坦的救援活动中发挥了重要作用。

2006 年，北约成员国和伙伴国通过了《重要民间跨境运输便利性的谅解备忘录》（以下简称《北约 MOU》），旨在解决《北约部队地位协定》中没有涵盖救灾行动民事部分的管理问题以及军事行为的特权和豁免问题。《北约 MOU》规定，请求救援国必须给予北欧民事救灾运输优先权，包括允许他们穿越其他封锁边境。请求救援国还应加快或者取消对救援人员的签证要求，免除所有关税、税收和除了服务费用的其他费用。而提供救援国家应将计划的运输方式和过境点通知受灾国，路线应与受灾国商量，还应遵循受灾国相关的国内法，并放弃与《北约 MOU》相悖的活动。❶ 尽管这种备忘录没有法律约束力，但《北约 MOU》还是要求成员国要最终签署。迄今为止，北约已宣布"和平伙伴关系"的成员国阿尔巴尼亚、亚美尼亚和马其顿共和国已经签署。

3. 联合国欧洲经济委员会（UNECE）

联合国欧洲经济委员会所参与订立的协定中有几个涉及了国际救灾问题。一个是 1992 年《保护和利用跨界水资源和国际湖泊公约》，它号召请求援助的国家减少过境手续，提供当地设施，免除援助国的责任，并自己承担费用。❷ 公约目前有 40 个核准国。❸ 这个公约最初是作为一个区域性文件，2003 年修订后允许所有联合国成员国加入，

---

❶ See Memorandum of Understanding on the Facilitation of Vital Civil Cross Border Transport, Sept. 13, 2006, NATO Press Release No. 2006 (109), NATO Allies and Partners Agree a Memorandum of Understanding on Crises Assistance, Sept. 13, 2006, at http://nids. hq. nato. int/docu/pr/2006/p06-109e. htm, at arts 3, 4, 5, 7.

❷ See Convention on the Protection and Use of Transboundary Watercourses and International Lakes, March 17, 1992, art. 1, 31. Full text see http://www. unece. org/env/water. html.

❸ 签署国、核准国及保留情况，https://treaties. un. org/Pages/ViewDetails. aspx? src = TREATY&mtdsg_ no = XXVII-5&chapter = 27&lang = en#1。

修订后的协定于 2013 年 2 月 2 日生效，随之公约变成了一个全球性的跨界水源合作的法律框架。可以预期，未来欧洲经济委员会地区外的国家也会越来越多地加入到这一公约中来。

1992 年《工业事故跨界影响公约》用了整个附件来讨论工业事故的共同救援问题，规定请求援助国应提供援助国所需要的当地设施和服务，保护救援国家人员、设备和货物；为保证救援活动的迅速开展，应为救援人员能够迅捷地履行其职能提供必要的特权、豁免或设备，为救援人员、货物和设备的进入、停留和撤离提供便利；若无相反协议时，请求国应承担费用，还应保护救援国及其人员不承担责任。❶公约现有 41 个成员国。❷

除此之外，1957 年《关于通过公路进行危险物国际运输的欧洲公约》（及之后的修订）豁免了为拯救生命或保护环境的紧急运输关于携带危险物的限制，并"为此类运输提供所有措施以确保其完全安全"。❸

4. 黑海经济合作组织（BSEC）

1998 年由中欧次区域 12 个国家组成的黑海经济合作组织通过了《BSEC 参加国政府间紧急应对自然和人为灾害紧急救护合作协议》。这个协议针对求援请求制定了规程，规定请求救援国应确保求援物资的接收无障碍且无歧视地分配至受灾人群。协议同时号召简化加快通关程序并减免关税、费。还有专门条文规定了有关协调、运输，特别是飞机的运输以及"医药原料和精神药物"的进口。救援一方一般情况下应承担费用，但同时他们也应因他们的人员伤亡而得到补偿，并在无重大过失的情况下免于被第三方索赔。❹该协定还建立了一个紧

---

❶ See Convention on the Transboundary Effects of Industrial Accidents, at art. 12 & annex X, full text see http：//www. unece. org/fileadmin/DAM/env/documents/2013/TEIA/Annex_ I_ ENG. pdf.

❷ 具体情况可参见 https：//treaties. un. org/pages/ViewDetails. aspx？ src = TREATY&mtdsg_ no = XXVII－6&chapter = 27&lang = en。

❸ See European Agreement Concerning the International Carriage of Dangerous Goods by Road, Sept. 13, 1957 (as amended as of Jan. 1, 2007), annex A, para. 1. 1. 3. 1 (e), available at http：//www. unece. org/trans/danger/publi/adr/adr2007/07ContentsE. html.

❹ Agreement among the Governments of the Participating States of the Black Sea Economic Co-operation (BSEC) on Collaboration in Emergency Assistance and Emergency Response to Natural and Man－Made Disasters, April 15, 1998, available at http：//www. ifrc. org/Docs/idrl/I260EN. pdf, at art. 3, 9, 10, 11, 13.

急行动工作组确保执行其规定。

2005 年，BSEC 又为上述协定通过了一个附加议定书，建立了一个"联络官网络"以促进信息交换。这些联络官的任务之一就是要在一天内将紧急救援的请求传达到自己的政府，而其他请求在三天内传达到。❶

5. 中欧倡议（CEI）

1992 年，中欧倡议（以下简称 CEI）的成员国通过了一个《预报、防止和减轻自然和技术灾难的合作协定》。该协定主要关注预防和信息共享问题，但也规定了创建一个"联合委员会"，该委员会的主要任务就是制定能促进救灾合作实现更紧密的团结方面的程序。❷在它 2004—2006 年及 2007—2009 年的"行动计划"中，CEI 发现对自然或人为灾害、和平行动等的干预的跨境规程需要改进，且命令它的民保工作小组"运用它的影响力"去促进人员和设备快速且非官僚性地从外国跨境进入受灾国。❸ 后一个计划还涉及了讨论建立一个民防协调次区域网络的问题。

6. 其他次区域协定

1976 年《保护地中海不受污染的公约》（1995 年修订），即人们熟知的《巴塞罗那公约》和 1983 年《合作应对北海油污和其他有害物质污染的协定》都对在污染危机发生时成员国间救援的请求和提供作了基本规定。《巴塞罗那公约》还有一个应急响应议定书，最早于 1976 年通过，后于 2002 年修订。议定书中不仅有紧急救援的请求和协调的规定，关于行动费用的规定，还规定请求国应给予救援国的船

---

❶　See Additional Protocol to the Agreement among the Governments of the Par – ticipating States of the Black Sea Economic Cooperation（BSEC）on Collabo – ration in Emergency Assistance and Emergency Response to Natural and Man – Made Disasters, Oct. 20, 2005, available at http：// www. ifrc. org/Docs/idrl/I647EN. pdf.

❷　See Cooperation Agreement on the Forecast, Prevention and Mitigation of Natural and Tech-nological Disasters, July 18, 1992, arts. 4 – 5, available at http：//www. ifrc. org/Docs/idrl/ I650EN. pdf.

❸　CEI Plan of Action 2004 – 2006, Meeting of the Heads of Government of the Member States of the Central European Initiative, Warsaw, Nov. 12, 2003, para. 3. 1. 2；CEI Plan of Action 2007 – 2009, Meeting of the Heads of Govern ment of the Member States of the Central European Initiative, Tirana, Nov. 24, 2006, at para. 3. 1. 2.

只、人员和设备进入、运进运出其领地以及成本的分配以便利。❶ 议定书则规定了地中海区域海洋污染应急响应中心（REMPEC）的法律地位，中心由国际海事组织（IMO）和联合国环境计划署（UNEP）管理，旨在促进污染突发事件和请求、提供救援之间的通信。

1963 年，丹麦、挪威、瑞典和国际原子能机构批准《北欧关于放射性事故紧急相互援助协定》。依据协定，请求国负责指挥援助行动，为救援人员和物资提供当地的设施和保护，授予必要的特权和豁免以确保其迅速履行职能，而且要确保援助国不承担责任。援助国则应承担援助人员的工资和其他在受灾国外产生的费用，但国内作业成本由请求国负责。协议还确认了 IAEA 在援助的磋商和帮助方面的作用以及向协定外国家提供通道时所起的作用。❷

1989 年，这四个国家又达成了《关于跨境合作防止或限制事故对人员、财产、环境造成损害的协定》。虽然其序言中界定的是"和平时期下的事故救援"，但协定并没有对"事故"给出定义。它规定成员国消除本国法律和法规中可能的障碍展开合作以解决事故。协议特别要求请求国确保为救援行动而准备的交通工具、救援物资和其他设备可以过境，而无须进出口手续和各类税收、关税及费用。请求国应负责所有费用并保证救援国不就任何损失负责。❸

2001 年，保加利亚、克罗地亚、马其顿、斯洛文尼亚、罗马尼亚和土耳其 6 国通过了《建立东南欧民事和军事应急计划理事会的协议》，谋求加强他们在此区域救援的协作，及开发通用标准和组织演习。❹

---

❶ See Protocol Concerning Cooperation in Preventing Pollution from Ships and, in Cases of E-mergency, Combating Pollution of the Mediterranean Sea, Jan 26, 2002, available at http：//www. ifrc. org/Docs/idrl/I448EN. pdf.

❷ See Nordic Mutual Emergency Assistance Agreement in Connection with Radiation Accidents between the International Atomic Energy Agency and Denmark, Finland, Norway, and Sweden, Oct. 17, 1963, 525 U. N. T. S. 76, at arts 1, 2, 4, 6.

❸ See Agreement between Denmark, Finland, Norway and Sweden on Cooperation across State Frontiers to Prevent or Limit Damage to Persons or Property or to the Environment in the Case of Accidents, Jan. 20, 1989, 1777 U. N. T. S. 249, at arts 1, 3, 4, 5.

❹ See Agreement on the Establishment of the Civil – Military Emergency Planning Council for Southeastern Europe, April 3, 2001, available at http：//www. ifrc. org/Docs/idrl/I532EN. pdf.

二、亚太地区

（一）东南亚国家联盟（ASEAN）

东南亚国家联盟（ASEAN）由印度尼西亚、马来西亚、菲律宾、新加坡、泰国、文莱、越南、老挝、缅甸、柬埔寨10个国家组成，人口达6亿。该地区是个自然灾害多发的地区。台风、洪水、森林火灾和地震等灾害经常严重袭击该地区，造成环境、经济和社会的重大损害，严重影响了社区、各成员国和地区整体的发展。2004年印度洋海啸和2008年的纳吉斯台风袭击缅甸就是其典型代表。灾害的易发及危害后果还因无情的城市化、人口的快速增长以及经济风险的增加而加剧。据联合国的统计，平均而言，其所经历的自然灾害所造成的损失每年高达44亿美元。❶因此，灾害管理，包括灾害预防、灾害响应、灾后重建各阶段的区域合作已成为东盟成员之间合作的优先领域。而东盟跨境救灾合作领域的最高成就当属《东盟灾害管理和应急响应协定》（AADMER）的签署和实施。

1.《东盟灾害管理和应急响应协定》

《东盟灾害管理和应急响应协议》（AADMER）签署于2005年7月，并于2009年12月生效。它标志着东盟在构建区域自然灾害恢复力方面的能力达到了高潮。这种努力始于1971年的东盟灾害管理专家小组第一次会议。然而，对其有效实施来说，这只意味着漫长的救灾和减灾合作长征中的第一步。它们意识到该地区极容易发生自然灾害，然而，尽管有对这一问题紧迫性的共识，但该地区各国的灾害管理能力差别很大。因此，要实施好AADMER还需要对该地区提供备灾支持，弥补漏洞。AADMER实施的效果还取决于地区机构支持各国内救灾能力的水平，支持其减少灾害风险的力度，在灾害来临时能否及时提供有效的救灾援助，应对国内和地区性层面所面临的各种挑战。

（1）公约的宗旨。AADMER为该地区致力于灾害的共同管理提供了一个框架，这是一个具有法律约束力的协定。AADMER的宗旨：一是降低东盟地区因灾害造成的损失，共同应对灾害紧急状况；二是为

---

❶ Source：Advancing Disaster RiskFinancing and Insurance in ASEAN Countries, World Bank, GFDRR, ASEAN, and UNISDR.

所有东盟各国提供一个法律框架作为盟内应对灾害的共有平台；三是建立东盟灾害管理人道主义援助协调中心（简称 AHA 中心），作为 AADMR 的行动协调及推动机构。

（2）各成员国的一般义务：一是合作制定和实施减少灾害损失的措施；二是对各成员国领土内发生的灾害立即作出响应；三是如果对另一国家可能造成影响，应对受影响国的信息要求立即作出回应；四是应及时对援助请求作出回应；五是采取立法上的、行政的和其他必要措施。

（3）协定的内容的主要安排。协定的内容包括：灾害风险的识别、评估和监控；防灾和减灾；备灾；应急；恢复重建；技术合作与科学研究；AHA 中心的建立。

协定所达成的主要安排包括：①召开部长级会议进行监控和评估；②每个国家都要确定国家级工作重点和负责的职能部门；③建立东盟灾害管理委员会（ACDM）来监督具体实施；④东盟秘书处作为部长级会议的秘书处、ADMER 基金的监护人以及 AADMR 的存放处。

它使东盟各国有义务在减少灾害风险，提高有效应对自然灾害能力方面加强区域合作。它还迫使东盟各国共同努力在可持续发展的大背景下团结一心。有学者已经指出，AADMER 是全球首个在这方面的努力所结出的丰硕成果。❶ 该协定标志着东盟在灾害管理道路上由被动转向了主动，因为这个协定包括整个灾害管理周期，包含的规定涉及灾害风险识别、监测和预警、预防和缓解、防范和应对、灾后恢复、技术合作与研究、协调机制和简化海关和人员入境程序等诸多内容。发生在该地区的两个重大自然灾害，即 2004 年节礼日的海啸和 2008 年缅甸纳尔吉斯强热带风暴，这两个灾害的救灾给该地区的跨境救灾合作提供了宝贵的经验和教训。例如，其中的经验包括如何利用基于社区—方法减少灾害风险（DRR），国家能力建设的重要性，如何协调对外援助和提供及时响应以及如何在开发过程和重建工作中把减少灾害风险放在重要位置等。基于《兵库行动框架（2005—2015）》（HFA）所作出的承诺，该协定也特别强调了减灾工作，提出根据

---

❶ M. E. Reza, ASEAN's Evolution in Disaster Management, Articles Base, 2009, 26 October. http：//www. articlesbase. com/politics - articles/aseans - evolution - in - disaster - management - 1380093. html#ixzz0xnVp2XII.

HFA 建立国家和社区的灾害恢复力。东盟进一步细化减灾和 HFA 的规定可以从 2010 年 9 月 NTS Alert 第一期中看到。

2. 协定的实施和制度配套

为了保障协定的贯彻实施，东盟灾害管理委员会（ACDM）于 2003 年成立，由东盟各成员国的国家灾害管理机构组成。2011 年各方签署《建立 AHA 中心的协定》，一致同意成立 AHA 中心作为 AADMR 的行动推动者，ACDM 也作为 AHA 中心的执行委员会。AADMER 还为 AHA 中心的建立提供了一个平台作为区域灾害管理工作的焦点。

自 2005 年签署 AADMER 以来，东盟已经实施协议中规定的措施，如标准操作程序的制定、培训和能力建设，建立灾害信息共享和通信网络，快速评估团队的组织等，其目的是提高反应能力。2005 年，东盟还发起了一年一度的东盟地区灾难应急模拟演练（ARDEX）。

为了能够使救灾协调上升为东盟的整体战略事务，2009 年受东盟领导人指定，东盟秘书长成为自然灾害和流行病发生时的人道主义援助协调人。

受 2005 年签署 AADMER 的感召，ACDM 制定了《东盟地区灾害管理规划》（ARPDM），这是一个致力于在 2004 年到 2010 年实现的区域合作平台。ARPDM 列出了以下 5 个方面的 29 项活动：（1）建立一个东盟地区灾害管理框架。这一方面的目标是通过联合和共同执行的项目、研究和网络促进合作和协调。（2）基于需要优先发展的领域和各国的实际需要加强能力建设。（3）促进资源、信息、专家技术和最佳实践的共享。（4）促进不同参与者之间的合作和伙伴关系。ARPDM 不仅涉及东盟成员国也涉及东盟的对话伙伴、非政府组织（NGOs）和公民社会、国际组织。（5）促进灾害管理方面的公众教育、宣传和倡议。❶

随着今年 ARPDM 第一阶段将到期，东盟制定了 2010—2015 年工作计划（AADMER WP），计划分为两个阶段：第一阶段从 2010—2012 年；第二阶段从 2013—2015 年。这一计划的战略目标由四部分组成：风险评估、监控和预警；防灾与减灾；备灾和救灾；恢复重建。除了 AADMER WP，东盟还于 2008 年制定《区域性联合救灾备用安排与协

---

❶ ASEAN Forges Stronger Multi – Stakeholder Partnership for Disaster Management，Philippines，20 May. http：//www. aseansec. org/24701. htm.

调标准操作程序》（Standard Operating Procedure for Regional Standby Arrangements and Coordination of Joint Disaster Relief, SASOP）。

为实现这四个组成部分的任务，需要以下几个方面建设为基础：一是实现 AADMER 的制度化、机制化；二是建立伙伴关系；三是资源的动员；四是信息管理和共享技术；五是外展和主流化，扩大工作范围及将这项工作纳入主流工作中；六是加强培训和知识管理；七是监控和评估。

东盟灾害管理委员会（ACDM）还确定了第一阶段所应优先着手实施的 14 个旗舰项目：（1）在备灾和救灾方面，建立东盟灾害和应急后勤保障系统；建立全职的紧急状况快速评估工作队（ERAT）；SASOP 的熟悉和制度化。（2）在风险评估、早期预警和监控方面：做好东盟灾害风险评估路线图；建立以卫星测控为基础的灾害监控系统；建立以全球情报系统为基础的早期预警信息共享平台。（3）在防灾减灾方面，建立具有灾害恢复力的东盟城市；加强社区减灾能力建设；建立起减少灾害风险的融资体制。（4）恢复重建方面，生产一种灾害恢复工具箱。（5）外展与主流化（Outreach and mainstreaming）方面，在东盟建立一种灾害恢复力文化，包括通过东盟灾害管理日（ADDM）的方式。（6）在培训和知识管理方面，识别优先的培训需要；培训东盟培训员和 AADMR 问题专家；建立"东盟资源中心"作为 AHA 中心的组成部分。❶

东盟内部伙伴关系：在东盟内的其他部门，如环境、卫生、防卫、军事、保险、金融、教育等部门的关系；东盟对话伙伴；其他由东盟创立的机制，如 EAS、ARF。

外部伙伴关系：地区性组织，如欧盟、西非国家经济共同体；AADMR 伙伴关系团体（APG）；帮助 AADMER 的公民社会组织联盟；该地区的学术和科学共同体；联合国和世界银行；该地区的各国红十字和红新月会，包括 IFRC 和 ICRC；其他一些机构、中心和设施，如亚洲备灾中心（ADPC）、亚洲减灾中心（ADRC）、太平洋灾害中心（PDC）。

---

❶ Irene A Kuntjoro & Mely Caballero – Anthony, the Implementation of a Disaster Management Agreement in ASEAN: Towards Regional Preparedness? NTS Alert September 2010, Issue 2.

3. 最近的一些政策动向

第一，聚集于自然灾害，运行 AHA 中心并使 AADMER 的各工具充分到位。第二，如果其他部门要把 AADMER 及其他工具，如 AHA中心用于其他类型的灾害，就要对适用的正当性加以研究，建议做出适当的安排，包括财政和资源动员战略。计划建立一个工作组，集中起灾害管理和环境部门对环境灾害应急问题提出一个区域性的方略；研究流行病爆发时如何在 AHA 中心框架内做出安排。

AADMER 发展成为东盟内地区性政策的主要协调平台，东盟内的其他部门和机制，包括那些东盟 +1、东盟 +3、东亚峰会（EAS）、东盟地区论坛（ARF）、东盟防长会议（ADMM）以及东盟防长扩大会议机制都来使用 AADMER 作为公共平台，以确保东盟核心性的原则能够同步到他们的政策中。

AADMER 下发展起来的主要工具包括《地区性联合救灾和应急行动备用安排与协调标准操作程序》（SASOP）、东盟灾害管理人道主义协调中心（AHA Centre）中心、东盟紧急情况快速评估小组（ASEAN – ERAT）、东盟区域性灾害应急模拟演练（ARDEX）。

第 19 届东盟峰会上，在所有成员国首脑的见证下，东盟各国外长于 2011 年 11 月在印度尼西亚的巴厘岛签署了《建立 AHA 中心协定》。AHA 中心建立并利用了以下几个工具：一是东盟灾害应对与监控系统（DMRS），这一系统提供可用信息的图表说明，并将建模数据演示在中心的显示屏上，包括海啸通过时间。该系统纳入了太平洋灾害中心（PDC），并于 4 月 11 日的强烈地震袭击印度尼西亚的阿什地区而触发20 多个国家海啸警报得到检验。二是东盟灾害应急后勤保障系统，包括应急储备库。三是东盟应急安排。四是知识管理系统。

2011 年取得的进展：第一，2011 年 11 月 17 日在印度尼西亚巴厘岛，在东盟各国元首的见证下，各国外长签署了《建立 AHA 中心协定》；第二，对 AHA 中心办公室及其行动中心进行了充分改革；第三，行动中心的信息通信技术基础设施（无论是硬件还是软件）得到充分配置，操作顺畅便利；第四，东盟灾害管理委员会（ACDM）通过了AHA 中心战略工作计划（Strategic Work Plan）并加以利用；第五，ACDM 致力于寻找解决融资和操作层面的漏洞的机制，包括由 ACDM决定由 AHA 中心执委会负责，由 ACDM 来决定中心组织结构及主要人员的数量；第六，在几次灾害情况下充分发挥了其监控灾害的能力；第七，得到了对话伙伴，如日本、新西兰、美国、澳大利亚及欧盟的持续支持。

4. 协调战略利益合作的创意：东盟地区论坛和东亚峰会

（1）东盟地区论坛。灾害管理一直是国内和国际救灾的一个关键的问题。东盟地区论坛（ARF）是东盟讨论地区安全对话的主要平台。这个论坛目前有 27 个参与国，包括 10 个东盟成员国和 17 个对话伙伴。其对灾害管理的强烈关注反映在 ARF 救灾闭会期间会议（ISMDR）中。自 2007 年以来定期举行，通过了《救灾合作论坛一般指南》。此外，灾害管理问题在该地区各国中的重要性也反映在各国家向 ARF 提交的年度安全前景报告中。

为了应对自然灾害的风险带来的安全挑战，论坛参与国在 2006 年灾害管理与应急反应论坛声明中强调，他们将加强在四个领域的支持和合作，即：①风险识别和监控；②灾害预防和防范；③应急响应和救灾；④能力建设。声明还强调了需要把这些努力与现有国际和地区灾害管理计划协调起来。

论坛一直在备灾活动上相对活跃。比如，2011 年 ARF 救灾模拟演练（DiREx，2011），论坛在 8 月份就举行了两次会议，一次是关于桌面推演概念的开发，一次是初步规划会议和现场调研；在 8 月底 9 月初它还举办了第二次武装部队参与国际救灾立法方面的研讨会，2010 年 9 月初举行了第 10 届 ARF 救灾闭会期间会议。救灾闭会期间会议一致都在致力于制定《人道主义援助和救灾战略指导》。这是一个无法律约束力的文件，受持续的审查和修改。

ARF 强调军民合作在救灾中的重要性。它制定了一份关于在人道主义援助和救灾中使用东盟军事资产和能力的概念文件，DiRE 也定期加强军民合作。论坛还计划开发诸如安排外国军事援助的工具（O'brien，2010）。ARF 强调，其备灾创意应补充东盟的工作。

（2）东亚高峰会议。东亚峰会（EAS）是一个地区性论坛，目前由 10 个东盟国家加上澳大利亚、中国、印度、日本、新西兰和韩国组成。2011 年，美国和俄罗斯成为东亚峰会成员国。东亚峰会承认追求灾害恢复力的目标之重要性。这可以从 2009 年泰国 Cha – Am Hua Hin 灾害管理东亚峰会声明中看出来。在这个声明中，东亚峰会参与国就如下问题达成共识（东盟、2009 b）：①在加强该地区各国的灾害管理能力上提供支持。②开发一体化的跨界备灾和减灾能力，加强各地方的、国家层面的和地区层面的灾害管理机构之间的联系和网络，与国际组织加强合作。③对区域性捐赠者自愿信托基金（the regional multi – donor voluntary trust fund）提供支持，以建立该地区的海啸预警系统安排。④支持东盟致力于加强人道主义协调的努力，强化对重大灾害应对的领导力。⑤强化灾后管理和恢复重建力度，鼓励促进灾后快速重建的一体化，以确保从救灾到恢复重建阶段的顺利过渡。⑥援助各国政府将减灾纳入其战略开发、政策制定和规划中去。⑦开发更有效的以社区为基础的减灾工具和方法。⑧帮助各国政府制定相关法律，加强自然资源开发和管理方面的法律的执行力。⑨促进最佳做法、经验和操作手册的网络建设和共享。⑩支持标准操作程序的运作和加强，尤其是那些由东盟和 ARF 开发的程序。⑪加强地方、国家、区域和国际预警安排的技术能力，改善风险评估、监测和预警信息的科学技术。⑫支持 AHA 中心的有效运行，强化其能力建设。⑬支持该地区其他相关组织的努力，提供技术支撑，加强其能力建设，鼓励更综合性的研究。⑭鼓励地方的、国家的、区域性的和国际性的能力建设项目，以加强东亚峰会参与国的减灾和灾害管理能力。

东亚峰会承认东盟在改善该地区自然灾害恢复力方面的核心作用，强调 Cha – Am Hua Hin 声明中所给出的行动计划将通过东盟现有的区域框架和实现机制得以实施。

灾害管理是 2015 年建设东盟共同体路线图的一部分。因此，就 AADMER 完全得以通过来看，现在是审查和解决东盟灾害管理挑战的一个绝佳时机。加速实现 AADMER 是即将举行的第 17 届东盟峰会其他相关峰会（即第 8 届东盟—印度峰会、第 2 届东盟—俄罗斯峰会、第 3 届东盟—联合国峰会、东盟—澳大利亚峰会以及东盟—新西兰纪念峰会）的重要议题。

5. 东盟跨境救灾合作机制面临的挑战

尽管东盟在应对和成功，但在落实这些条约机制和框架上仍然面临一些显著的挑战。这些挑战如：①东盟秘书处和 AHA 中心都受制于现有的能力和资源的缺乏。②虽然协定具有法律约束力，但 AADMER 不包含任何规定的制裁。③AADMER 虽具有法律约束力，但将本协定的内容具体转化为国内和国内各地区的法律法规可能需要数年时间。④当把灾害管理看成是一个包括从减灾到救援和恢复重建方面的整体努力时，这显然就需要把灾害管理与国家的开发进程联系起来，而这将涉及多个不同部门之间的合作，而它们之前往往是单打独斗的。⑤灾害管理和开发问题协调好了，AADMR 还要能够在这些"拥挤"的领域中找到合适的定位。

（二）其他区域和次区域性机制

1. 南亚地区合作联盟

1987 年，南亚地区合作联盟（South Asian Association for Regional Cooperation，SAARC）的成员国通过了《建立南亚地区联合会食品安全储备的协定》。❶ 和《东盟食品安全储备协定》一样，此项协定要求成员国标明可供应多少谷物来应对他国的紧急需要，以后讨论采购问题。然而，仍像《东盟食品安全储备协定》一样，SAARC 机制还没有使用过。❷ 为解决这个问题，2007 年 4 月，一项新的协议被提出，把"食品安全储备"的名称改为"SAARC 食品银行"，并拓展其作用以使其在面临重要灾害时减缓食物短缺的严重情况。❸

南亚地区合作联盟针对灾害的大部分工作都集中在风险降低和信息分享上，特别是整体环境上的管理，比如，通过建立南亚地区合作联合会达卡气象研究中心和马累海岸带研究中心来预报海洋和气候灾害。❶ 在 2004 年海啸后举行的南亚地区合作联盟环境部长特别会议上发表了一份声明，后在第六次峰会上被各国元首正式签署，要求进一步加强早期预警和灾后恢复工作的合作，并建立了一个"早期预警和

---

❶ See Agreement on Establishing the SAARC Food Security Reserve, Nov. 4, 1987, available at http: //www. saarc – sec. org/old/freepubs/food. pdf.

❷ See FAO, World Food Summit Follow – Up, supra note 509, at para. 42.

❸ See Agreement on Establishing the SAARC Food Bank, April 4, 2007, available at http: //www. ifrc. org/Docs/idrl/I646EN. pdf.

❶ See P. G. Dhar Chakrabarti, Emerging Framework of Regional Cooperation in Disaster Risk Reduction in South Asia, Powerpoint presentation, Feb. 20, 2007; Aslam Alam, Disaster Management in South Asia: A Comprehensive Regional Framework for Action 2006—2015, Powerpoint presentation, Aug. 2, 2006. SAARC, Environment, at http: //www. saarc – sec. org/main. php? t = 2. 5.

灾害管理综合框架"。❶ 此框架正在发展中，但是据传正在讨论建立一个"专门致力于备灾、救灾和恢复重建的地区性反应机制"。❷ 南亚地区合作联盟亦批准在新德里建立一个新的灾害管理中心，来促进灾害危机降低和处理工作的研究和信息交流。

2.10 个中亚国家组成的经济合作组织

就像南亚地区合作联盟一样，由 10 个中亚国家组成的次区域性组织——经济合作组织（Economic Cooperation Organization，ECO）在 2006 年创立了一个新的区域性灾害研究与信息交流中心——伊朗马萨（Mashad，Iran）自然灾害风险管理中心。❸ 同年，第九次政府首脑峰会巴库宣言"建议区域性项目和计划应考虑诸如早期预警、自然灾害预防准备、区域内和区域间合作的加强、建立一个永久性区域应对机构专门用来防范灾害、确保地震安全和干旱应对，等等；完善紧急救助和重建以确保即时应对"❹。

3. 亚太经济合作组织

1997 年，亚太经济合作组织（APEC）部长级会议"强调亚太经合组织应当确定其在应急准备和灾害重建措施系统化方面的增值作用"，并倡议"加强合作以保证解决这一关键问题有一条高效、一体的途径"。❺ 这便导致了《紧急状态准备能力建设倡议 APEC 框架》的形成。该框架倡议加强合作，包括成员国在国内立法框架上的合作及一系列在各部门的具体倡议。2004 年海啸之后，建立了一支专门的"应急准备特遣队"，提高其在区域性救灾合作中发挥独到的作用。

---

❶ See Male Declaration, Special Session of the SAARC Environment Ministers Meeting June 25, 2005; Dhaka Declaration, 13th Summit of SAARC Heads of State or Government, Nov. 13, 2005, at para. 33.

❷ P. G. Dhar Chakrabarti, Emerging Framework of Regional Cooperation in Disaster Risk Reduction in South Asia, Powerpoint presentation, Feb. 20, 2007.

❸ See Ninth Summit Meeting of the Economic Cooperation Organization, Baku Declaration, May 5, 2006 at para. xi, available at http：//www. ecosecretariat. org.

❹ Ninth Summit Meeting of the Economic Cooperation Organization, Baku Declaration, May 5, 2006, at preambular paragraph 8.

❺ See Joint Statement of the Ninth APEC Ministerial Meeting, Vancouver, Canada, Nov. 21 – 22, 1997, at para. 8（ii）.

在其作出的贡献中，2005 年 APEC 部长们批准了"准备减轻流行性感冒的倡议"，在建设能力、分享信息和禽流感应对的合作上做出一系列的承诺。❶ 为此而制订的"行动计划"要求成员国"不断寻求与国际组织合作，支持现有全球协调机制"，"鼓励进口的便利化，比如，若东道国经济要求世界卫生组织快速反应小组入境，就要预先授权签证和通关，以进口大规模流行疫情点所需要的设备"❷。

4. 中东

1987 年 9 月，阿拉伯国家联盟通过了《阿拉伯规制和便利救灾行动合作协定》。根据该协定，成员许诺将协力为所有自然灾害和紧急情况提供一切援助和设备，同时采取措施消除可能阻碍救援队或物资快速到达受害者的障碍。该协定列出了一些具体措施，包括：减少海关证明文件要求，促进快速通关，减免救灾物资的关税或其他税费，便利救灾运输的进入，包括减少国内运输费用；提供无不当延误的进出境签证以及通信设备。❸ 协定从 1990 年开始生效，迄今为止，联盟的 22 个国家已有 12 个国家加入。❹ 2009 年进行了修订，约旦成为第一个核准修订版协定的国家。❺ 不过，参加 IDRL 中东论坛的国家还是难以确保协定的履行，他们还表达了对协定未涵盖国家以外的国际援救的担忧。

5. 南太平洋应用地理学委员会、太平洋岛屿论坛和佛朗茨 (SOPAC, Pacific Islands Forum and FRANZ)

南太平洋应用地理学委员会（SOPAC）是一个创建于 1972 年的亚区域组织，致力于与地球科学相关的许多领域的合作，包括风险评估、

---

❶ See Busan Declaration of the 13th APEC Economic Leaders' Meeting, Busan, Korea, Nov. 18 – 19, 2005, available at http：//www. ifrc. org/Docs/idrl/I114EN. pdf.

❷ See APEC Action Plan on the Prevention and Response to Avian and Influenza Pandemics, Ministerial Meeting on Avian and Influenza Pandemics, Da Nang, Viet Nam, May 4 – 6, 2006, APEC Doc. No. 2006/AIPMM/014, at para. 14.

❸ See League of Arab States Decision No. 39, September 3, 1987. see http：//www. ifrc. org/Docs/idrl/I644EN. pdf, at arts 3, 7 – 9.

❹ 它们是：阿拉伯联合酋长国、沙特阿拉伯、科威特、卡塔尔、埃及、巴勒斯坦、约旦、突尼斯、摩洛哥、阿曼和利比亚。

❺ Petra News Agency, Jordan Ratifies Amended Convention of Arab Relief Cooperation, http：//www. thefreelibrary. com/Jordan + ratifies + amended + convention + of + Arab + relief + cooperation. – a0226676941.

风险管理和环境脆弱性研究。❶ 南太平洋应用地理学委员会原先致力于早期预警和风险降低事务。然而，在近期的一次区域灾害治理的年会上，提出了委员会活动"发展或增强关于灾害应对的法律和制度建设"的可能性。❷

1976 年，另一个亚区域组织——太平洋岛屿论坛（Pacific Islands Forum，其前身为"南太平洋论坛"）建立了一个区域性的自然灾害救济基金，成员国可以在面临重大灾害时要求适量的救助金。❸ 1992 年，法国、澳大利亚和新西兰政府签署了《南太平洋区域灾害救济合作佛朗茨（FRANZ）联合声明》，其目的在于促进对太平洋岛国提供灾害救济时的协调性。

三、非洲地区

目前在非洲，尚不存在特别关于促进国际救灾的多边条约，该区域范围内唯一的项目是 1999 年的《非洲在紧急状态下喂养婴幼儿的达累斯萨拉姆宣言》。❹ 另一方面，非洲联盟与几个亚区域组织有发展灾害救援政策的明确指令，且近些年相当一部分组织已经接受或修订了此类政策。虽然这些政策的大部分主要关注防灾和减灾问题，但也有一些组织试图构建灾害应对方面的合作体系和机制。此外，数个亚区域组织亦接受了关于灾害和卫生突发事件的强制性规定。以下简要分述之。

（一）《非洲联盟宪章》

《非洲联盟宪章》仅有个别条文谈及救灾和应急合作机制。如其

---

❶ SOPAC 目前的正式成员包括澳大利亚、库克群岛、斐济群岛、关岛、密克罗尼西亚联邦、基里巴斯、马绍尔群岛、瑙鲁、新西兰、纽埃、帕劳、巴布亚新几内亚、萨摩亚、所罗门群岛、汤加、图瓦卢和瓦努阿图。

❷ See Proceedings of the 13th Regional Disaster Managers Meeting, June 26 – 29, 2007, Majuro, Republic of the Marshall Islands.

❸ See Pacific Islands Forum, Regional Natural Disaster Relief Fund at http：// www. forumsec. org/_ resources/article/files/Regional_ Natural_ Disaster_ Relief_ Fund. pdf. 太平洋岛国论坛现有成员国包括澳大利亚、库克群岛、密克罗尼西亚联邦国家、斐济、基里巴斯、马绍尔群岛、瑙鲁、新西兰、纽埃、帕劳、巴布亚－新几内亚、萨摩亚、所罗门群岛、汤加、图瓦卢、西萨摩亚和瓦努阿图。

❹ See Tracy – Lynn Field, International Disaster Response Law Research Report：Southern African Region (2003), available at http：//www. ifrc. org/idrl. 3, p. 7. The declaration is available at http：//www. ifrc. org/Docs/idrl/I303EN. pdf.

第 13 条第 1 款（e）规定，其执行委员会可"在成员国有共同利益的领域作出政策决策，决策包括……环境保护、人道主义行动和救灾。"❶ 根据该授权，非洲联盟与非洲发展新伙伴（New Partnership for Africa's Development，NEPAD）一道，❷ 通过了《2004 非洲减灾区域性战略》，且非洲联盟秘书处（即"委员会"）将减灾合作因素并入《2004—2007 年战略计划》。❸ 不过，此项战略并未建立起一个区域性的合作机制，只是起到了促进提高次区域和国际层面跨境救灾合作意识的作用。

（二）东非政府间发展组织

东非政府间发展组织（Inter – Governmental Authority on Development，IGAD）创建的初衷是为了促进应对干旱问题上的地区合作。1995 年，这一组织的作用改变并扩张开来，尤其扩大到冲突解决方面，❹ 其修订的协议第 13A 条要求成员"尊重区域居民有从紧急情况应对和其他形式的人道主义援助中获益的基本权利"，要求其成员"促进在人为或自然灾害中加紧食物运输和紧急供应"。

2002 年，IGAD 制订了一项区域性的、关于减轻灾害风险措施的灾害风险管理计划，包括要求各成员国完善灾害管理的国内立法，寻找机会"共同合作、区域层面防灾，达成跨境减灾合作协议"，推动标准化及利害关系人需求评价等内容。然而。正如一位 IGAD 代表在国际救灾法（IDRL）非洲论坛上所表达的："尽管 IGAD 扮演了一个区域灾害防治的角色，但关于这个角色的责任与政策并没有得到清晰的界定。"❺

---

❶ Constitutive Act of the African Union, adopted by the 36th Ordinary Session of the Assemblyof Heads of State and Government, July 11, 2000, Lomé, Togo, OAU Doc. No. CAB/LEG/23.15.

❷ 关于非洲发展新伙伴的简要介绍，可参见百度百科词条，http：//baike. baidu. com/view/200721. htm? from_ id = 11158828&type = syn&fromtitle = nepad&fr = aladdin。

❸ See International Federation Africa Regional Study, supra note 445 at 5 – 6, 10.

❹ See Agreement Establishing the Inter – Governmental Authority on Development, March 21, 1996, Doc. No. IGAD/SUM – 96/AGRE, p. 2 "introduction".

❺ See International Federation of Red Cross and Red Crescent Societies, Report of the Pan – African Forum on International Disaster Response Laws, Rules and Principles, Nairobi, May 14 – 15, 2007, p. 13, available at http：//www. ifrc. org/idrl.

（三）西非经济共同体

西非经济共同体（the Economic Community of West African States, ECOWAS）依据其《2006 年减灾政策》建立了一个"减灾机制"，该机制由一个部长级合作委员会和一个灾害管理特遣队组成，服务于西非经济共同体灾害管理局人道主义和社会事务部的秘书处。❶ 此机制的使命之一就是协调国际援助请求，动员成员国最先组织一支"应急工作队"（emergency response teams）。

（四）东南非共同市场

1993 年《建立东南非共同市场的条约》（Common Market for Eastern and Southern Africa, COMESA）第十四章要求成员国在卫生领域相互合作，包括"发展联合行动机制抗击突发疫情（如霍乱、疟疾、肝炎、黄热病等），促进大规模的免疫和其他公共卫生社区活动等方面的合作"❷。第十八章更进一步要求成员国在提升区域性食品安全方面合作，包括提升农业效率、贸易和发展等各项措施。东南非共同市场已依据此授权采取了大量措施用来提升区域性农业贸易，而讨论创建一个区域性食物储备的提议也正在进行。

（五）南部非洲共同发展体

1999 年，南部非洲共同发展体（Southern African Development Community, SADC）成员签署了一项《共同体卫生议定书》，此协定在相关领域规定了成员国将"在应对灾害和紧急情况下开展协作并互相帮助"，包括建立"提供紧急援助的合作机制"，制定降低和分散风险的区域计划。❸ 此项协定在 2004 年正式施行，目前已有 9 个成员国。❹

2001 年，南非共同发展体曾提出了一项综合性的灾害管理策略，其中有两项提议值得一提：一是建立一支区域性的应对灾害的紧急预

---

❶　See ECOWAS Policy for Disaster Risk Management（August 2006），available at http：//www. unisdr. org/africa/af‑partners/docs/ECOWAS‑policy‑DRR. doc.

❷　See art. 110 of the establishing act at http：//www. comesa. int/comesa% 20treaty/comesa% 20treaty/view.

❸　See Southern African Development Community Protocol on Health, Aug. 18, 1999, available at http：//www. sadc. int.

❹　See Southern African Development Community, List of SADC Protocols and Other Legal Instruments, available at http：//ww. tralac. org.

备队，二是起草一项专门针对灾害应对的区域性决议。❶ 为此，还组建了一系列的委员会和体制结构来实施这一策略的各项内容。不过，由于资源匮乏阻碍了策略的全面实施，实际上无论是紧急预备队还是应对灾害的区域性协议都没有完成。虽然如此，公众仍呼吁后一项提议应在成员国中得到实现。❷

四、美洲地区

（一）美洲国家组织

1991 年，美洲国家组织大会通过了《美洲国家间便利灾害援助公约》（IACFDA，以下简称《泛美公约》），公约规定了成员国之间请求和提供灾难援助的形态，要求各国指定国内协作机构负责移交或接受这种请求和提供，在其国内提供合作，而且阐明，虽然受灾国对国际援助享有整体上的控制权，但援助国仍然享有对自己人员和设备的指挥权。❸ 它还呼吁各国向援助国提供一系列便利，包括简化人员、货物和设备入境的手续，保障其安全，保护这些货物和人员不受国内法院追究责任等。❹ 对他们来说，援助国及其人员应当自担费用，尊重和遵守所指定受援地区和受援国的国内法。❺ 根据公约条款，该公约还可以适用于非国家行动者，如从事人道主义援助的非政府组织，只是它们需要与受灾国之间订有协议，或者它们也包含进了援助国的使

---

❶ The draft version of the Regional Multi – Sectoral Disaster Management Strategy (2001) is a-vailable at http：//www. unisdr. org/africa/af – partners/docs/sadcstrategy. pdf. See also Report of the Southern African Development Community Disaster Management Committee and Technical Semi-nar, 6 – 9 December 2000, Harare, Zimbabwe.

❷ See Statement by the Deputy Prime Minister of the Republic of Namibia, Hon. Dr. L. Amathila at the Opening of the SADC Pre – Season Disaster Management Meeting, Wind-hoek, Namibia, Sept. 19 – 20, 2005, available at http：//www. grnnet. gov. na/News/Archive/2005/september/week3/disaster_ rpt. htm.

❸ Inter – American Convention to Facilitate Assistance in Cases of Disaster, June 7, 1991, arts 1 – 4, available at http：//www. oas. org/legal/intro. htm.

❹ Inter – American Convention to Facilitate Assistance in Cases of Disaster, June 7, 1991, arts. 5, 6, 9 & 10, http：//www. oas. org/legal/intro. htm.

❺ Inter – American Convention to Facilitate Assistance in Cases of Disaster, June 7, 1991, arts. 7, 11 & 14, http：//www. oas. org/legal/intro. htm.

命之中（可推定它们根据援助国的权威和指令行事）。●

《泛美公约》于 1996 年生效，但是到目前为止，只有三个缔约方（巴拿马、秘鲁和乌拉圭）❷，公约并未得到实施。在 2007 年 4 月"国际救灾法律、规则和原则美国论坛"上，美洲国家间组织的代表介绍说，各国再次表达了对批准并实施公约的兴趣。❸ 2007 年 6 月，美洲国家组织大会第 2314 号决议的缔约国对此也发出呼吁，决议亦呼吁泛美公约当时的轮值国依据条款指定协调方，并要求美洲国家组织秘书处"致力于加强各地区成员国的科技能力"。❹

除了接受《泛美公约》，美洲国家组织大会还通过了一系列关于救灾阶段的区域合作决议，包括"白盔倡议"❺ 和美洲国家间紧急援助基金，以此为受灾国政府提供力所能及的支持。❻ 1999 年，"美洲国家间减灾委员会"建立，由美洲国家组织秘书长担任主席，包括美洲国家组织常设理事会主席和各该区域发展机构的负责人，委员会成为美洲国家组织下"关于自然灾害问题研讨的主要论坛"。❼ 应大会的要求，委员会通过了《2003 年美洲国家间减少脆弱性、风险管理和救灾政策计划》（包括其他目标：承诺通过达成新合约和增加诸如像亚区

● Inter – American Convention to Facilitate Assistance in Cases of Disaster, June 7, 1991, art. 16, http：//www. oas. org/legal/intro. htm.

❷ See Organization of American States Office of International Law, A – 54 Inter – American Convention to Facilitate Disaster Assistance, at http：//www. oas. org/juridico/english/Sigs/a – 54. html. Nicaragua and Colombia have also signed but have not ratified the convention.

❸ See International Federation of Red Cross and Red Crescent Societies, Report of the Americas Forum on International Disaster Response Laws, Rules and Principles, Panama City, April 23 – 24, 2007, at 9 – 10 (hereinafter "Americas IDRL Forum Report"), available at http：//www. ifrc. org/idrl.

❹ See OAS General Assembly Res. 2313 (XXXVII O/07), June 5, 2007, reprinted in OAS Doc. No. AG/doc. 4771/07 corr. 1, June 18, 2007.

❺ See, e. g. , OAS General Assembly Resolution Nos. AG/RES. 2165 (XXXVIO/06) June 6, 2006; 1351 (XXV – O/95), June 9, 1995; 1403 (·XXVI – O/96), June 7, 1996; 1463 (XXVII – O/97), June 4, 1997.

❻ See OAS General Assembly Resolution No. 1327 (XXV – O/95), June 19, 1995 (adopting revised statutes for the fund).

❼ See Natural Disaster Reduction and Response Mechanisms, OAS General Assembly Res. 1682 (XXIX – O/99), June 7, 1999, para. 2, available at http：//www. oas. org/juridico/english/ga – res99/eres1682. htm.

域医疗支持机构等来加强救灾阶段的区域合作），并且协调了履行能力。❶ 2006 年，联合国大会赋予了委员会以协调泛美公约和泛美应急基金的角色。❷

（二）加勒比灾害应急机构

1991 年，加勒比海共同体（CARICOM）的成员国签署了《建立加勒比海灾害应急机构的协定》（以下简称《加勒比协定》）。❸ 此协定要求加勒比海共同体承担任务推动建立国家灾害应对机制、协调区域性援助力量以及以中间人身份在提供援助和接受援助两方间协调的使命。❹ 缔约方承诺采取一系列措施保障其国家灾害应对系统在制度与法律层面都有充分的应对能力，以能够在本国自行应对灾害以及应机构首席执行官的协调要求提供国际援助。❺

对于这种国际援助，缔约国应减少人员与货物进入的法律障碍、提供保护、减免税收来协助国家和他们的救援人员，按需对向受灾的第三国转运物资提供便利。❻ 援助国及其救援人员应承诺遵守国家法律，对敏感信息加以保密，只有当受灾国明确表示需要救援时才出动军事力量，且在没有另外约定的情况下救援国应自担费用。❼ 对于这些便利是否可提供给非国家行动者文本并没有明确规定，但从意图来看似乎不能扩大适用到非国家行动者。正如在泛美公约中那样，整个

---

❶ See OAS General Assembly Resolution Nos. 1885（XXXII – O/02），June 4，2002（requesting that the Committee develop the plan）and 1955（XXXIIIO/03），June 10，2003（welcoming the plan），available at http：//www. oas. org/juridico/english；Organization of American States Department of Sustainable Development，Law of Disasters：Towards a Normative Framework in the Americas：Discussion Paper for Review and Comments at the Americas Regional Forum on International Disaster Response Laws，Rules and Principles，April 23 – 24，2007，Panama City，at 12（hereinafter "OAS Discussion Paper"）.

❷ See OAS General Assembly Resolution No. 2182 /XXXVI – O/06），June 6，2006，at para. 2（"declaring" that the Committee "will fulfill the duties and functions of the Inter – American Emergency Aid Committee under the InterAmerican Convention to Facilitate Disaster Assistance"）.

❸ See Agreement Establishing the Caribbean Disaster Emergency Response Agency，February 26，1991（hereinafter "CDERA Agreement"），available at http：//www. ifrc. org/what/disasters/idrl/publication. asp.

❹ See CDERA Agreement，art. 4.

❺ See CDERA Agreement，art. 13.

❻ See CDERA Agreement，arts. 21 – 23.

❼ See CDERA Agreement，arts. 21 – 23.

灾害援助都取决于受援助国的接受。❶ 此外，加勒比海共同体协定还建立了一个紧急援助基金来支付灾害援助所需的资金。❷

加勒比灾害应急机构现有 16 个成员国，它由国家首脑委员会、各个成员国的国家灾害机构的负责人组成的理事会、4 个区域性活动中心和作为"协调机构"的秘书处组成。❸ 最近几年，其工作开始逐渐转向灾害危险防治，其成果是正在讨论修订《加勒比协定》以使其在未来有更好的发展方向。❹

2002 年，美洲国家间组织大会要求美洲国家间减灾委员会准备一项《灾害应对和减少脆弱性战略规划》（IACNDR）。规划旨在为各成员国和参与组织提供沟通渠道，建立地区政府机构和联合国系统之间的交流平台。规划包括各成员国、区域性团体、个人在各类地区性会议共同作出的 30 多项承诺。这些承诺皆符合"泛美减灾网络"（IADMN）目标的要求。后者是由美洲国家间组织可持续发展部与加拿大国际发展局共同创立的美洲地区重要的地区性减灾组织。❺

（三）中美洲国家自然灾害预防协调中心

1993 年，数个中美洲国家的外交部部长通过创建"中美洲国家自然灾害预防协调中心"（Coordination Centre for Natural Disaster Prevention in Central America, CEPREDENAC）将既有的灾害防治专家支持网络予以正式化。❻ 中心成为中美洲一体化体系（System for Central American Integration, SICA）下的一个专门机构，并为同年实施的"地区减灾计划"所启用。2003 年，建立 CEPREDENAC 的协定被修改，

---

❶ See CDERA Agreement, art. 16.

❷ See CDERA Agreement, arts. 18, 19 & 21.

❸ See the CDERA website at http：//www. cdera. org/about_ history. php.

❹ See Revised CDERA Agreement to Be Finalised, BARBADOS ADVOCATE, January 1, 2007, available at http：//www. cdera. org/cunews/news/barbados/article_ 1791. php.

❺ UN ISDR: International Strategy for Disaster Reduction, Latin America and the Caribbean, see http：//www. eird. org/eng/revista/no_ 13_ 2006/art12. htm, visited on 2014/9/1.

❻ See Centro de Coordinación para la prevención de los Desastres Naturales en América Central, Antecedentes, at http：//www. cepredenac. org/antecedentes. htm. CEPREDENAC's current members are Costa Rica, El Salvador, Guatemala, Honoduras, Panama and Nicaragua.

修改后的协定目前已有 5 个参与国。❶ 新协定规定了一系列指导性原则，包括尊重人权和人性尊严，减轻公共减灾和救灾活动和满足弱势群体的特殊需求。❷ 新协定授权 CEPREDENAC 协调成员国间应对灾害的技术协助与合作。它由各国国家救灾机构领导派出的代表组成的委员会领导，拥有一名秘书长和一个技术委员会。协调中心的成果之一是《对外工作部门救灾程序地区手册》（Regional Manual of Disaster Procedures for Foreign Ministries），规定了对外政府的国际援助活动如何启动、如何提供便利和监管的行动指南，❸ 且 "救灾合作协调机制" 还就地区性援助如何启动和提供便利规定了附加议定书。❹

（四）加勒比国家联合会

1999 年，加勒比国家联合会（Association of Caribbean States, ACS），一个拥有加勒比国家和中美洲国家成员国的亚区域组织，❺ 通过了其应对灾害的条约，即《加勒比国家联合会成员国和合作成员进行自然灾害地区合作的协定》（以下简称《ACS 协定》）。❻ 依据该协定，成员国须接受 "以渐进而有成效的形式促进自然灾害应对和防治标准、法令、政策、计划的制订和实施"，包括通过确定在诸多领域

---

❶ See Nuevo Convenio Constitutivo del Centro de la Coordinación para la Pre – vención de los Desastres naturales en América Central（CEPREDENAC），Sept. 3, 2003, SICA Doc. No. STD/C/071/03, available at http: //www. cepredenac. org.

❷ See Nuevo Convenio Constitutivo del Centro de la Coordinación para la Prevención de los Desastres naturales en América Central（CEPREDENAC），art 2, Sept. 3, 2003, SICA Doc. No. STD/C/071/03, available at http: //www. cepredenac. org.

❸ Centro de Coordinación para la prevención de los Desastres Naturales en América Central, Manual Regional de Procedimientos de las Cancillerías en Casos de Desastres, available at http: //www. cepredenac. org/downloads/manual%20regional%20de%20procedimientos%20cancillerías. pdf.

❹ Centro de Coordinación para la prevención de los Desastres Naturales en América Central, Mecanismo de Cooperación Coordinada para la Respuesta Ante Desastres, available at http: //www. cepredenac. org/downloads/mecanismo%20de%20cooperación%20coordinada%20para%20la%20respuesta. pdf.

❺ ACS 目前的正式成员有：巴哈马、巴巴多斯、哥伦比亚、哥斯达黎加、多米尼加、萨尔瓦多、格林纳达、危地马拉、圭亚那、海地、洪都拉斯、牙买加、墨西哥、尼加拉瓜、巴拿马、圣基茨和尼维斯、圣卢西亚、圣文森特和格林纳丁斯、苏里南、特立尼达和多巴哥、委内瑞拉。

❻ Agreement between Member States and Associate Members of the Association of Caribbean States for Regional Cooperation on Natural Disasters, April 17, 1999, available at http: //www. acs – aec. org/Summits/Sum mit/English/AgrmtNatDesas_ eng. htm.

"共同的指导方针和标准"，诸如"现行通用的人道主义援助和捐献的分类标准，目的在于促进人道主义援助的透明度和绩效。"❶ 协定号召成员国寻找出各自辖区内的"易受灾区域"，使得其他成员国的援助能得到最大利用。❷ 协定分配给联合会现有的自然灾害应对特别委员会一系列任务来协调成员国间的信息分享和技术援助。❸

《ACS 协定》目前有 11 个核准国，按照协定规定，协定只有在 17 个成员国（代表联合会成员国的 2/3）核准后才生效。❹ 2007 年 1 月，协定正式生效。

（五）安第斯共同体外交部长理事会

2002 年，安第斯共同体外交部长理事会（Council of Foreign Ministers of the Andean Community，CAN）通过了第 529 号决议案，创建了安第斯预防和灾害响应委员会（Andean Committee for the Prevention and Response to Disasters，CAPRADE），❺ 主管协调和促进灾害防治与应对的合作，包括共同努力实现双边与多边合作，促进自然灾害国际协定的遵守、协调和执行。理事会正在讨论起草一个条约草案，以使其获得法律地位，变得更加稳定。❻

（六）伊比利美洲政府民防和公民保护机构联合会

1996 年，第六届伊比利美洲国家和政府首脑高峰会议设立了伊比利美洲政府民防和公民保护机构联合会（Ibero – American Association of Governmental Civil De – fence and Civil Protection Bodies），宗旨在于

---

❶ Centro de Coordinación para la prevención de los Desastres Naturales en América Central, Mecanismo de Cooperación Coordinada para la Respuesta Ante Desastres, arts 4 & 7.

❷ Centro de Coordinación para la prevención de los Desastres Naturales en América Central, Mecanismo de Cooperación Coordinada para la Respuesta Ante Desastres, art. 3.

❸ Centro de Coordinación para la prevención de los Desastres Naturales en América Central, Mecanismo de Cooperación Coordinada para la Respuesta Ante Desastres, at art. 10.

❹ See Association of Caribbean States Press Release, The Bahamas, Cuba Suriname and Venezuela Ratify ACS Agreements, July 18, 2007, available at http：//www. acs – aec. org/PressCenter/NewsReleases/2007/nr0132007_ en. htm.

❺ Consejo Andino de Ministros de Relaciones Exteriores, Decisión 529, Creación del Comité Andino para la Prevención y Atención de Desastres（CAPRADE），Jul. 7, 2002, available at http：//www. comunidadandina. org/normativa/dec/D529. htm. CAPRADE currently has five members（Bolivia, Colombia, Ecuador and Peru and Venezuela），led by a rotating presidency.

❻ See Acta de la Octava Reunion del Comité Andino para la Prevención y Atención de Desastres, 26 y 27 de octubre 2006, pp. 3 – 4.

机构间的信息交流与合作。❶ 联合会取得的成果之一就是建立了一个"紧急情况网络"（Emergency Web Network，ARCE），这是一个旨在加强灾害期间伊比利美洲国家民防机构间信息交流、求助和援助传递的系统。❷ 在最近一次会议后的公告中，成员国表达了他们要在"紧急情况网络"的基础上建立一个规范化的早期预警系统的愿望。❸

---

❶ See Asociación Iberoamericana de Organismos Gubernamentales de Defensay Protección Civil, Presentación, at http：//www. proteccioncivil. org/asociacion/aigo 0. htm.

❷ For a description, see http：//www. proteccioncivil. org/arce/index. html.

❸ See Declaracioón de la Asociacioón Iberoamericana de Organismos Guberna – mentales de Defensa y Proteccioón Civil sobre una Estrategia Iberoamericana de Gestioón de Desastres, March 21, 2007, at para. 8. 4.

第五章　跨境救灾中的双边法制

实际上，在现有的国际救灾法律渊源中，数量最多、适用也最多的还是国家间的双边协定。在 IFRC 的 IDRL 数据库中就搜集了大量这种国家间的条约。❶

一、国家间协定

2003 年 IFRC 委托进行的一项调查显示，在国际救灾领域曾有过三波制定双边条约的浪潮。❷ 第一波大约始于 20 世纪 50 年代，当时几个国家，尤其是美国，开始签订双边协定以确保捐赠的救灾物资能够顺利到达灾区。例如，1956 年，美国与海地签订了一项关于美国对海地的干旱进行食物援助的协议，规定了大量需提供的食物以及由海地承担 "港口费用，内陆物流免税，免费分配，反馈信息和观察" 等方面的责任。❸ 同样地，1964 年，英国与印度签订协议，印度承诺英国的救灾食物免税入境。❹

第二波和第三波双边条约的高潮分别开始于 20 世纪 70 年代和 90

---

❶　The database is available at http：//www. ifrc. org/what/disasters/idrl/publication. asp.

❷　See Horst Fischer, International Disaster Law Treaties：Trends Patterns and Lacunae, in INTERNATIONAL DISASTER RESPONSE LAWS, PRINCIPLES AND PRACTICE：REFLEC- TIONS, PROSPECTS AND CHAL – LENGES 25（Victoria Bannon, ed. , International Federation of Red Cross and Red Crescent Societies 2003）.

❸　See Exchange of Notes Constituting an Agreement between the United States of America and Haiti Relating to Emergency Relief Assistance, Dec. 28, 1956, 279 U. N. T. S. 107.

❹　See Agreement between the Government of the United Kingdom of Great Britain and Northern Ireland and the Government of India for the Duty Free Entry of Relief Supplies and Packages, Oct. 20, 1964, 534 U. N. T. S. 78.

年代。❶ 有一些条约专门规定了技术方面的援助，如培训或者能力建设。❷ 更多的协定是互助协定，尤其是在欧洲国家之间大量缔结。例如，1974 年瑞典和挪威《关于改进边境地区救援服务的协定》；1998年奥地利和捷克共和国《在自然或严重事故发生时相互援助协定》。在第一波签订的那些协定中，也有一些是跨地区的援助协定，如 2000年美国和乌克兰政府签订的《自然和人为技术事故预防和应对谅解备忘录》以及 2001 年瑞士和菲律宾政府签订的《自然灾害或重大紧急事件合作谅解备忘录》。❸

另外还有一些涉及双方军事存在和军事访问力量的协定及相关谅解备忘录，这些文件往往会对外国军事人员、材料以及设备设定特权和豁免权，并且有时会有专门条款来规定紧急事件中的援助。例如，仅美国就与其他国家有超过 100 个这样的协定。❹

二、国际组织地位的协定

在跨境救灾中，国际组织是重要的参与主体，但各类国际组织一旦要进入受灾国境内开展救灾，其将处于何种法律地位，享受怎样的待遇是国际组织极为关注的焦点问题。如果国际组织在受灾国境内没有相应

---

❶ See Horst Fischer, International Disaster Law Treaties: Trends Patterns and Lacunae, in INTERNATIONAL DISASTER RESPONSE LAWS, PRINCI – PLES AND PRACTICE: REFLEC-TIONS, PROSPECTS AND CHAL – LENGES 25 (Victoria Bannon, ed. , International Federation of Red Cross and Red Crescent Societies 2003), p. 25.

❷ See, e. g. , Agreement between the Government of the Republic of Korea and the Government of the Republic of Poland on Scientific and Technological Cooperation, June 29, 1993, 1847 U. N. T. S. 298.

❸ See Agreement between Sweden and Norway concerning the Improvement of Rescue Services in Frontier Areas, March 19, 1974, 1424 U. N. T. S. 307; Vertrag zwischen der Republik Österreich under der Tschechischen Repub – lik über die Gegenseitige Hilfeleistung bei Katatrophen oder Schweren Unglücksfallen, Dec. 14, 1998, a-vailable at http: //www. ifrc. org/Docs/idrl/I134DE. pdf; Memorandum of Understanding Between the Government of the United States of America and the Government of Ukraine on Cooperation in Natural and Man – Made Technological Emergency Prevention and Response, June 5, 2000, available at http: //www. mns. gov. ua/inter/bilateral/usa/fema/memorandum. en. php? p =1; Agreement between the Swiss Federal Council and the Government of the Re –public of the Philippines on Cooperation in the Event of Natural Disaster or Major Emergencies, Dec. 6, 2001, available at http: //www. ifrc. org/Docs/idrl/I494EN. pdf.

❹ See United States Defense Threats Reduction Agency, Foreign Consequence Management Legal Deskbook (January 2007), pp. 2 – 25, available at http: //www. dtra. mil/documents/newsser-vices/deskbook/pdf/FCMLegalDeskbook. pdf.

的法律地位和权利，必然影响其救援的效果，甚至无法开展救援活动。因此，国际组织的地位协定对于跨境救灾的有效开展就变得十分重要。

对于政府间组织而言，比如联合国机构，在那些他们设立总部的国家以及那些他们正在进行的项目的国家，签订地位协定也是通常做法。在其他事务上，联合国机构签订的协定通常参考1946年《联合国特权与豁免权公约》以及1947年《联合国专门机构特权与豁免权公约》，重申他们在签证、海关、责任、司法豁免权等方面的权利。❶ 对于像国际联合会这样的在国际人道主义领域享有盛誉的非政府组织也已经与69个国家签订了类似的协定，以获得类似于联合国机构那样的特权与豁免权（尽管国际联合会并不是政府间组织）。❷

像国际组织一样，非政府组织（NGO）为了能够顺利开展救灾行动也经常与那些在其中运行的国家签订协议。这些协议通常由签订国的法律调整，并且这些协定不会被认定为是国际协定。他们的条款与国际组织和国家之间的协定有很大不同，对 NGO 通常不提供像国际组织那种层面的"特权和豁免"的保护。近一半的非政府组织的总部受访者在接受 IDRL 调查的时候都曾指出他们的协定通常包含这样一些问题：与政府官员的协调；国家内的活动自由；减免关税，还有 1/3 的问题是关于外国救灾人员的进入。13% 的问题是关于救灾物品的其他税费或者是无线电设备的问题。❸

三、捐助国捐赠协议

捐赠者通常会要求与人道主义组织对其接收的资金要求按协议使

---

❶ See, e. g. , Basic Agreement between the Government of Guatemala and the United Nations/FAO World Food Programme Concerning Assistance from the World Food Programme, July 15, 1971, 995 U. N. T. S. 72.

❷ See Elise Baudot – Quéguiner, The laws and principles governing preparedness, relief and rehabilitation operations: The unique case of the International Federation of Red Cross and Red Crescent Societies, in INTERNATIONAL DISASTER RESPONSE LAWS, PRINCIPLES AND PRACTICE: REFLECTIONS, PROSPECTS AND CHALLENGES 128 – 38 (Victoria Bannon, ed. , International Federation of Red Cross and Red Crescent Societies, 2003).

❸ See Elise Baudot – Quéguiner, The laws and principles governing preparedness, relief and rehabilitation operations: The unique case of the International Fed eration of Red Cross and Red Crescent Societies, in INTERNATIONAL DIS – ASTER RESPONSE LAWS, PRINCIPLES AND PRACTICE: REFLECTIONS, PROSPECTS AND CHALLENGES 128 – 38 (Victoria Bannon, ed. , International Federation of Red Cross and Red Crescent Societies, 2003), p. 218.

用。美国和欧洲委员会人道主义援助与民保部（ECHO）是国际上两个最大的捐赠者。❶ 它们都与很多政府间和非政府间人道主义组织签订载有标准条款的协议。当然，就性质而言，与 NGO 的协议不具有国际法性质，但其影响力和表达方式也会让人感觉到它们就是国际法。❷

ECHO 与国际组织的"框架伙伴关系协议"往往具有很强的"技术性"特征，涉及成本、监测和报告上的要求，承包和采购的规则，对 ECHO 的承认，责任、支付以及财政问题。❸ 而它与"人道主义组织"签署的类似协议另外增加了遵守人道主义原则的要求，要求遵守人道主义行为准则和质量标准，与其他行动者配合，要有受益人参与并尊重受益者、当地海关和当地能力。❹

由美国国际开发署（USAID）制定的标准条款（主要由美国法律规定）一般并不包含后一类的条件。❺ 不过，除了前述"技术性"要求，同样注重 USAID 的形象，值得注意的是它要求警惕接收恐怖分子提供的基金；对非政府组织来说，要承诺使用基地设在美国的飞机和船舶运送货物和材料。根据资助的项目的所在地和性质，额外的强制性条款可能包括承诺不推广使用安全套，不推广卖淫和堕胎；不会促进吸毒和贩毒；把人类使用的语言和对残疾人的歧视作为研究课题。❻

---

❶ See Development Initiatives, Global Humanitarian Assistance 2006, at 19, available at http：//www. devinit. org/PDF%20downloads/GHA%202006. pdf.

❷ 根据其条款规定，ECHO 的协议应受比利时法约束。See European Commission Directorate General for Humanitarian Aid – ECHO, Framework Partnership Agreement with Humanitarian Organizations, version 041221, at art. 24.

❸ See European Commission Directorate General for Humanitarian Aid – ECHO, Framework Partnership Agreement with Humanitarian Organizations, version 041221, at art. 24.

❹ See European Commission Directorate General for Humanitarian Aid – ECHO, Framework Partnership Agreement with International Organizations, version 050728. See generally, International Federation – ARC EU Study, supra note 538, at 12 – 15.

❺ See USAID, Mandatory Standard Provisions for U. S. , Nongovernmental Recipients：A Mandatory Reference for ADS Chapter 303, rev. date June 14, 2006；USAID, Mandatory Standard Provisions for Non – U. S. , Nongovernmental Recipients：A Mandatory Reference for ADS Chapter 303, rev. date Jan. 12, 2007；USAID Mandatory Standard Provisions for Grants to Public International al Organizations, rev. date Marc 23, 2004.

❻ David Fischer, Law and Legal Issues in International Disaster Response：A Desk Study. International Federation of Red Cross and Red Crescent Societies, 2007, p. 82.

第六章　国际救灾行动者的
法律地位

当今重大灾难的救援不仅吸引了大量国际捐款、救灾物资和设备，而且伴之以成群结队的外籍人员寻求直接进入受灾国协助或直接参与救灾和恢复重建活动。这些行动者不仅包括联合国及其专门机构的人员、援助国政府派出的搜救队和专家，还有非政府组织专家、国际人道主义组织的工作人员，也有越来越多的外国私营企业员工、民间组织代表和独立的个人。这些人道主义组织和救灾人员如果不能安全、及时和顺利地进入受灾地区，就不能给予受灾人员以快速有效的帮助。于是，如何保证国际救灾行动者能够顺利进入受灾国并能够顺利开展救灾工作就成为国际救灾法必须加以解决的问题。

一、国际救灾主体进入受灾国的限制

大量的国际组织和人员参与救灾固然体现了国际人道主义事业的发展，表现了人类在面临重大灾难时的同情心和空前团结，但大量救灾人员的入境必然给受灾国带来一系列问题，其中最主要的是与受灾国本地雇佣和就业的利益的冲突。运用大量的国际人员来管理和运行救灾和重建计划这一做法遭到了主张基于发挥比较优势，依赖受灾国国内人员以节约成本的倡导者的越来越多的批评。而国际行动者又常常抱怨当地人员的专业人士缺乏，况且尚有当地救灾能力瘫痪的情形。对于这一矛盾，无疑需要在救灾的快速干预和建设当地的应灾能力之间尽力实现更好的综合平衡。

（一）签证

签证是主权国家为维护本国主权、尊严、安全和利益对外国人出入本国国境实施管理的一项重要手段。一国通过签证可控制出入国境的外国人的数量和质量。许多国家通过双边或多边协议，对双方国家在符合一定条件下放弃一些签证要求或者提供签证便利，以加快外籍人员的出入境。在国际救灾行动中，按照救灾的效率原则要求，受灾国应当授予国际救灾人员签证便利，以利于救灾人员快速入境。但大量外国人入境也会对受灾国造成人口管理的压力，甚至可能会出现外国人借机入境而不返回的问题。因此，一些受灾国对灾害时期外国人入境保持谨慎。根据 IDRL 项目的调查，47% 的回答者（包括 55% 的政府和 77% 的国际人道主义组织总部）报告在这个领域遇到了困难。❶

首先，这些困难与拒绝或推迟发放入境签证有关。例如，在斯里兰卡的海啸后，政府积极争取首先雇佣当地员工并因此延迟了许多签证申请，尤其是财政人员。❷ 2004 年海啸之后，印度尼西亚的国际救灾人员（不仅包括来自非政府组织和红十字会的人员，还包括联合国代表甚至外国政府人员）在试图获得适当的签证和工作许可证时经历了官僚主义的漫长而昂贵的过程。包括要求在这个国家待了 60 天后出境和之后每个月要求重新签证。此外，在亚齐省和尼亚斯的员工需要获得身份证，最初每两个星期可续签（之后要求每个月），并且只在班达亚齐有效，而这种续签需要从某个工作地点几天的航程。❸ 在泰国，非政府组织的救灾人员由于只获得了旅游签证，每 30 天就需要离开该国再单独续签。❹ 而在伊朗的巴姆地震救灾中，采取了严格的签证制度，尤其是在某些情况下拒绝为美联储的代表和顾问签证，造成在计划实施上不必要的延误，特别是被迫推迟从五月中旬到八月中旬的有效重建计划。❺

其次，某些救灾人员在救援过程中因政治动机有违人道、中立和公正原则而引起受灾国反感。这尤其体现在国内存在反政府力量的受灾国家。例如，2008 年，斯里兰卡政府开始意识到，有些外国援助者（主要来自英国、丹麦和挪威的非政府组织）在 2004 年海啸后在其境内开始活动，他们对被击败的泰米尔猛虎组织过于同情。结果，斯里

❶ See Appendix 3 at 4.
❷ International Federation Sri Lanka Case Study, at 15.
❸ International Federation Indonesia Case Study, at 16.
❹ International Federation Thailand Case Study, at 16.
❺ International Federation of Red Cross and Red Crescent Societies, Operations Update No. 19 Iran: Bam Earthquake; Appeal no. 25/03 (Dec. 8, 2004), at 7.

兰卡颁布了新的签证规则。根据这一规则，对于外国救灾人员的行动超过 3 年以上的，也只被授予 1 年的签证，到期不再更新。❶ 同样，在 2009 年 3 月，缅甸联邦国家和平和发展委员会（Burmese Junta）拒绝更新三方核心集团（Tripartite Core Group，TCG）的任命；相反，恢复到了之前更加复杂的制度。根据这套规则，国际援助人员必须直接向其各自的部门提出申请，这些部门再向外交事务政策委员会（FAPC）提交申请，由 FAPC 来处理所有的签证申请。然而，并没有一个部门监督援助工作，而是要求援助机构在申请签证前与各个部委签订合作协议；据缅甸的国际人员报告，通常要花 4 个月到 2 年的时间才能与一个部委达成合作协议，获得签证还要另外 5 个月。❷ 另外，2011 年 2 月 1 日，巴勒斯坦政府决定终止 2010 年洪水灾害发生后实施的特别程序，恢复到正常的签证机制。结果，在从其国家出发离开之前，外国救援人员被迫从其定居国在巴勒斯坦的大使馆获得签证。而且，只有联合国"官员签证"或者非政府组织人员的"非政府组织签证"在相关人员到达该国后才得到了内政部的延长。

不过，对于救灾组织来说，官僚主义的限制不仅耗时，还经常导致援助提供的延误，而且十分烦琐，甚至对于灾民来说构成了经济资源的转移。因此，诸多国际文件，无论是硬法还是软法都建议受灾国应当无成本地向救灾人员提供入境签证，而且这种签证应当根据救灾需要而不断加以更新。

（二）工作许可的签发和职业资格的承认

1. 国内法规定

由于某些工作所具有的专业性要求，不同国家对于这些职业的准入要求是各不相同的。因此，各国一般对救灾所需要的医生、护士、

---

❶ Page，Aid Workers Forced to Leave Sri Lanka under Strict New Visa Rules，June 3，2009，http：//www. timesonline. co. uk/tol/news/world/asia/article6418015. ece. Accessed　22　February 2012.

❷ TCG 是在纳吉斯飓风袭击缅甸 Irrawady Delta 后 1 个月，以东南亚国家联盟为核心，并由缅甸政府和联合国参与于 2008 年 3 月 2 日成立的。它的成立就是为了便利外国救灾人员的入境签证。At：http：//www. reliefweb. int/node/399732. Accessed 22 February 2012；As Foreign Aid Workers Leave，Food Security Concerns Grow，July 22，2009，at：http：//irrawaddy. org/article. php？art_ id = 16383. Accessed 22 February 2012；Myanmar：Junta's Change of Tack Obstructs Aid Work in Cyclone – hit Myanmar. Available at：http：//www. reliefweb. int/node/364998. Accessed 22 February 2012.

药剂师、建筑师、交通工具和航空器驾驶人员等都需要获得国家主管部门核准的许可证、执照、文凭等。众所周知，在正常情况下获取这些证件往往需要较长的程序，更何况是外国人员。例如，在泰国，外国的医生必须参加泰语考试（很少有人可以通过），并且通过认证还需要大约两年的时间。❶

而对于救灾的紧急情况下，如果适用正常情况下对外国人获得受灾国国内特定职业从业资格核准和认证程序，等到获得这种职业资格早就错过了救助人命和伤病的特殊时间要求，因此，紧急救灾要求快捷的资格认证和许可程序。然而，只有少数国家有专门的承认救灾职业资格的规定。例如，2004 年《澳大利亚首都直辖区州突发事件法》就规定，"当外国援助的提供符合合作协定的情况下，海外职业资格在该区将得以承认，不需要进一步认证或注册"❷。印度尼西亚要求入境人员，尤其是那些卫生职业、搜救人员、建设、通信和水文专业人员都要满足政府在请求外国援助的"邀请函"中要求的资格。❸

如果没有专门的规定，将适用一般国内法的规定，在这方面，多数时间由于没有针对灾害紧急应对的法律法规，按照一般程序，往往程序漫长而混乱，不足以应对救灾在时间上的要求。例如，按照 1978 年《外国人工作法》，泰国立法规定了不同类型的程序，这取决于该组织是否已注册，跟谁注册的：凡向泰国国际合作局注册的组织就能获得非移民 F 签证（为那些履行"官方"职能的人签发的），不需要办理工作许可，而通过劳工部注册的组织就需要一个签证而且还要有工作许可。❹ 而对于联邦制国家而言，还面临着额外的省级或基层政府所要求的外国资格的承认。

不过，也有某些国家的现有国内法和程序似乎是比较充分的。例如，在乌干达，国际救灾提供者一到达就有权获得"特别通行证"，该证赋予他们直接但临时的许可执行其行动，与此同时，他们的工作

---

❶ International Federation Thailand Case Study, at 16.

❷ Emergency Act 2004 (ACT).

❸ Guidelines on the Role of the International Organizations and Foreign Non – Government Organizations During Emergency Response, 2011, Chapter Ⅱ, D. 2 (a).

❹ IFRC, Legal Issues from the International Response to the Tsunami in Thailand, 2006, p. 15.

许可申请可以边行动边处理（通常需要3周到1个月的时间）。❶

2. 国际规范性文件

从国内立法看，各国对于跨境救灾人员的工作许可和资格审查的法律规定参差不齐，那么国际规范性文件的规定又如何呢？考察发现，国际规范性文件对此问题的规定也很有限。工作许可和外国资格承认的专门规定只并入了少数国际文件中，而其他文件包括的这类规定十分宽泛。❷ 对于前一类文件，有两个公约值得一提：《坦佩雷公约》规定，"减少规制障碍可以采取……承认……外国操作许可证的形式。"如对于驾驶机动车或直升机等专业技能性工作，各国可能会进一步确定外国证书和文凭的承认问题。❸ 也有国家在双边协定中包含专门规定放弃冗长的程序要求。例如，2004年奥地利和约旦间的协定就谈到"干预队伍的成员和承担搜救任务的个人在援助框架内不要求工作许可"❹。不过，这些规定只在缔约方之间才有约束力。

在地区层面，相互间承认职业资格的努力也并不普遍。巴尔干红十字和红新月会在2004年建议，各国政府"要给予……职业技能的承认"❺。在2000年的《美国诸州与加拿大诸省间国际应急管理援助备忘录》中也包含类似规定。❻ 同样，在2009年东南亚国家联盟各国签署的《ASEAN相互承认执业医师的安排》中，其主要目标就是根据东道国国内立法，根据第3条规定的条件，便利执业医师在东盟各国的流动。❼

解决这一问题的一个更综合性的道路是由欧盟采取的方法。欧盟第2005/36/EC号指令就欧盟公民所提供的临时服务，如救灾期间的

---

❶　IFRC, International Disaster Response Law (IDRL) in Uganda, 2011, p. 49.

❷　Protection of Persons in the Event of Disasters, Memorandum by the Secretariat (A/CN. 4/590), 22 December 2007, pp. 64 – 66.

❸　David Fischer, Law and legal Issues in International Disaster Response: A Desk Study, International Federation of Red Cross and Red Crescent Societies, Geneva, 2007, pp. 118 – 120.

❹　See 2004 Agreement between the Republic of Austria and the Hashemite Kingdom of Jordan on Mutual Assistance in the Case of Disasters or Serious Accidents.

❺　2004 Recommended Rules and Practices on Implementation of International Disaster Response Laws, Rules and Principles in the Balkans, part Ⅲ, para 14.

❻　2000 International Emergency Management Assistance Memorandum of Understanding, Article 5.

❼　2009 ASEAN Mutual Recognition Arrangement on Medical Practitioners.

服务，欧盟法提供了一种"自动"承认他们持有的职业资格的程序。不过，尽管允许各国用 1 个月的时间来处理这一请求，❶ 尽管这一立法具有强制性，但成员国对这一欧盟立法的实施并不一致。最近由 IF-RC 的分析表明，仍有几个欧盟国家没有在国内法上包容临时提供服务的程序。例如，在奥地利的立法中护理人员的资格承认通常就要在申请人提交了所有必要的文件后 4 个月才能办下来，还要支付必要的费用。❷ 就来自欧盟之外的职业资格的承认来说，各成员国可以根据其规则自由承认。不过，所有承认都应当尊重某些职业的最低培训条件。确切地说，对于申请的处理时间没有上限。IFRC 的报告显示，在多数成员国，除非有专门的双边或多边协定，与资格承认有关的程序明显阻碍了灾害期间有资格的人进入成员国提供服务。❸ 最后，有几个成员国进一步规定通过双边协定或通过专门的国内程序在欧盟法之外来承认职业资格。同一奥地利的立法就要求必须要有一个专门的法律基础来豁免职业人员通常的要求；在德国，豁免则是根据情况的实际需要给予。❹

另一方面，《奥斯陆指南》这一典型地位协议，呼吁受灾国承诺"应 MCDA 行动指挥的要求提供的救灾成员从事某种职业或类似工作所需要的与 MCDA 有关的证书，都应承认有效并无需缴纳税费"❺。类似条款也包含在美国的一些州和加拿大的某些省份所达成的 2000 年《国际应急管理援助合作谅解备忘录》❻ 和《巴尔干半岛国内协会推荐规则与做法》中。❼ 北约驻军地位协议虽然不与灾难回应直接相关，

---

❶ OJ 2005 L 255.

❷ IFRC, Analysis of Law in the EU and a Selection of Member States Pertaining to Cross Border Disaster Relief, 2010, p. 21.

❸ IFRC, Analysis of Law in the EU and a Selection of Member States Pertaining to Cross Border Disaster Relief, 2010, p. 21.

❹ IFRC, Analysis of Law in the EU and a Selection of Member States Pertaining to Cross Border Disaster Relief, 2010, p. 21.

❺ Oslo Guidelines on the Use of Civiland Military Assets in Disaster Relief (updated in 2006, Revision 1. 1 November 2007), at annex 1 para. 35, available at http: //reliefweb. int/sites/reliefweb. int/files/resources/8706B7B69BD77E00C1257233004F0570 – OCHA – Nov2006. pdf.

❻ International Emergency Management Assistance Memorandum of Understanding, July 18, 2000, available at http: //www. ifrc. org/Docs/idrl/I653EN. pdf.

❼ Balkans National Societies Recommended Rules and Practices, at section B. III. 14.

但它也要求成员国承认军事司机的驾驶执照。

虽然这些规则都相对直接地呼吁各国简单地识别国际救援的人员的驾照，但是其他资格简易认可的合理性，尤其是对医疗专业人士的资格认可问题就更为复杂。奥斯陆指南提供了要求提供"担保"这样一种解决方案有一定道理。此外，泛美卫生组织最近建议召集一个国际专家小组，帮助开发为识别国际医疗凭证专业指导紧急部署。❶ 这也可能很有帮助。

在许多国家，并没有识别证书的紧急机制。例如，在尼泊尔，人们发现并没有特别的关于医生或医疗专业人士在灾害和紧急情况下短时间内进入乡下提供医疗服务的规定。❷ 在有些国家，虽然规定有可用于临时认可的证书，但并不一定适应紧急情况要求。例如，印度尼西亚法律规定可以为外国医生提供一个临时登记证书，为他们提供医疗服务做准备，但是医疗非政府组织在海啸发生后的救灾中发现，据此限制他们的行动反而更容易了。❸

值得指出的是，在这方面有 50% 的国际人道主义组织总部在回答 IDRL 项目调查时报告至少在某些方面上遭遇过专业资格认证问题，但却没有人表示他们曾与受灾国达成双边协议解决这个问题。在很多灾难背景下，由于受灾国救灾的紧迫需求以及灾害所导致的执法环境的破坏，关于颁发执照、许可的相关规则事实上也难以强制执行。至少在灾难初期，或者对于他们的申请有着大量的不确定性因素，导致无法强制实施。例如在斯里兰卡，外国和国际驾照是不被认可的，但是大量的救援人员却在开车。❹ 据报道在泰国也有类似情况，许多非政府组织在海啸后提供了不同类型的医疗服务，但并没有正式登记，这其中包括 32 支国际法医团队中的 31 支。❺

---

❶　International Federation of Red Cross and Red Crescent Societies, Report of the Americas Forum on International Disaster Response Laws, Rules and Principles, Panama City, April 23 – 24, 2007, at 14. available at http://www.ifrc.org/idrl.

❷　IFRC 2005 Nepal: Laws, Policies, Planning and Practices on International Disaster Response, p. 19.

❸　International Federation Indonesia Case Study, p. 19.

❹　International Federation Sri Lanka Case Study, p. 25.

❺　International Federation Thailand Case Study, at 17.

（三）跨境救灾行动者的法律地位不被承认

对于参与跨境救灾的不同主体，由于他们的法律地位不同，受灾国对于不同救灾主体所给予的待遇也相差悬殊，这其中联合国及其专门机构因联合国特权和豁免权而享有特殊地位，而非政府组织和个人，除了极少数极具国际影响力的人道主义非政府组织，如国际红十字会和红新月会根据与各国签订的地位认可协议而普遍享有被认可的法律地位外，多数非政府组织、公司和个人进入受灾国的法律地位面临困境。

跨境救灾主体的法律地位不被受灾国承认，这就会给救灾带来一系列障碍。比如，它们在受灾国开设银行账户、办理救灾资金汇兑、税收事项，包括人员入境、招募当地人员等都会面临诸多麻烦，这将大大影响救灾资金、人员入境的效率，甚至根本无法获得入境许可。大多数其他现有的国际救灾法的规定在这个问题上也讳莫如深，未加规定，完全放任受灾国法律来规定。

1. 救灾人员的流动障碍

入境并不意味着万事大吉，因为有些国家可能很大程度上还有政治和安全的考虑来决定是否对救灾人员的流动施加额外限制。例如，在老挝，有一个《谅解备忘录》只许可进入某些区域，而对某些历史敏感区域则禁止进入，这样的许可可能要延误至 2 年。❶

《红十字和红新月会非政府组织行动守则》承认，在受灾国境内自由流动并能平等地接触所有受害者是救灾行动有效的必要先决条件。为此，多个国际文件建议接受国有义务不得不合理地限制救灾人员进入灾区，而有些文件还要求他们采取积极的步骤便利这种流动。❷ 2003 年国际法协会布鲁日会议上达成的《关于国际援助的决议》呼吁各国允许人道主义人员"完全自由地接触所有受害者，确保他们自由流动并保护这些人员"❸。从最近 2011 年 3 月 3 日的联合国大会第 65/

---

❶ IFRC, Legal Preparedness for Responding to Disasters and Communicable Disease Emergencies: Study Report—Lao PDR, p. 104.

❷ See Protection of Persons in the Event of Disasters, Memorandum by the Secretariat (A/CN. 4/590), 22 December 2007, pp. 78 – 81.

❸ See Institute of International Law, Resolution on "Humanitarian Assistance," Bruges Session, September 2, 2003, para. 7 (3).

133 号决议强调的内容来看，虽然它本身没有约束力，但呼吁所有政府和参与复杂的人道主义行动的各方……要确保人道主义人员安全和顺畅地进入……有效地履行其援助灾民的职责。❶

在过去几年里，有些国内法也允许轻松进入受灾国领土。例如，在越南，政府 2008 年 5 月 14 日第 64 号令禁止任何阻碍人道主义组织或个人的行为。❷ 印度尼西亚 2008 年第 21 号法规规定，除了以签证或入境许可轻松进入该国之外，外国人员也可以轻松进入灾区执行其援助计划。❸

在地区层面，只有欧盟拥有相对较为完善的法律框架。作为人员自由流动原则的一部分，基于《欧盟运行条约》（TFEU ex Title III TEC）第 IV 主题，欧盟公民（和工人）有权在各成员国之间自由迁徙，不受歧视。而非欧盟公民则不得不遵守有关入境的基本规则。尤其是第 2004/38/EC 号指令规定了不仅欧盟公民有权自由迁徙，也包括与欧盟公民有联系的非欧盟公民，如配偶、合伙人（partner）或者护工（caregiver）等。如此一来，就跨境救灾而言，欧盟成员国之间救灾人员亦可借此互相往来了。

2. 当地人员的雇用

一般而言，受灾国都会让救灾行动者雇用当地人员，这是因为，一方面，当地员工熟悉当地的地理环境、风土人情、人际关系，能够更好地理解当地特殊的政治和文化环境，更容易与当地政府和有关部门沟通和协调，与灾民进行交流。因为当地人员更加了解当地的政治和文化背景。另一方面，也因为一旦他们受过训练，他们可以积极地投身灾后重建，从而增强当地受灾国的应对救灾的能力。雇用当地人员的好处甚至也受到救灾行动者的首肯。首先，雇用外国人员的成本较高。比较本地和外籍员工的成本表明，外籍员工的雇用成本可能会在当地人的 10 倍到 40 倍以上。❹ 因此，无论是红十字会、红新月会还是非政府组织的行

---

❶　See GA Res 65/133（2011），3 March 2011，para 27.

❷　Article 3 of Decree 64/2008/ND－CP on Mobilization, Receipt, Distribution and Use of Sources of Voluntary Donations, and Article 6 of Law no. 11/2008/QH12 on Red Cross Activities.

❸　Government Regulation of the Republic of Indonesia, Number 21 of 28 February 2008 concerning Disaster Management, Article 34.

❹　See Shephard Forman and Rita Parhad, Paying for Essentials: Resources for Humanitarian Assistance, Journal of Humanitarian Assistance, December 1997.

为准则和其他国际指导准则往往将制定当地雇佣制度，尽量雇用当地人员作为一种重要的目标。❶ 第二，通过起用当地人员，可以避开很多法律上的限制，如获得签证和工作许可，承认外国职业资格等。

IDRC 的 IDRL 项目调查显示，有 29% 的受访者（包括 85% 的国际人道主义组织总部）报告在招聘当地员工中遇到问题。❷ 特别是非政府组织在这方面遇到的障碍更多一些，这常常是因为它们缺乏国内法律人格所导致，因为很多受灾国要求外国援助组织必须取得援助国的合法机构的身份。非政府组织还报告了根据受灾国国内法签订有时间限制的劳动合同的有效性问题，因为有的受灾国法律规定签订较短期限的劳动合法不符合法律规定，这对于仅限于相对较短暂的救灾和恢复时期来说可能构成一种救灾障碍。例如，在印度尼西亚，人道主义机构就收到了其关于国内法就业要求的相互矛盾的建议。有些人被告知，根本不允许订立固定期限的合同，另一些人则被建议只有在 7日内向相关部门办理了注册登记才是有效的（否则将会自动转为无固定期限的合同），还有人被告知一至两年期限的聘用合同不适用劳动法。由于这类困惑，许多非政府组织担心如果他们雇用了当地员工，当救灾活动结束而合同未到期时可能就会面临法律上的索赔。❸

除了法律规定上的不规范和冲突，他们还遭遇了如何起草合适的雇用合同的困难，因为他们缺乏国内法律要求方面的信息，或者是因为他们要找到这种要求太耗时、太复杂。最后，在某些情况下，他们感到受灾国国内立法并没有规定聘用雇员的条款和条件，在这种情况下，非政府组织就偏爱用他们自己国家的标准来起草合同。即使联合国组织和国际组织凭借其特权和豁免权，应当能够很大程度上游离于国内劳动法规则之外，但不承认这些特权的国家，在雇用当地人员方面仍然会受到制约。❹

国际文件一般并没有涉及这一问题。目前这一问题只有少数规范

---

❶　Code of Conduct of the International Red Cross and Red Crescent Movementand NGOs in Disaster Relief (1994), at principle 6; Key Factors for Development Relief, Annex 5 Resolutions of the 26th International Conference of the Red Cross and Red Crescent (1995), at para. 5.

❷　See Appendix 3, at 211.

❸　International Federation Indonesia Case Study, at 17.

❹　David Fischer, Law and Legal Issues in International Disaster Response: A Desk Study, International Federation of Red Cross and Red Crescent Societies, Geneva, 2007, p. 120.

性文件提出了建议，《关于在国际援助中使用民防和国防资产（MC-DA）的奥斯陆指南》提供的示范协议（MCDA Model Agreement）和《北约—欧洲—大西洋救灾分队示范协议》（NATO EADRU Model Agreement）提供了重要的指导。它们是为军事人员规定的。两个文件几乎使用了同样的语言，呼吁受灾国接受 MCDA 的行动（或者 EADRU 的国内要素）"可以招募所需要的当地人员"。一经由 MCDA 行动（或 EADRU 国内因素）主席提出请求，接收国政府或者遭受灾害的欧洲—大西洋伙伴关系理事会（EAPC）国政府"就要为招募当地合格的工作人员提供便利……加快这种招募进程"。《奥斯陆指南》进一步规定，除非协定另有规定，"当地招募的 MCDA 行动成员应当享有MCDA 行动内履行职责的官员那样的豁免"❶。

《OCHA 现场行政手册》第三章要求招募国内工作人员的广告应当在当地媒体发布。然而，这一指示并非总被遵守。例如，在缅甸，一方面 OCHA 在一著名的英国报纸上发布了职位需求信息，并在联合国网络上发布；另一方面，所有其他国内职位空缺仅在该国的联合国网络上发布。结果，尽管在报纸上宣布的职位吸引了 77 个候选人，在联合国网络上发布的广告只吸引了 34 人。❷

按照 1997 年 9 月 15 日的第 51/243 号联大决议，联合国机构也可以在例外或临时基础上免费使用人员，只为履行专门职能而不是替代正常人员。这种专门使用在缅甸的行动中就由 OCHA 使用过，通过由9 个国家政府达成了一个谅解备忘录获得备用的合作伙伴。不过，由于不是招募正常人员取代备用伙伴，OCHA 依靠备用伙伴提供的两名人员和一个高级职业官员就领导了 4 月至 10 月期间的 3 个分办公室，而这并不符合甚至违背了联大第 51/243 号决议的意图。❸

---

❶ Model Agreement Covering the Status of MCDA, Annex I to the Oslo Guidelines, para 19; and NATO, Model Agreement Covering the Status of National Elements of the EADRU on Mission on the Territory of a Stricken Nation, para 5（6）.

❷ OIOS, Internal Audit Division, Audit Report, OCHA Operations in Myanmar, 22 September 2009, para 37. Available at: http://usun.state.gov/documents/organization/159811.pdf. Accessed 12 February 2012.

❸ OIOS, Internal Audit Division, Audit Report, OCHA Operations in Myanmar, 22 September 2009, para 36. Available at: http://usun.state.gov/documents/organization/159811.pdf. Accessed 12 February 2012.

3. 银行账户的开立

人道主义国际救灾行动者一旦进入受灾国，如果本来没有当地银行账户，他们就可能面临在受灾国开立银行账户的问题，因为他们是不大可能被允许携带大量现金入境的，这就不得不以个人名义开立私人账户，而这对于接收捐赠国来说一般而言是有问题的。然而，现有的 IDRL 文件基本上都没有直接触及这一问题。❶ 著名的例外是由最近的 2011 年 IFRC 编纂的《示范法》规定了国际救灾行动者及其人员的金融便利问题。它在第 54 条和第 55 条中规定了一系列货币和银行业务的便利内容。特别讲到相关受灾国的部门应当：（1）为合格国际援助行动者所提供的这种资金转运、通过其领土提供便利，只要它们是为救灾和灾后恢复重建所必需的；（2）为合格国际援助者提供的用于救灾和恢复重建的资金兑换为当地货币提供最优惠的汇率；（3）允许合格的国际援助者在受灾国国内银行或国际银行的国内分支机构开设账户。❷

在国内层面，唯一一个提供这类便利的文件就是印度尼西亚的 2011 年指南，这个指南允许援助提供者根据金融法规携带外国印度尼西亚盾（rupiah）进入印度尼西亚或从印度尼西亚离开，按照救灾行动的需要获得法定兑换价值；它还允许外国人员为救灾行动需要开立个人银行账户，但要接受其各自驻印度尼西亚大使馆的检查。❸

4. 双重征税和保险范围问题

在实践中真正涉及在受灾国被征收所得税的情况并不太多。这是因为，一方面，根据前述特权与豁免法，联合国机构及其他国际组织，还有外国外交官员通常是豁免所得税的；另一方面，很多国家、IFRC、某些 NGOs 也与受灾国达成了双边协定保护其国民和工作人员豁免双重征税。这方面的其他例子可以在某些地区性和次地区性组织的章程性文件中找到。例如，《CDEMA 协定》第 27 条规定，请求国应

---

❶ David Fischer, Law and Legal Issues in International Disaster Response: A Desk Study, International Federation of Red Cross and Red Crescent Societies, Geneva, 2007, p. 126.

❷ Model Act for the Facilitation and Regulation of International Disaster Relief and Initial Recovery Assistance (Pilot Version November 2011), Articles 54 and 55.

❸ Guidelines on the Role of the International Organizations and Foreign Non‑Government Organizations During Emergency Response, 2011, Ch. II, D. 1 (e) (f).

当赋予派出国的救灾人员或代表其行动的人员"就其履行职能提供援助来说，免缴税费，就如同按照国际法赋予外交人员的那样"。第 34 条进一步规定，"任何由 CDEMA 向执行主任和人员，向履行 CDEMA 使命的专家支付的薪水和其他报酬，参与国都不得征税"。

但对于那些没有被豁免协定涵盖的救灾人员，仍有可能被征税。据 IFRC 的调查，有 38% 的救灾法调查的受访者表示（包括 32% 的各国红会和 82% 的国际人道主义组织总部）在其行动过程中遭遇税收问题。此外，66% 的政府受访者也指出了在救援活动中遭遇与税务有关的问题。❶

不只是所得税，增值税也被看作灾难急救进口的货物和服务与那些本地购买的货物或服务的一个问题。比如，如果根据受灾国的税法，对外国非政府组织的捐赠可视为应税的组织收入，且可能还会要求非政府组织从其工作人员的薪水中抵扣。实际上，一些国家的确已为国际救灾援助豁免进项税额或其他相似税种，例如：在印度，1994 年的《财政法》第 93 节就赋予了国家政府为了公共利益而减免服务税的权力。在印度的省级机构，2005 年的旁遮普邦增值税法，2005 年的喜马偕尔邦的增值税法，以及 2003 年的哈里亚纳邦增值税法，都是在印度特定地区运用地方增值税立法来帮助受灾难民的典型案例。这一立法为受灾时期运用于救灾和灾后恢复，以及供给 2005 年查谟和克什米尔地震受灾者的物资，提供了减免增值税的优惠。在越南，第 13/2008/QH12 号《增值税法案》（LVAT）第 5 条指定公共基础设施的修复和建设工作，以及出于人道主义援助的住房建设工作作为免税项目。它同样也指定作为人道主义援助而进口的物资，以及对定居越南的个人的捐赠（在政府规定的配额内）为免税项目。在中国，1993 年的《增值税暂行条例》第 16 条也免去了作为援助而从国外政府，或者国际组织进口的物资和设备的增值税。在韩国，1976 的《增值税法》为以下项目提供了免税：未经加工的食品、水、医疗及公共卫生服务设施，来自国外宗教、慈善、救灾或其他公益机构捐赠的物资，以及国外为韩国政府或地方政权捐赠的物资。而且韩国的《企业所得税法》（1998）

---

❶ See David Fischer, Law and Legal Issues in International Disaster Response: A Desk Study, International Federation of Red Cross and Red Crescent Societies, Geneva, 2007, Appendix 3, p. 211.

规定其国内非营利企业，其所得税仅限于某些特定的牟利行为，而国外非盈利企业，也仅需受到某些特定的、利用韩国资源营利活动的所得税的限制。❶

　　对救灾人员的双重征税问题还从来没有成为国际救灾法文件的规制对象，这可能是因为在很大程度上它只涉及非政府组织。非政府组织从未寻求适当考虑过在国际法下他们的国内法律能力问题。不过，最近 IFRC 编纂的《示范法》第七部分系统规定了国际救灾行动者及其人员的所得税、增值税、财产税等豁免问题。比如，就增值税来说，它规定国际援助方提供的国际救灾和灾后初期恢复供应应当免征所有的增值税、服务税和类似税收，关税、征费及政府收费，还应当豁免增值税登记。并且，为了提供这种法律便利，（有关税务当局）应当采取所有切实可行的方法保证本地供应商在为有资格的国际援助方提供物资或服务时不受任何负面的财政或行政影响。就所得税而言，《示范法》第 52 条规定，对国际救灾和灾后初期恢复期间的行动，应当忽略税收的目的，对任何事实上或被视为从这些行动中获得的收益和收入，都不得征收任何税项、关税、征费或具有类似效果的其他政府收费。就财产税，资产税（和其他类似税务），第 33 条规定，在国际救灾和灾后初期恢复期间，不应产生或要求有资格的国际援助方支付与以下有关的税项、关税、征费或具有类似效果的政府收费：a. 如果土地、建筑物或建筑物的任一部分，全部或主要是用于国际救灾和灾后初期恢复的目的；b. 有资格的国际援助方的资产。

　　5. 对救灾人员的安全保障和保险

　　武装冲突情势下的国际救灾人员、货物、设备的安全是经常被讨论的问题，不过，在 IDRL 的调查中，有 39% 的被调查者（包括 30% 的国内红会，43% 的政府，85% 的国际人道主义组织总部）报告说在救灾行动中遭遇过安全问题。这种关切在灾害发生在持续的政治不稳定情势下尤其突出。例如，在索马里，抗旱救灾的努力在很大程度上经常遭到土匪和海盗的袭扰。大规模灾害有时还可能引发民变，尤其是在紧急救灾不及时、不充分的情况下。例如，2007 年 8 月的秘鲁地震后，由于救灾物资提供的迟延就引发了骚乱，抢劫商店和救灾卡车。

---

❶　IFRC Model Law, Article 51 Commennary.

同样，2005 年"卡特里娜"飓风后，新奥尔良也发生目无法纪，抢劫肆虐的情况。甚至在没有普遍的无法无天的情况下，重大救灾行动也会成为刑事犯罪的目标。例如，在热带风暴斯坦袭击危地马拉后，救灾人员就报告称运送援助食品的卡车遭到武力攻击。事实上，国际红十字和红新月会联合会近年来的国际援助显示，他们的代表在高犯罪率的地区比冲突地区越来越多地成为暴力袭击的牺牲品。同样，2005年"卡特里娜"飓风后出现了目无法纪、抢劫毁坏新奥尔良失事船只。即使在普遍目无法纪的情况下，大型救援行动对于犯罪分子仍是一个诱人的目标。例如，在危地马拉斯坦热带风暴后，救援人员提供粮食援助的卡车受到武装袭击。事实上，IFRC 的统计数据表明，近年来，在冲突地区，IFRC 代表更可能成为犯罪高发地区暴力袭击事件的受害者。同样，从 2003 年的一项调查发现，在 39 个国家的救济和发展工人的不同机构中，即使是那些工作在整体很少或根本没有暴力的环境中，仍有超过 15% 的人称由于对轻武器的担心，对他们帮助的受益人有障碍。❶

由此可见，安全方面的问题常常成为困扰国际救灾的一个无法回避的难题。要保证救灾的顺畅和有效性，受灾国有必要对救灾行动及人员提供安全保障。例如，在 2004 年海啸后，印度尼西亚军队就立即强制军事护送一些人道主义行动者。❷ 此外，据报道美国在"卡特里娜"飓风后政府当局下令不许美国红十字会进入新奥尔良，部分是出于安全方面的考虑。❸然而，目前并没有相应的国际法文件要求各国要对国际救灾人员和物资提供安全保障的义务，因此，这种安全保障的提供主要依赖受灾国的国内法规定。虽然多数国家会把袭击他人，抢劫财物规定为违法犯罪行为（这当然也应包括国际人员和物资），但在重

---

❶　David Fischer, Law and Legal Issues in International Disaster Response: A Desk Study, International Federation of Red Cross and Red Crescent Societies, Geneva, 2007, p. 129.

❷　See Jim Gomez, Indonesia Requires Aid Escorts, DESERET NEWS（Jan. 13, 2005）; "Open Letter to President Susilo Bambang Yudhoyono," Human Rights Watch（Jan. 6, 2005）.

❸　See Ann Rodgers, Homeland Security Won't Let Red Cross Deliver Food, PITTSBURGH POST - GAZETTE（Sept. 3, 2005）; CNN Larry King Live, Transcript of Sept. 2, 2005, available at http://transcripts. cnn. com/TRAN - SCRIPTS/0509/02/lkl. 01. html. Authorities Were also Reportedly Concerned that Relief in the City Would Hamper Evacuation Efforts. See American Red Cross, Hurricane Katrina: Why is the Red Cross not in New Orleans?（Sept. 2, 2005）, available at http://www. redcross. org/ faq/0, 1096, 0_ 682_ 4524, 00. html.

大灾害发生时，地方当局的职能往往也会受到严重破坏，在这种情况下，期望受灾地的地方当局能够提供充分的安全保障恐怕也只能是一种奢望了。

按照 IFRC 的初步研究，救灾人员所承担的风险没有保险和医疗保障，这被认为是打击救灾人员履行职责之积极性的最敏感问题之一。● 尽管这一问题重要，但国际上对这一问题的指导基本没有。也有少量例外，《黑海经济合作组织自然或人为灾害情况下的应急援助协定》（BSEC Agreement）规定，援助国有义务向援助队成员提供保险。不过，它也规定，"这些费用应当包含在整个援助账单内"，通常由受灾国补偿。❷ 在某些双边条约中这类问题得到进一步处理。如西班牙和阿根廷之间的协定就规定：应急小组的成员应当保留援助国法律所给予的社会福利和社会保障，即使他们待在请求国期间，而且这些人员应当有权获得所有适当的急救费用补偿，如果保险事故发生在请求国内则由请求国承担费用。❸

而 2000 年《西班牙和俄罗斯政府间关于防灾和灾后援助以减轻灾害后果的协定》第 9 条则聚焦于救灾人员的免费医疗的范围。❹ 芬兰和爱沙尼亚的协定进一步规定，援助方应当根据其立法为救援队保险，而请求国应当偿付这种费用。❺

不过，很少有国际立法实质上确保有足够的措施保障国际救灾人员的健康、残疾和死亡求偿。尤其是对非政府组织来说，很多问题仍然没有解决，包括医疗费用、残疾和丧生上的保险范围参差不齐，获得保险赔偿也越来越难，免责条款常常是模糊且没法完全理解的。十分遗憾的是，IFRC《示范法》对于国际救灾人员的安全和保险问题亦未涉及，不知是起草者的疏漏还是因该问题十分棘手而难以作出具体

---

❶ David Fischer, Law and Legal Issues in International Disaster Response: A Desk Study, International Federation of Red Cross and Red Crescent Societies, Geneva, 2007, p. 130.

❷ 第 13 条。

❸ The 1992 Agreement on Cooperation between the Kingdom of Spain and the Argentine Republic on Disaster Preparedness and Prevention, and Mutual Assistance in the Event of Disasters, Article 19.

❹ See Acuerdo entre el Gobierno del Reino de España y el Gobierno de la Federación de Rusia, Article 9.

❺ See 1996 Agreement between the Government of the Republic of Finland and the Government of the Republic of Estonia on Cooperation and Mutual Assistance in Cases of Accidents, Article 10.

规定。

二、享受特权与豁免的国际救灾主体

对于联合国及其专门机构人员来说，参与国际救灾过程中的法律身份，联合国体制中的特权和豁免权法律可能解决许多最为重要的进入和行动问题。但在实践中，对于国家官员或非政府组织的人员参与跨境救灾的法律地位，是否一律享有联合国官员那样的待遇，则各国国内立法差别很大。

（一）联合国及其专门机构官员

联合国成立之初，人们期望联合国享有会员国国内法所规定的法人地位，以便其能在国际社会及各国国内开展工作。因为这种国内法律人格是国际组织有效管理采购合同、购置财产和能够在国家法院追求私法权利等诸多实际需要的先决条件。《联合国宪章》对这些需要仅作了非常笼统的规定，第104规定："本组织于每一会员国之领土内，应享受于执行其职务及达成其宗旨所必需之法律行为能力。"应当说，在《联合国宪章》通过之时，没有许多法律文书可以作为有意实现的目标的范本。有鉴于此，在联合国成立后不久即谈判通过了《联合国特权和豁免公约》。该公约对有关联合国官员和会员国代表所享特权和豁免做出了详细规定。"法律人格"，并有下列具体的行为能力："（1）订立契约；（2）取得和处分不动产和动产；（3）提起诉讼。"这项规定保证了联合国能够进行受私法支配的日常行为。《公约》有关司法管辖豁免的核心规定载于第2条第2节，即"联合国及其财产和资产，不论位于何处，也不论由何人持有，应豁免各种方式的法律程序，但联合国明示放弃豁免的特定情况不在此限。唯需了解抛弃豁免不适用于任何强制执行措施"。由此保证了联合国享有的"绝对"诉讼豁免。当然，国际上对于这种豁免是否应为绝对豁免也存在争论，有主张豁免仅限于履行职责所必需者。

《联合国专门机构特权和豁免公约》是1947年11月21日联合国大会通过的一项旨在为联合国和专门机构赋予特权和豁免权的公约。截至2015年3月，联合国的193个成员国中已经有161个国家核准了这一公约。该公约赋予联合国专门机构，包括联合国粮农组织，国际民用航空组织，联合国教育、科学及文化组织，世界卫生组织，万国邮政联盟，国际电信联盟，世界气象组织和政府间海事协商组织的代表和资产以特权和豁免权。这个公约主要确立了联合国专门机构如下地位：（1）确立了联合国专门机构的法人地位；（2）联合国专门机构的房产不受侵犯，财产不受搜查、征收和没收等；（3）免除捐税和关税，不受移民禁律限制，享有外汇兑换便利等，专门机构首脑享有外交使节的特权与豁免；（4）通信和邮件享有外交豁免；（5）联合国专门机构的代表、官员和专家享有职能豁免；（6）各国应承认联合国的通行证，等等。

依据这些公约所赋予的联合国及其专门机构的官员的特权和豁免权，基本上可以保证联合国人道主义救援人员能够在灾害请求国内便利地开展与救灾和恢复重建工作有关的工作。

（二）其他国际组织

就国际组织而言，除了联合国及其专门机构和国际原子能机构有专门的公约赋予特权与豁免权外，❶ 所有其他国际和地区性国际组织及其人员都只能从专门针对灾害的法律文件所适用的范围去看能否获得特权和豁免。例如，某些多边公约和协定就是这种情况，如《坦佩雷公约》第5条，《东南亚国家联盟灾害管理与应急协定》第14条以及《美洲国家间便利灾害援助协定》第16条。在很多国家与国际组织（尤其是联合国及其机构）间的双边协定中也可以看到关于特权和豁免权的规定，这些规定通常是基于前述《联合国特权和豁免权公约》和《联合国专门机构特权和豁免权公约》。例如，1983年《泛美卫生组织和苏里南政府在重大自然灾害情况下应急技术合作协议》第8条，1983年《泛美卫生组织和多米尼加政府在重大自然灾害的情况下紧急技术合作协定》第8条，也可以从南斯拉夫联邦共和国与国际移民组织间的协定，印度尼西亚与联合国、联合国儿童基金会以及世界卫生组织间的协定，斐济与联合国、联合国儿童基金会和联合国发展规划署间的协定，柬埔寨与世界卫生组织、联合国发展规划署，老挝与联合国发展规划署、世界粮食计划署，乌干达与世界粮食计划署、

---

❶ 1946 Convention on the Privileges and Immunities of the United Nations; 1947 Convention on the Privileges and Immunities of the Specialized Agencies; and 1959 Agreement on the Privileges and Immunities of the International Atomic Energy Agency.

联合国发展规划署、联合国儿童基金会间的协定中的相关条款所证明。❶

　　2005 年《联合国及其相关人员安全公约任择议定书》也属于这一主题。其第 7 条规定了主办联合国活动的国家有义务保护联合国人员及其财产。这一公约只适用于专门的活动和某些类别的人员。尤其这些行动应是为了维护或恢复国际和平和安全性质（即维和行动），或者其他安理会或联合国大会宣布的其他行动，因为在这些行动中参与行动的人员的安全方面存在异常风险（第 1 条）。任择议定书于 2010 年 8 月 19 日生效，它只会影响到那些公约的缔约方或潜在的缔约方，把"行动"的范围扩大到了下列未宣布的风险：（1）在和平建设中给予人道主义的、政治的或者部署援助；（2）给予紧急的人道主义援助（Article，para 1）结果，这就使公约可适用于大量联合国及其相关人员的人道主义援助行动。尤其是规定了东道国应当提供下列法律保护的公约中：（1）一旦与联合国订立了专门协定授予行动中的军事和警察人员以特权和豁免权（第 5 条）；（2）为顺利地转运联合国及其相关人员、其设备到东道国或者从东道国运出来（第 6 条）；（3）确保联合国及其相关人员的安全（第 7 条）。由于重大灾害的国际救援可能纳入人道主义行动中，以及存在着在国内发生政治和武装冲突的地区同时也发生了重大灾害的情形，因此，这一公约也有可能适用于联合国人员。

　　上述条约所规定的国际组织人员所享有的特权和豁免权的范围有多大，是应当给予绝对豁免还是限制豁免呢？国际法上对于给予国际组织官员特权与豁免权的理论根据有代表说、职能必要说、组织独立说和公平受益说等主张。多数学者认为，把国际组织的特权与豁免建立在其履行职能的基础上是正确的，但以其请求特权与豁免的内容是

---

　　❶ The 1994 Agreement between the Federal Republic of Yugoslavia and the International Organization for Migration on the Privileges and Immunities of this Organization；IFRC, Fiji：Laws, Policies, Planning and Practices on International Disaster Response, 2005, p. 7；IFRC, Indonesia：Laws, Policies, Planning and Practices on International Disaster Response, 2005, p. 8；IFRC, Legal Preparedness for Responding to Disasters and Communicable Disease Emergencies：Study Report—Cambodia, 2009, p. 52；IFRC, Legal Preparedness for Responding to Disasters and Communicable Disease Emergencies：Study Report—Lao PDR, 2009, p. 75；IFRC, International Disaster Response Law (IDRL) in Uganda, 2011, p. 38.

否属于职能范围内来决定是否授予特权与豁免则又往往会给争议方侵犯国际组织及其职员利益以机会，这会侵犯国际组织履行其职能的相对独立性。许多法庭的实践也注意到这一点，在一个对世界银行提起诉讼的案件中，美国上诉法院认为给予国际组织豁免权是为了使国际组织更有效地履行职能尤其是为了使国际组织不受有关国家的控制。在一起诉欧洲复兴开发银行的案件中法庭认为国际组织享有司法豁免权的依据是为了实现组织的宗旨，保持组织的独立性和中立性以免受到东道国的影响或控制，同时也是为了通过其代表不受干涉地履行其职能。❶ 当然这并不妨碍对国际组织的职员的一些行为不给予特权与豁免。❷ 就国际救灾而言，给予国际组织及其救灾人员以特权和豁免应仅限于从事跨境救灾相关的事务。如果从事的是与救灾和恢复重建无关之事务则不应享有特权和豁免。而为了防止受援助请求国有意通过狭义解释救灾职能的可能而限制跨境救灾行动者的自由，对于"与跨境救灾及恢复重建有关的事务"应作广义解释为好。

（三）援助国政府官员

双边条约。只有少数双边条约特别提到了政府官员的特权与豁免问题。例如，1947 年美国和旧中国政府达成的协定就把参与救灾行动的人员等同于美国在华的外交人员，❸ 还有 1996 年美国和白俄罗斯间根据 1961 年维也纳外交关系公约给予行政和技术工作人员待遇的协定。❹ 除了这些少数的协定外，多数双边条约和协定都只规定了政府官员享有与特权与豁免权类似的待遇，如豁免标准的移民限制，工作许可的规则，或者豁免救灾援助请求国行政的、民事的和刑事的管辖等。这方面的例子，如 1989 年《丹麦王国和联邦德国间在灾害或重大事故中相互援助的协定》第 4、5、9 条；1989 年《法兰西共和国政府和瑞士联邦委员会在灾害或严重事故情况下相互援助的协定》第 6、7、11、12 条，2000 年《西班牙王国政府和俄罗斯联邦政府关于防灾

---

❶ M. N. Shaw, International Law, Cambridge Press, 1997. p. 925.

❷ 赵岩：《国际组织特权与豁免的理论依据》，载马歇尔的博客 http：//blog. sina. com. cn/s/blog_ 4c7c1f2e010008 f7. html，2015 年 3 月 3 日访问。

❸ 1947 Agreement Concerning the United States Relief Assistance to the Chinese People (withExchange of Notes), Article 5.

❹ 1996 Agreement between the Government of the United States of America and the Government Republic of Belarus Regarding Co - operation to Facilitate the Provision of Assistance, Article 2.

减灾及灾后互助合作的协定》第 10 - 12 条, 1992 年《西班牙王国和阿根廷共和国备灾、防灾和灾害情况下相互援助的协定》第 19 条等。

多边条约。在某些与救灾行动直接相关的多边条约中也包含特权与豁免权的规定, 这既有全球性的也有地区性的条约。在某些情况下, 这些文件还规定了详细的条款, 包括明确的如何识别享有这种特权或豁免的主体, 他们有义务尊重接收国法律的义务等。例如, 1986 年《核援助公约》和 1998 年《坦佩雷公约》就规定了一个未穷尽列明这类权利的清单。这些权利包括: 免于逮捕、拘押和法律程序的权利; 免于征收赋税和其他费用的权利; 豁免拿捕、财产扣押或征收设备、材料和财产的权利。❶ 其他文件, 如 2000 年《民防援助框架公约》, 在地区层面如 1963 年《北欧共同紧急援助协定》、2007 年《中美洲灾害预防中心协定》等, 都把特权与豁免权的规定限于允许援助组织履行其职能的一般原则。❷ 2008 年新的《加勒比应急管理局协定》开始让各成员国授予财政和海关利益, 在自愿基础上根据国际法和国内立法授予组织及其人员外交特权和豁免。❸ 最后, 有些地区性公约, 如 2005 年《东南亚国家联盟灾害管理与应急协定》、1991 年《美洲国家间便利灾害援助公约》, 都只根据接收国国内法授予援助国的政府官员以豁免和便利。❹

（四）非政府组织

政府间国际组织所享有的特权和豁免, 也授予了像国际红十字会

---

❶ 1986 Convention on Assistance in the Case of a Nuclear Accident or Radiological Emergency, Article 8; 1998 Tampere Convention on the Provision of Telecommunication Resources for Disaster Mitigation and Relief Operations, Articles 5 and 9 (5). At the regional level, see 1991 Agreement Establishing the Caribbean Disaster Emergency Response Agency (CDERA), Article 21; and 2008 Agreement Establishing the Caribbean Disaster Emergency Management Agency (CDEMA), Article 27.

❷ 2000 Framework Convention on Civil Defence Assistance, Article 4 (a) (5); 1963 NordicMutual Assistance Agreement in Connection with Radiation Accidents, Article 6; and 2007 Nuevo-Convenio Constitutivo del Centro de Coordinación para la Prevención de los Desastres Naturalesen América Central (CEPREDENAC), Article 15.

❸ Nuevo Convenio Constitutivo del Centro de Coordinación para la Prevención de los DesastresNaturales en América Central, Article 15; and Agreement Establishing the Caribbean Disaster Emergency Management Agency, Articles 30 - 34.

❹ 2005 ASEAN Agreement on Disaster Management and Emergency Response (AADMER), Articles 1, 14 and 17; 1991 Inter - American Convention to Facilitate Disaster Assistance, Articles 4 and 16.

及其国际联合会这样的非政府组织，这是因为它们所担负的独特国际使命、其独特的构成以及得到了《日内瓦公约》及其附加议定书的承认。虽然在法律意义上它们并不是政府间组织，但它们与多数国家政府都签订了一系列法律地位协定以保障其履行人道主义职能，包括那些与救灾有关的行动。授予它们特权和豁免的模式也是模仿 1947 年《联合国专门机构特权和豁免公约》。例如，在与柬埔寨所签订的法律地位协定中就规定，委派的人员"及其配偶以及不超过 18 名依赖其生活的亲属应当豁免移民限制和侨民注册的限制"。它还进一步赋予该组织自由地"在柬埔寨领土上执行与人道主义使命所必要的行动"，赋予委任的代表自由流动和旅行的权利。❶

对于一般的非政府组织及其人员，就没有 IFRC 这样幸运了。众所周知，根据国际法他们通常并不享有特权和豁免权。不过，有些救灾国际文件也被解释为特权和豁免权的主体包括非政府组织及其人员。这方面的主要例子体现为《坦佩雷公约》第 5 条和《东南亚国家联盟灾害管理与应急协定》（AADMER）第 14 条，因为后者把"援助实体"界定为除了国家、国际组织外，还包括"任何其他向接收方提供援助的实体和人员，或者灾害管理情况下的请求方"。其他公约，如《美洲国家间便利救灾援助的公约》明确规定，非政府组织应当享有公约的保护。不过，无论是 AADMER 还是《美洲国家间便利救灾援助的公约》都有地理上的适用范围，仅适用于公约缔约国领土范围内的救灾。而《坦佩雷公约》虽然具有全球性质，但也具有专门性，其重要性不应给予过高估价。除了这种少量公约赋予一般非政府组织以特权和豁免，大部分非政府组织以及个人要进入受灾国救灾，都需要与受灾国进行个别商谈，面临大量的行政程序、民事法律地位上的困境，甚至根本被拒绝入境。

因此，总体而言由于国际救灾主体的属人和实体范围的限制，目前的国际组织特权和豁免法并不足以保护救灾人员，因此需要由其他

❶ Agreement between the Government of the Kingdom of Cambodia and the International Conference of the Red Cross and Red Crescent Societies (1994), Articles 2 (1), 9 (1) (c), and (h). 其他更多有类似规定的条约，可参见 IFRC, Nepal: Laws, Policies, Planning and Practices on International Disaster Response, 2005, p. 7; IFRC, Fiji: Laws, Policies, Planning and Practices on International Disaster Response, 2005, p. 9。

法律便利加以补充，这些法律便利要能够适应国际救灾行动者及其人员的需要。多数这些便利包括进了很多被称为国际救灾法的国际文件中，它们构成了下一部分分析的法律基础。

三、国际救灾法专门文件赋予国际救灾主体的法律地位

（一）硬法：条约和协定

入境便利措施被并入了各种多边或全球性的救灾专门协定中，如1986年《在核事故或放射性紧急事件情况下的援助公约》第8－9条，1992年《工业事故跨境影响的条约》第6条和附件X"根据第12条的相互援助"，1990年《国际油污防备、应对及合作公约》第7条，2000年《对危险和有毒物质造成的污染事故的防范、应对与合作的条约》第5条，《民防援助框架条约》第4条以及《为救灾行动提供电信资源的坦佩雷公约》第9条。不过，这些条约存在两个方面的缺陷：一是只适用于协定所针对的专门问题领域，二是多数协定还没有得到广泛核准。例如，《民防援助框架公约》只有26个缔约方，❶《工业事故跨境影响的公约》只有40个缔约方，❷《坦佩雷公约》则只有43个缔约方。❸

在大量地区性和次区域性组织网络中也能看到其他便利救灾人员开展工作的措施，如2008年《建立加勒比灾害应急管理机构的协定》（CDEMA）第27－28条，2005年《东南亚国家聪明灾害管理和应急协定》（AADMER）第13条和1991年《美洲国家间便利灾害援助的公约》第7条。尤其是后者，不仅规定了允许援助国人员进入、转运和离开受灾国的一般义务，而且还专门规定了每个缔约国还"应当根据其法律向这些人员提供必要的文书、设备"。根据AADMER第12－14条及其相关的《标准行动程序》（SASOP），受灾国按照其国内法律法规，要与新成立的人道主义援助中心（AHA Centre）合作，在未来的程序安排上提供海关、移民和检疫（CIQ）程序上的便利。❹

---

❶ See at：http：//www. icdo. org/files/states－party. pdf. Accessed 22 February 2012.

❷ See at：http：//live. unece. org/env/teia/parties. html. Accessed 22 February 2012.

❸ See at：http：//www. itu. int/ITU－D/emergencytelecoms/tampere. html. Accessed 22 February 2012.

❹ See Standard Operating Procedure for Regional Standby Arrangements and Coordination of Joint Disaster Relief and Emergency Response Operations（SASOP），and ANNEX K "Form 5," ASEAN Secretariat，November 2009.

在某些并不与灾害直接相关的文件中也包含了救灾人员进入受灾国的便利措施。例如，2009 年《非盟保护和援助非洲内的国内流离失所者公约》就让各签字国准备协调好国际救灾，"快速畅通地把救灾人员派给流离失所者"，包括因灾害所导致的流离失所者。❶

大量双边条约也谈到了便利人员入境的问题。2007 年联合国秘书长备忘录就列举了 1947—2002 年间接近 103 个国家间的双边条约和 33 个国家与国际组织间的条约，其中很多条约是欧盟成员国之间缔结的。❷ 在几乎所有这些条约中，都要求缔约方采取一切必要措施便利个人或集体的进入、停留和流动，有义务通知受灾国领土上的人员，向参与救灾队伍的领导者提供官方文件证明其地位、单位类型以及队员的名字。❸ 多数条约还进一步反映了一个普遍意图，即确保过境手续最简单化，包括豁免应急人员的护照和签证手续。❹ 例如，2004 年奥地利—约旦协定就在第 5 条第 2 款规定，缔约方应当"把边境手续降低到绝对最低的限度"，而且在向请求国提供援助期间不要求救灾团队的成员要有签证或居留许可。

（二）软法：宣言、决议、指南、示范法等

在当今普遍性的国际救灾硬法不发达的情况下，许多人道主义国际组织试图通过制定大量的指南、示范法、行动守则等来指导人道主义救灾行动。联合国等国际组织也通过了一系列决议或宣言等倡议性文件来推动跨境救灾领域的规范行为。这些规范虽然不像硬法那样具有法律约束力，但它们的作用同样不容忽视。因为在当代国际法的发展中，大量国际文件如果对同一问题给出了类似的规则，很可能会因国际共识的形成而产生习惯国际法规则。❺ 红十字会国际委员会也通过这种方式而进行了习惯国际人道法的编纂。❻ 因此，考察这方面的

---

❶ 2009 African Union Convention for the Protection and Assistance of Internally Displaced Persons in Africa（Kampala Convention），Article 5（7）.

❷ IFRC, Analysis of Law in the European Union Pertaining to Cross – border Disaster Relief, Annex 3, 2010. 其中至少列举了欧盟成员国之间的 33 个双边协定。

❸ 如 2004 年《奥地利共和国和约旦王国在灾害和严重事故情况下相互援助的协定》；1998 年《法国和马来西亚间灾害预防、管理及民防合作的协定》第 9 条第 3 款；2000 年《希腊共和国政府和俄罗斯联邦政府在预防与应对自然和人为灾害领域合作的协定》第 9 条。

❹ 1987 年《法国和瑞士在灾害和严重事故情况下相互援助的协定》第 6 条第 1 款。

❺ 姜世波："论速成习惯国际法"，载《学习与探索》2009 年第 1 期。

❻ 让—马里·亨克茨等：《习惯国际人道法》，法律出版社 2007 年版。

国际规范性文件亦有助于为未来有约束力的法律文件的制定提供借鉴。

首先，在国际机构的决议或宣言方面。联合国大会 1991 年第 46/182 号决议就呼吁无论是受灾国还是运输国都要为人道主义组织和人员进入受灾国提供便利；同样，2002 年第 57/150 号联大决议也呼吁各国"为国际城市搜救队的入境、转运、停留和离开适当简化或减少海关和行政程序"。❶ 自 20 世纪 80 年代初以来，提供便利措施的要求还体现在由人道主义团体和专家所制定的指南、示范法和行动守则中。我们在第一章所提到的指南、示范法和行动守则中，几乎都包含了便利人道主义组织和人员入境的规则。如由联合国国际法协会（ILA）第 59 届会议通过的《关于人道主义行动标准的协议草案的特别报告》❷、联合国培训与研究院（UNITAR）编纂的《救灾行动示范规则》❸、马克斯—普朗克比较公法与国际法研究院编辑的《人道主义援助国际指南》❹ 等示范法和指南。2003 年国际法研究院（Institut de Droit International, IDI）通过了一个被称为《提供人道主义援助的决议》，其中除了像其他便利救灾的国际文件中建议"各国应当向其他国家和组织提供的人道主义援助在组织、提供和分派方面提供便利。除了其他方面，应提供飞越权和着陆权，提供通信设施和必要的豁免。人道主义援助任务应豁免征用、进出口和转口限制，对救灾物资和服务豁免关税"以外，也谈道："当要求签证或其他授权时，这些就应当立即免费地给予"，而且还讲到："国家应通过制定法律法规，缔结双边或多边条约提供上述便利。"❺

1996 年由红十字与红新月国际联合会和红十字国际委员会共同准备的《国际红十字与红新月运动和非政府组织灾害救济行为守则》给

---

❶　UN General Assembly Res. 46/182 of 1991, paras 6 – 7; and UN General Assembly Res. 57/150 of 2002, para 3.

❷　International Law Association, Report of the Fifty – Ninth Conference Held at Belgrade, August 17th, 1980 to August 23rd, 1980, "Rapportspécial sur un projet d'accord – type relative aux action de secours humanitaires" (hereinafter "ILA Draft Model"). pp. 520 – 527.

❸　United Nations Institute for Training and Research, Model Rules for Disaster Relief Operations, New York, UNITAR, 1982.

❹　P. Macalister – Smith, International Guidelines on Humanitarian Assistance, Max Planck Institute for Comparative Public Law and International Law, Heidelberg, 1991, para 20.

❺　Institute of International Law, Resolution on Humanitarian Assistance, Bruges Session, September 2, 2003, VII. 1. 2.

受灾害影响国政府的建议中也指出："当事国政府应允许非政府人道机构迅速接近灾害受害者，如果非政府人道机构能够在完全遵循它们的人道原则的情况下开展行动，那么它们应被允许迅速地且公正地接近灾害受害者，以便使它们能够提供人道援助。在行使主权职责的时候，当事国政府有义务不阻碍此类援助，并有义务接受非政府人道机构实施的公正且无政治意义的行动。当事国政府应该允许援助人员迅速入境，这主要通过放弃对通行的条件要求、出入境签证或者是通过安排迅速地给予这样的许可的方式来实现。在紧急救援期间，各国政府应给予运送国际救援物资和人员的飞机以过境飞行和着陆的许可。"❶

具有重要影响，多次受到联合国大会推荐的《IDRL 指南》其目的是帮助各国为接受国际救灾援助做好法律准备，促进各国强化国际灾害救援和初期重建援助的立法、政策和体制框架，为各国政府提供一些最低标准的法律原则，以协助各国政府和人道救援组织开展工作。并希望这些原则的运用能提高国际灾难救援和初步重建援助的质量和效率，更好地服务于受灾人群。❷ 该指南对于国际救灾组织和人员的入境问题，也规定了基本要求。例如，在"定义"条款中将救灾"人员"界定为是指提供灾害救援和初期重建援助的工作人员和志愿者。定义"人道救援组织"是指外国或国际非国有的非营利性团体，其任务和活动主要集中在人道救助，重建或发展。第 16 条规定："对于援助人员，各国应在救灾行动中，免除或大大加快办理多次入出境签证和任何必要的工作许可，免除手续费，并可在当地续签；暂时承认援助人员的外国医学学历、建筑师、工程师资质、驾驶执照和其他类型的许可证，以便加速援助人员的工作进程；允许援助人员的自由进入和自由活动。原产国和过境国同样应免除或加速办理援助人员的出境或者过境签证。援助国家和符合条件的援助人道组织应考虑引进当地

❶ 红十字与红新月国际联合会和红十字国际委员会：《国际红十字与红新月运动和非政府组织灾害救济行为守则》，附件 1：给受灾害影响国政府的建议，参见 https：//www.icrc.org/chi/resources/documents/misc/code – of – conduct – 290296.htm，2015 年 3 月 6 日访问。

❷ 《国际灾难救援和初期重建援助的国内协调及管理指南》（国内亦有译为《国内便利和管理国际救灾和初期恢复援助工作导则》）第 1 条第 3 款，参见 http：//www.redcross.org.cn/hhzh/zh/hxyw/gjrdjz/200806/t20080623_ 760.html，2015 年 3 月 6 日访问。

工作人员开展救灾和初期重建。"

IFRC《示范法》鼓励各国要么使用救灾人员签证，除非是为了国家安全或公共卫生和安全的考虑可以禁止入境，要么实行救灾人员签证弃权（第25条的两个选择），而不是给予旅行签证。在救灾期间，这种入境签证应当在国际人员一进入受灾国港口或机场时就签发给国际人员，在最初3个月内不收取任何费用，6个月要更新一次。救灾期间结束但在"国际最初恢复重建期间"，只要在旅行前向适当的大使馆申请就应当签发，而且大使馆应当在指定的时间内签发。❶

然而，从国际法视角来说，所有这些由专家或人道主义组织制定的文件中最妨碍其效力的因素就是它们都属于软法。换句话说，它们还不是发育完全的国际法规则，相反只能解释为一种行为守则，这些守则并不具有法律约束力，还不能在法院得到强制执行。例如，为了维护IDRL Guidelines的适用，联合国大会通过了四个决议鼓励各国通过考虑这些指南加强其救灾法律和制度框架。❷

四、国内规制的发展❸

根据IDRL指南第V部分第16节的指导，许多国家在最近的几年里修订了国内法，制定了专门的救灾和恢复重建人员的快速、免费的签证程序。

2008年，印度尼西亚成为基于IDRL Guidelines进行立法改革的第一个国家。印度尼西亚政府第21号法令规定，外国灾害管理援助人员在移民事务方面应当很容易获得，如加快签证过程、提供签证服务、入境许可、有限的停留许可（不超过救灾期就行）、出境许可等。

同样，在巴拿马，一个新的移民执行令也于2008年8月颁布，其中包括了一个国际人道主义救援人员签证的特殊类别，这类人是"代表政府机构或者知名的非政府组织入境的"。他们将豁免所有2008年

---

❶　Model Act for the Facilitation and Regulation of International Disaster Relief and Initial Recovery Assistance（Pilot Version November 2011）.

❷　Un General Assembly resolutions 63/137, December 11, 2008, para 6; 63/139, December 11, 2008, para 8; 63/141, December 11, 2008, para 5; and 64/251, January 22, 2010, para 7.

❸　Commentary of Model Act for the Facilitation and Regulation of International Disaster Relief and Initial Recovery Assistance（Pilot Version November 2011）, V. Section 7.

2月22日发布的第3号法令第17条和第28条的旅行签证要求，只要有外交部的一封证明国际机构履行的援助类型和期限的信函即可。

其他变化出现在新西兰。2009年，新西兰民防和应急管理部运用IDRL Guidelines为"国际援助单元"（International Assistance Cell）制定了一套运行程序标准，以协调和便利国际救灾。在哥伦比亚，法律要求"对得到国际机构支持志愿者、工人或非政府组织人员，对为了履行社会福利工作、照看、检验、观察或人道主义援助的外交使命的人"，给予特别的临时签证。最后，无论是最近起草的2011年《阿富汗国家备灾法》还是《阿富汗民保法》都规定了快速签发人道主义人员签证的制度。

还有其他国家放弃签证要求。按照2010年生效的挪威新移民法案第11节的规定，即便在法案第10节规定的条件（申根签证）不能满足的情况下，当有人道主义需要、国家考量或者国际义务时，也可以签发不超过3个月的签证。在墨西哥，按照《民事保护》的一般法律，对于国际救灾人员也放弃签证要求。巴勒斯坦在最近的灾难中也采纳了临时放弃签证的要求（Sect. 23.3）。此外，有些国家没有采取专门规定的做法但似乎多多少少也通过国内一般法律规定了足够的程序加快外国救灾人员的入境。例如，在乌干达，根据现有立法并没有加快签证或放弃签证的规定，但按照移民官员的做法，这是没有必要的，因为在入境港站获得签证所花时间通常不超过10分钟。在危地马拉，不属于联合国的国际组织人员也不属于某一外国国家的人员一直都能获得长期签证；在其他情况下，国际救灾人员（尤其是来自未注册的非政府组织的人员），都被允许不用签证或者持有长期旅行签证就可以入境。例如在老挝，非政府组织常常使用旅行签证（在任何老挝境外的领事馆或大使馆都可以在填写一个简易的表格，提交两张身份照片后就可以在不到一周内获得）避开冗长的程序和迟延：一旦进入其领土，他们就开始把旅行签证改变为一个礼遇签证。不过，这在技术上并不允许在该国工作。进而言之，签证的更新程序是耗时的。

在欧盟，根据申根协定，欧盟公民允许在欧盟内自由流动，不需要签证或工作许可。另外，允许各成员国豁免非欧盟成员国的救灾人员的签证要求，或者在发生国内紧急情况时豁免申根签证程序。

不过，最近由IFRC所进行的一项分析表明，有几个欧盟国家不愿意行使这种自由裁量权，相反通过双边协定的方式来规定入境安排，根据伙伴国的不同情况规定了不同的手续要求。既没有自由裁量地给予豁免也没有采用双边或多边安排的情况下，似乎就需要根据其国内法规定特别程序，这就是个案处理了。例如，在保加利亚，它还不是完全的申根协定成员国，它就规定了一个较短的程序允许应急救援队一进入边境不用提前向领事代表申请就可以获得签证（一次过境签证有效期 36 小时，短期停留最多 15 天）。相比之下，荷兰则只要有外交部的决定，就可以对非欧盟国家的救灾人员豁免签证要求。

五、涉及军方人员的特别规定

在过去几十年里，外国军事财产（例如，由外国政府在受灾国同意的情况下提供的具有军事性质的人员、设备和服务）在支持国际救灾行动正发挥着越来越重要的作用。❶ 例如，在对海地大地震的国际救灾行动中，26 个国家提供了巨额军事财产，包括野战医院、军队、军用飞机、医疗船、货船、港口装卸设备以及直升机等。❷ 从这一视角看，不仅军民协调一直是救灾行动至关重要的一部分，而且关于军事人员的法律地位也成为十分重要的问题。

作为一般规则，军事资产应当由联合国人道主义机构作为最后诉诸的手段，即只有在必要时间内没有任何其他民事选择的情况下为支持紧急人道主义需要才会采用，且强调应当取得受灾国的同意。❸ 动用军事力量和资产无疑比民事响应机制具有时间和有效性方面的比较优势，军队的组织性和训练有素使动员变得快速而有效，但从国际法立场上看，军事力量和资产在受灾国内的法律地位问题目前还没有明确的令人满意的规则来调整。尤其是很多人道主义协会尖锐批评，因为军事力量的存在往往容易与政治挂钩，部署军事力量和资产是因为

---

❶ General Assembly GA/111, Adopting Text on Bolstering Effectiveness of Military, Civil Assetsin Disaster Response, Sixty – fifth General Assembly Plenary, 107th Meeting (AM), July 1, 2011.

❷ Abhijit Bhattacharjee & Roberta Lossio, Evaluation of OCHA Response to the Haiti Earthquake. Final Report, 31 Jan 2011, http: //ochanet. unocha. org, p. 29.

❸ General Assembly GA/111, Adopting Text on Bolstering Effectiveness of Military, Civil Assets in Disaster Response, Sixty – fifth General Assembly Plenary, 107th Meeting (AM), July 1, 2011, para. 1.

它实质上关心的是国家权力，从而可能会对公正、中立的人道主义基本原则构成挑战，而这些基本原则是救灾行动中的普遍共识。

考虑到国家安全问题，很多国家一般说来都不情愿接受外国军事行动者参与救灾，但也有一些国家通过签署《军队地位协定》或其他邀请外国军队的双边或多边条约的方式接受外国军事力量和资产参与救灾。例如，在澳大利亚，与澳签订《军队地位协定》的国家、亚太地区武装力量的成员国、英联邦成员国和外国海军成员国被共同授予特殊目的签证。结果，他们可以不用个别签证就可以进入澳大利亚，只要他们携带了身份证和调动命令就行。对于海军人员，只要他们所乘坐的船上获得适当授权能进入澳大利亚就行。❶

在全球层面，这一方面最主要的规范性文件是《在救灾中使用外国军用和民防资产的奥斯陆指南》，它一般性地呼吁受灾国应为部署军用和民防资产（MCDA）提供便利，确保放弃签证要求，能自由进入灾区，承认有关证书。❷

《奥斯陆指南》尤其区分了各个联合国的 MCDA 人员和外国国家的 MCDA 人员。基于《联合国宪章》第105条，联合国 MCDA 人员在应联合国 OCHA 的要求部署时应按照 1946 年《联合国特权与豁免公约》第6条授予联合国使命专家地位，并享有相关权利和义务。而对于外国国家的 MCDA，《奥斯陆指南》认为，多数这类人员在自然灾害下的动员和部署是根据双边的或者地区性协定或联盟协定。这些协定的主要任务就是授予军事资产更多特别便利措施，确定国际军队在每一其他国家领土以及与该国国家机构合作的作用。如果没有缔结这种协定，则建议采取双边行动的国家应利用指南的附件 1 所阐明的《MCDA 地位示范协定》。

就其所推荐的《示范协定》来看，很大程度上是基于《北约协定》和《驻韩美军地位协定》制定的。❸ 在这两个文件中，各成员豁

---

❶ IFRC, Legal Preparedness for International Disaster Response in Australia—Laws, Policies, Planning and Practices, 2010.

❷ 2006 Guidelines on the Use of Foreign Military and Civil Defence Assets in Disaster Relief, (Revision 1. 1 November 2007), Article 60.

❸ 1951 Agreement between the Parties to the North Atlantic Treaty Regarding the Status of Their Forces, Article 3 (1).

免护照和签证规制，豁免接受国对外国人登记、控制入境和离境移民检查，但不得要求任何永久居留或设立住所的权利。为便于进出，MCDA 的成员、两协定下的成员都应当根据要求提供由派遣国签发的个人身份证，提供由行动司令签发的或者由他授权签发的个人或集体调动命令。❶ 同样的用语也出现在《北约 EADRU 示范协定》中。❷ 关于军事人员的行动权利，《MCDA 示范协定》和《北约 EADRU 示范协定》都规定受灾国应当接受有效的由 MCDA 行动司令或 EADRU 国内代表（National Element of the EADRU）所提供的技术和职业资格证件，不收取税费。❸ 就此而言，NATO SOFA 界定得更狭窄一些，它仅规定了接收国有义务接受派遣国签发的驾驶证照，不用进行驾驶考试和收费。❹

由上不难看出，地区性的便利军民资产和能力跨境救灾的规定标准极不一致，更好的办法是统一区域性乃至全球性的标准，通过缔结地区性和次地区层面的合作协定，在这方面，较为成功的典型是东南亚国家联盟。基于 AADMER，东南亚国家联盟制定了一系列程序部署军用资产，包括识别军事人员、相关官员和车辆标识；与请求国和接收国协调，军事人员尊重国内法律法规的义务，以及接收国、请求国尽可能提供当地便利和服务以适当和有效地实施援助。❺

结 论

IDRL 被描述 为一个"过于分散的、异质的文件的总汇"。尤其是正如我们所见，它有大量的漏洞和弱点，影响着它解决诸多官僚局限的能力，这些官僚主义程式限制了应急人员进入受灾国领土执行其职能。

---

❶ 1951 Agreement between the Parties to the North Atlantic Treaty Regarding the Status of Their Forces, Article 3 (2); and Model Agreement Covering the Status of MCDA, Annex I to the Oslo Guidelines, para 30.

❷ Model Agreement Covering the Status of National Elements of the EADRU on Mission on the Territory of a Stricken Nation, Article 6 (8).

❸ Model Agreement Covering the Status of MCDA, Annex I to the Oslo Guidelines, para 35; Model Agreement Covering the Status of National Elements of the EADRU on Mission on the Territory of a Stricken Nation, Article 6 (14).

❹ 1951 Agreement between the Parties to the North Atlantic Treaty Regarding the Status of Their Forces, Article 4.

❺ See Standard Operating Procedure for Regional Standby Arrangements and Coordination of Joint Disaster Relief and Emergency Response Operations (SASOP), section 6, 26.

最妨碍国际法起草一部综合性的法律框架解决救灾人员权利和义务问题的因素是接受国因自然附从于其主权权力而对规范外国人和外国组织进入其领土享有排他的权力。就此来看，保护国家的尊严、自以为自己能够应对灾害，不信任国际援助的动机，担心国际行动者篡夺了政府的救灾主导权，这些只是居于幕后让受灾国政府决定限制救灾行动一部分原因。

正如我们已经看到的，一旦被接受国视为有效的援助者，援助人员的特殊权利就主要是以条约中的特殊约定为基础了；在条约以外，援助国、国际组织、非政府组织必须尊重接受国的权利。不过，除了一个领域（即入境签证要求）常常是由条约来加以调整外，其他明显可识别的领域这些协定并没有充分调整或者完全被忽略了。这引起领域包括：工作许可；外国职业资格的法律承认；承认非政府组织的国内法律人格；当地人员雇用的规则；银行开户和救灾人员的保险范围；双重征税问题和救灾人员的自由流动。所有这些领域，不同的规则取决于所涉及的特定国家，特定援助人员的国籍，他们的雇主的国际地位，以及他们最初的旅行来自何国等。

过去几十年的经验清楚地表明，多数人道主义组织及其人员在获得法律和行政便利方面的最重要成就是通过地区或次地区层面的多边努力取得的，在这里各缔约方大多数习惯了相互支持。欧盟和东南亚国家联盟参与的救灾行动肯定代表了这方面最成功的实践。国内法规则的强化则深刻地受到了 IDRL Guidelines 或其最近的示范法的影响。不过，只有有限数量的国家在过去几年根据 IDRL Guidelines 修改了国内法，多数国家只是设立了一些对救灾人员加快或免费签证程序的规定。就此方面看，似乎联合国安理会和联合国大会自上而下地对各国持续施加一些压力是十分重要的，不只是核准相关的全球公约，而且要有效保证人道主义组织及其人员在国内法律法规上的权利。

第七章 国际救灾援助的
请求和终止

尽管人类对国际重大灾害的应对和援助已经拥有一百多年的经验了，但救灾的启动过程依然充满着种种难题，尤其是在应对那些突如其来的灾难上。众所周知，对于突如其来的重大灾害，灾害响应的时效性直接事关救灾的效果，无可否认，国际救灾的有效性与所能提供的救济的速度密切相关。当我们衡量救灾的速度和效率时，总要有一个判断和衡量的起点，这个起点帮助我们衡量对灾害反应的及时与否，即救灾响应应从何时开始。随之而来的是，由于灾害响应首先是灾害发生国的义务，人们普遍承认，灾难应当由国内行动者最大限度的加以解决，尊重国家主权仍然是目前国际救灾法中的首要关注，因此，国际救灾援助的启动就首先取决于受灾国对灾害响应的启动，对国际援助的请求。受灾国有时之所以拒不启动对国际援助的请求，很多时候其高度关注的是其国家主权是否会受到损害。除了这些实质性或者拖延启动，国际救灾是无法进行的。如是，国内立法和政策就需要在启动国际救灾援助程序上给出明确的指示。

同样，终止程序也存在很多问题。救灾毕竟不同于发展。救灾一般是指对突如其来的极端事件的应对，有其特定阶段的特殊任务。而对诸如长期饥饿之类的"灾难"的应对是否属于救灾则存在争议。这种灾难的应对是长期的、持续的、缓慢的，与对突如其来的灾害的应对手段和方式是不同的，它更多地依赖发展援助而不是紧急救援。这类救灾的终止与前者显然不同。很显然，必须在灾害响应（包括恢复重建和灾民重返家园）和一般发展之间加以区分。

一、需求评估在寻求国际援助中的重要性

在国际救灾中，受灾国的受灾程度，需要什么样的援助，恰当的

援助方式和所需的人员和物资类型，对于救灾的成效和受灾人口的保障都是至关重要的。受灾人口的需求评估是确保实现救灾和恢复重建目标的重要步骤，对于决定国际援助能否有效补充国内的救灾努力十分关键。

由于救灾是受灾国政府的首要职责，因此，对于受灾人口的需求评估也自然应当由受灾国当局来实施。就灾害评估而言，受灾国的国内行政透明度以及它的评估能力是决定灾害需求评估的重要因素。而受灾国的行政能力低下，甚至缺乏评估力量也往往是构成受灾国不能及时客观地请求国际援助和提供国际援助的一个主要原因。例如，据报道，联合国粮农组织的调查就发现，国际食品援助的进口由于需要政府评估灾害状况以及需要食品援助的程度往往会导致很长时间无处存放，寻找捐赠和请求捐赠资金或者货物也需要很长时间。❶

IFRC 的调查还显示，有时国家和次国家政府机构在进行需求评估时缺乏沟通也会造成不能及时提供救灾援助。例如，2007 年玻利维亚大洪水后有一天，国家民防机构公开报告在 Beni Department 有 2000 个受灾家庭，而与此同时，部官员却报告有 16000 个受灾家庭。❷ 同样，在斯坦热带风暴袭击危地马拉后，国际非政府组织很快得出结论，由于在主管部门和地区层面缺乏政府能力，从国家减灾协调员行动中心那里所得到的信息是不可靠的。❸ 2004 年斯里兰卡海啸后，"尽管多数行动者意识到判断当地的需求十分重要，但缺乏充分的沟通、评价标准，缺乏地区与国家层面的明确的角色分工和责任被认为是导致国家和地区层面需求评估发生某些冲突的原因"❹。

由于不同的国家存在不同的国内需求评估标准，很多捐赠者和人道主义援助组织都坚持在提供资源前进行独立的评估。例如在斯里兰

---

❶ Food and Agriculture Organization Food Security and Food Assistance, Technical Background Document for the World Food Summit, November 13 – 17, 1996, para 3. 14.

❷ See Daniel Costa, Legal Issues from the International Response to the 2007 Floods in Bolivia, publication pending by the International Federation of Red Cross and Red Crescent Societies.

❸ Mary Picard, Legal Issues from the International Response to Tropical Storm Stan in Guatemala, International Federation of Red Cross and Red Crescent Societies 2007, available at http://www.ifrc.org/idrl, pp. 19 & 21.

❹ Victoria Bannon et al, Legal Issues from the International Response to the Tsunami in Sri Lanka, International Federation of Red Cross and Red Crescent Societies, 2006, p. 35.

卡，"对政府评估精确性的怀疑……导致很多组织根据他们自己所见到的事实来采取行动，进行需求评估……有些组织将此描述为在某些情况下是必要的，因为在某些受灾地区缺乏掌握必要技能的政府官员和技术专家"❶。不过，有些受灾国抵制外来评估，因为他们担心会失去对救灾进程的控制。因此，在斯里兰卡，UNDAC 团队在海啸发生后三天都没获得清关进入斯里兰卡。❷

对于接受外来评估援助的国家，由于其评估缺乏协作，评估标准不一和评估的质量参差不齐，也常常受到受灾国当局的抱怨。例如，应对 George and Mitch 飓风中，据报道，当地政府和参加灾害应对的社会组织就对一个评估小组表达了对其缺乏协作和需求评估结果的失望。❸ 同样，在 2004 年海啸袭击印度尼西亚的头三周，有 17 个双边评估团队到达 Aceh，他们所提出的评估结果质量各不相同，很少有团队与其他机构共享成果。❹ 有时，外来援助者所确立的优先需求也会与当地政府所列需要的优先顺序不一致，如外来援助机构认为灾区的优先需要是医疗问题而当地政府却把为当地建设一座新桥作为优先项目。❺

近些年来，在捐赠者的督促下，国际社会开始越来越关注人道主义救援的标准和方法的协调，加强国际社会人道主义参与者在评估上的合作。虽然如此，由于各类人道主义行动者的哲学观、筹款过程的严格核对、捐赠者的偏好本身等方面都存在很多差异，要想建立一个单一的、统一的评估工具和评价队伍几乎是不可能的。正如一个人道主义政策小组通过对需求评估的研究所指出的："笼统而言，共同机构评估的好处，包括取得一致的结果、克服个别机构的偏见等，都多

---

❶ Victoria Bannon et al, Legal Issues from the International Response to the Tsunami in Sri Lanka, International Federation of Red Cross and Red Crescent Societies, 2006, p. 36.

❷ Claude de Ville de Goyet et al, The Role of Needs Assessment in the Tsunami Response, Tsunami Evaluation Coalition, 2006, p. 24.

❸ Pan–American Health Organization, Evaluation of Preparedness and Response to Hurricanes Georges and Mitch: Conclusions and Recommendations, February 16–19, 1999, Santo Domingo, Dominican Republic, p. 10.

❹ John Telford and John Cosgrave, Joint Evaluation of the International Response to the Indian Ocean Tsunami: Synthesis Report 55–61, Tsunami Evaluation Coalition, 2006, p. 57.

❺ Norwegian Red Cross, Report on Studies and Interviews Conducted in Norway, Sri Lanka and Vietnam, 2003, p. 6, available at www. ifrc. org/idrl, p. 6.

于可能产生的弊端，这些弊端包括可能的程序上的烦琐、会产生虚假共识的危险、数据的收集不经分析从而失去价值等。关键是个别机构随意进行他们自己所认为必要的评估。"❶

从现有的国际 IDRL 文件看，也很少有规则来为解决这些不同机构的评估间的冲突提供指导。当然，国际社会并不乏此类的呼吁，例如，虽然联合国大会第 46/182 号决议暗示它倾向于先要有受灾国的呼吁才能提供国际援助，但该决议也规定了紧急援助协调员的责任："组织一个联合的机构间需求评估团与受灾国进行磋商，准备一份供秘书长发布的统一呼吁书，还有阶段性情况报告，其中包括所有外来援助的信息"❷。需要注意的是，这一段落没有提及要等到受灾国官方呼吁才能启动一个需求评估团，尽管决议清楚规定了受灾国至少必须要得到通知才能成立需求评估团，但并没有提出必须要由受灾国官方许可才能启动评估。

然而，如果没有受灾国的允许和参与，要及时和准确地评估灾民的需求也是不可能的。在这方面，1992 年联合国人道主义援助协调办（OCHA）的 UNDAC 团队的参考条款规定，他们可以根据受灾国政府、紧急救灾协调员（ERC）或者居民/人道主义援助协调员（Resident/Humanitarian Coordinator，RC/HC）的请求而派遣。❸ 同样，东南亚国家联盟协定更是明确规定"请求国和援助方在磋商中应当共同评估和决定所需要的援助的范围和种类"❹。IGAD 灾害风险管理计划中也倡导了类似的共同需求评估。❺

灾害发生后，无论是受灾国自己开展评估、初步判定，还是在其

---

❶ James Darcy & Charles - Antoine Hoffman, According to Need? Needs Assessment and Decision - making in the Humanitarian Sector, HPG REPORT 15, 2003, p. 7.

❷ UN General Assembly Res. 46/182, UN Doc. A/RES/46/182, 1991, at annex para. 35.

❸ United Nations Disaster Assessment and Coordination Team (UNDAC) Terms of Reference, Nov. 1, 2002, p. 1, available at http://www.unjlc.org/tools/FOM/supporting _ docs/FOM _ PUB_ 6_ 4_ 09_ UNDAC_ TORs. pdf.

❹ ASEAN Agreement on Disaster Management and Emergency Response, July26, 2005, available at http://www.aseansec.org, at art. 11.

❺ Inter - Governmental Authority on Development, Disaster Risk Management Programme for the IGAD Region - Project 6: Improving Preparedness for Impact and Needs Assessment and Resource Mobilization, 2002, available at http://www.unisdr.org/africa/af - partners/docs/IGAD - vol7 - disaster - risk - management - program. rtf.

许可或授权下由那些精通灾后或初期恢复阶段快速评估的国际援助行动者进行评估，都要体现一个基本原则，便于及时有效地对受灾人口开展救援和救济。就救灾的实施而言，无论采用哪种机制，在国内法上，明确救灾评估的必要，是避免盲目和无序的救助的必要步骤。为此，在国内法上明确由谁负责执行评估，相关的灾难管理机构如何及时获得这种评估数据是国内立法需要规定的事项。

从国家立法的实践看，许多国家的特定灾难管理立法已经指定了一个关键机构，比如，由国家灾难管理局来确保在灾难发生或开始时，所有的需求评估都能得到实施和更新。这方面规定比较明确的是印度尼西亚，它的国家灾难管理局（BNPB）就负有这样一种职能，其第24号法令第48－49条；第21号法规第21（1）（a）条和第22条中就包括要确保对灾害位置、损害、损失和资源情况进行快速和适当的研究。此外，印度尼西亚2011年《有关国际组织和外国非政府组织在应急响应时的指导原则》规定，指定国家灾难管理局负责快速评估从而发表"政府接受国际援助的正式声明"（第二章（2）（b）；第三章A）。同样，在圭亚纳，也有关于需求评估的明确责任归属于国家损害评估小组（NDAT），负责评估"需要从当地、国家和国际资源中获得用以救灾和恢复的额外支持……"（第5.3（d）条：损害评估和需求分析计划，2010年）。当然，并非所有的立法安排都有关于国际援助需求评估的具体条款。

受灾国除了自己组织力量进行需求评估，也可能希望寻求专业化的国际快速反应小组的支持，例如由联合国人道主义事务协调办公室（OCHA）管理的联合国灾害评估与协调小组（UNDAC）负责协助评估救灾需求、决定是否需要请求国际援助以及请求什么类型的援助。而且有些国家也把这样的程序纳入国内灾难管理法规作为首选的评估形式或者作为一种额外的支持体系。后一种情况的一个例子是新西兰法律中的《2005年国家民防应急管理计划》，这是根据2002年《民防应急管理法》制订的正式计划，2008年10月1日发布，其中就有条款允许应急管理局呼吁OCHA为处在具有国家意义上的重大灾难中的新西兰寻求国际救援响应［计划条款70－83，特别是82（3）］。

从各国国内启动国际援助的立法情况的参差不一出发，为了规范各国启动呼吁国际援助的程序，IFRC编纂的《示范法》对于请求国际援助必要性的评估提出如下立法建议：

第 5 条　对国际救灾援助必要性的评估

a. 一俟一个严重的灾难降临后，在与相关［省/区］和地方当局、［相关的灾难管理当局］协商之后应当基于初步的估计做出决定，国内的能力是否可能足够强大到充分满足灾民救灾和灾后初期恢复重建的需要。这种决定也可能是在重大的灾难即将到来之前，由［相关灾难管理当局］自由裁量地做出的。

b. 如果由于灾难的规模太大以至于国内的应对能力不足以应对，［相关的灾难管理当局］应该通知［总统/总理］建议立即请求国际救灾援助。

第五条（b）款的替代性方案：如果因为灾难的规模太大以至于国内的应对能力不足以应对，［相关的灾难管理当局］应该报告［相关的高级委员会/国家灾害管理委员会］并且建议请求国际救灾援助。［高级委员会/国家灾害管理委员会］应当立即召集会议决定是否核准该建议。一旦核准，就应当向总统或者总理提出建议。

c. 如果提出了这种建议，［相关灾难管理当局］应当会同有关（省级/地区/国家）和地方当局，拟订一个初步的所需物资、设备和服务的清单。［相关的灾难管理当局］应当让潜在的国际援助方能在根据第 8 条的国际救灾期间伊始就能立即得到这个清单。

d. 如果决定国内的救济能力很充分，因此不需要接受国际救灾援助，则上述决定应该得到［相关灾难管理当局］的审查，并在任何时候根据最新信息决定是否废止之前的决定。

第 5 条（b）款提出的建议是：在未宣布国家紧急状态或灾难的情况下，一个国家的行政首脑（the Executive）基于国家灾难管理机构的建议或者如果国家根本没有这样的机构，那么本示范法就授予行政首脑行使这里所描述的启动国际援助的权利。

正如《示范法》评论中对该款的评述所指出的那样，示范法的这种提议最重要的是它呈现了一个两步快速程序，即将需求评估和启动援助作为寻求国际援助的两个步骤，寻求援助通常要以先有需求评估为基础。在需求已得到评估的情况下，一个人或者机构就有权利提出国际请求，而没有必要宣布国家灾难或紧急状态。例如，海地的民防办公室和灾难防备及应对组织在灾难中的一个任务就是评估损害程度、确定优先的需求并向灾害和风险管理国家委员会（CNGRD）提交报告及适当的建议。这个报告应该包括一个具体的、用来向国际社会请求支持的特别清单，从而与提出请求的程序联系起来（国家灾难管理计划，2001 年）。同样，在希腊，民防总秘书处在首先收到显然已由相关国家机构做出了自己的需求评估后提出的请求，然后才负责向外部提出国际援助请求，这种程序通常并不会把快速评估置于优先地位（第 3536/2006 号法案第 27 条第 2 段）。本建议也说明，即便实施评估前置的情况下，这种评估也只是一种初步评估，因为要实施准确的评估是需要较长时间的，而救灾的紧迫性可能并不允许给予太长的评估时间。

《示范法》提供的选择性条款 5（b）提及一个"国家灾难管理高层委员会"，由它来履行寻求国际援助的职能。提出这种建议是因为 IFRC 的调查发现许多国家已经有了全国委员会，就像在前面的例子中提到的那样，它们在国家灾难管理监督中扮演着重要角色。国家的元首或者副元首经常在委员会中担任要职，并且其成员一般是灾难管理有关的主要部门的部长。在一些国家，当决定是否需要国际援助时，这个委员会也许会被认为更适合发挥主要作用。然而，鉴于这种情况通常的紧迫性，请求委员会的批准也许会造成迟延，所以这个程序应该考虑到这一点。

我国的灾害响应机制也存在类似的国家机构，即国家级的灾害管理委员会，只不过我国目前缺乏统一的国家机构，而是就不同种类的灾害成立有相应的国家级抗灾救灾机构，如国家防汛抗旱总指挥部和抗震救灾指挥部。前者由一国务院副总理担任总指挥，由水利部部长、解放军副总参谋长、国务院副秘书长任副总指挥，一水利部副部长任秘书长，一武警部队副司令员、一气象局副局长担任副秘书长，成员则包括中央宣传部、发展改革委、工业和信息化部、公安部、民政部、财政部、国土资源部、住房和城乡建设部、交通运输部、农业部、商务部、卫生计生委、新闻出版广电总局、安全监管总局、能源局、海洋局、铁路局、三峡办、南水北调办等有关部门的副部级领导参与。国家防汛抗旱总指挥部的具体工作由水利部承担。后者也是一国务院副总理担任指挥长，在抗震救灾起主导作用的部门主管领导，如国家地震局局长、解放军副总参谋长、国务院副秘书长、发展改革委副主任、民政部副部长、公安部副部长担任副指挥长，其他参与的相关部门包括中央宣传部、外交部、教育部、科技部、工业和信息化部、司法部、财政部、国土资源部、环境保护部、住房和城乡建设部、交通运输部、水利部、农业部、商务部、卫生计生委、国资委、海关总署、质检总局、新闻出版广电总局、安全监管总局、旅游局、港澳办、台办、新闻办、中科院、地震局、气象局、保监会、能源局、国防科工局、海洋局、测绘地信局、民航局、总参谋部应急办、武警部队、共青团中央、中国铁路总公司。国务院抗震救灾指挥部具体工作由地震局承担。❶

就这两个协调机构的组成来看，我们可以看到其中明显的差异，抗震救灾指挥部比防汛抗旱总指挥部更加突出了涉外部门和港澳台办的构成，如外交部、国务院新闻办公室、海关总署、质检总局、港澳办、台办等，这可能主要与近年来我国发生的重大地震灾害的救灾中越来越多地接受国际援助有关，因为呼吁国际援助就需要向境外发布灾情信息，国际援助物资和人员的入境必然涉及通关、质检等环节。对于旱涝灾害、地震等多发类的自然灾害，国家常设了此类救灾协调机构。但对于非多发类的灾害，如台风、地表沉降、毒气泄漏等突发性灾害等则主要依靠一般突发公共事件应急预案机制来解决。而像抗旱救灾、抗震救灾之类的专门机构可归入"突发公共事件专项应急预案"一类。❷ 另外，对于虽然尚未发生，但借鉴国外已经发生的重大突发公共事故的经验，我国也制定了相应的应急预案，如2013年《国

---

❶ 参见国务院办公厅关于调整国家防汛抗旱总指挥部组成人员的通知（国办发〔2013〕33号），国务院办公厅关于调整国务院抗震救灾指挥部组成人员的通知（国办发〔2013〕34号）。

❷ 根据国务院2005年发布的《国家突发公共事件总体应急预案》的规定，根据突发公共事件的发生过程、性质和机理，突发公共事件主要分为以下四类：

（1）自然灾害。主要包括水旱灾害，气象灾害，地震灾害，地质灾害，海洋灾害，生物灾害和森林草原火灾等。

（2）事故灾难。主要包括工矿商贸等企业的各类安全事故，交通运输事故，公共设施和设备事故，环境污染和生态破坏事件等。

（3）公共卫生事件。主要包括传染病疫情，群体性不明原因疾病，食品安全和职业危害，动物疫情，以及其他严重影响公众健康和生命安全的事件。

（转下页）

家核应急预案》也规定了类似的国家核应急组织，即国家核应急协调委负责组织协调全国核事故应急准备和应急处置工作。国家核应急协调委主任委员由工业和信息化部部长担任。日常工作由国家核事故应急办公室承担。必要时，成立国家核事故应急指挥部，统一领导、组织、协调全国的核事故应对工作。指挥部总指挥由国务院领导同志担任。视情成立前方工作组，在国家核事故应急指挥部的领导下开展工作（第2.1条）。

应当注意的是，虽然我国建立了《示范法》所建议的国家层面的灾害管理委员会，但有关规定并没有明确其对需求评估的职责，哪怕是审查的职责。这也就是说，我国现行立法没有给予灾害需求评估以足够的地位，这也是导致目前我国重大灾害救灾中，援助人员和物资带有一定程度的盲目性的重要原因所在。例如，2008年国家对汶川地震抗震救灾资金物资的审计就显示：

> 一些捐赠物资与灾区实际需求脱节。审计发现，甘肃省接受的"锁阳固精丸"等非抗震抢险救治急需的保健品，至今闲置未用；四川省北川县、彭州市商务局和陕西省宝鸡市民政局接受的17350顶旅行用等类型帐篷，因空间小不适用而积压。

> 随着抗震救灾工作由抢险向灾后安置过渡，部分捐赠物资出现

（接上页）

（4）社会安全事件。主要包括恐怖袭击事件，经济安全事件和涉外突发事件等。

而全国突发公共事件应急预案体系则包括：

（1）突发公共事件总体应急预案。总体应急预案是全国应急预案体系的总纲，是国务院应对特别重大突发公共事件的规范性文件。

（2）突发公共事件专项应急预案。专项应急预案主要是国务院及其有关部门为应对某一类型或某几种类型突发公共事件而制定的应急预案。

（3）突发公共事件部门应急预案。部门应急预案是国务院有关部门根据总体应急预案、专项应急预案和部门职责为应对突发公共事件制定的预案。

（4）突发公共事件地方应急预案。具体包括：省级人民政府的突发公共事件总体应急预案、专项应急预案和部门应急预案；各市（地）、县（市）人民政府及其基层政权组织的突发公共事件应急预案。上述预案在省级人民政府的领导下，按照分类管理、分级负责的原则，由地方人民政府及其有关部门分别制定。

（5）企事业单位根据有关法律法规制定的应急预案。

（6）举办大型会展和文化体育等重大活动，主办单位应当制定应急预案。

据此，我们可以把防汛抗旱、抗震救灾之类的专项防灾救灾机制归入"专项应急预案"一类。如2006年的《国家防汛抗旱应急预案》、2012年《国家地震应急预案》、2006年《国家突发公共卫生事件应急预案》、2011年《国家食品安全事故应急预案》、2013年《国际核应急预案》等。

了结构性"过剩"与短缺并存的现象。一些地方接受的矿泉水、方便面、医用注射液和注射器等食品、物资存在积压现象。有些捐赠物资将过保质期，不及时处理会形成损失浪费。❶

《示范法》第5条（c）款规定是为了协调各方的救灾努力，确保所有的基本需求能得到满足，避免重复的努力或者运送不需要以及不合适的东西，为开发受灾国所需要的人道主义货物和服务清单用以管理具体灾难回应而设定的一种机制，第6条所描述的那些潜在的国际援助行动者，也能够共享这一机制。

第5条（d）款反映的是这样一种事实：最初的初步评估所做出的需求决定常常会随着时间的推移而发生很大变化，比如，不需要再寻求国际援助。在这种情况下，相关的政府官员有充分的数据信息证明，就应该做好准备修正决定而不寻求外界援助。例如，在回应2011年10月发生在土耳其东部凡城（Van）省的地震过程中，政府最初表示不需要有关搜索、救援行动或食品的国际援助。尽管政府也选择运用双边请求或接受了其他国家为特定项目提供的援助，但政府在那个阶段的需求评估显示灾难响应仍在国家能力范围之内。然而，随着局势的发展，很明显有许多人流离失所——许多人的房子虽遭到较低程度的破坏，但在持续的余震中不敢回去。因此，土耳其政府请求非食品类物品的援助，包括防御冬天寒冷的帐篷。❷

二、国际救灾援助的请求

正如前面提出的，救灾首先是受灾国自身的义务，多数灾害往往凭借受灾国自己的努力都是可以应对的，请求国际援助在很大程度上是一种例外情形。请求国际援助通常只在大规模的灾难中才会出现。

（一）政府间援助的请求

1. 国际救灾援助请求常常不适当的延迟

鉴于我们已经在第一章中详细讨论了受灾国拒绝或不愿接受国际

---

❶ 新华网北京6月24日电，张晓松："中国公布汶川地震抗震救灾资金物资审计情况"，载 http://news.sohu.com/20080624/n257713124.shtml，2014年11月16日访问。

❷ "Turkey Earthquake Information Bulletin n° 2", IFRC, GLIDE n° EQ - 2011 - 000162 - TUR, 24 Oct. 2011; "Turkey's Postquake Relief Races against Winter", Reuters, 29 Oct. 2011, http://www.reuters.com, See Model Actfor the Facilitation and Regulation of International Disaster Relief and Initial Recovery Assistance - Pilot Version, Nov. 2011, p. 53.

援助的情形及可能的国际责任，这里，我们拟不再讨论这种情况。因为，这涉及受灾人民的人道主义援助权问题。而且，这种情形在实践中仅是个案。更为常见的是政府迟延做出需要国际援助的任何声明。这类事例在 IFRC 的国别研究报告中多有提及，● 诸如，斐济在不少风暴事件过后，都存在推迟外国提供的救灾物资入境，对外来救灾人员拖延签证的情形，这与斐济政府发布救灾援助请求的时间冗长不无关系。● 土耳其 1999 年大地震后，在灾害发生之初的关键时段，因负责对外发布援助请求的外交部迟延发布请求 2—3 天，导致国际援助无法提供。● 2005 年 8 月，卡特里娜飓风袭击美国之后三天，美国总统乔治·布什才说，他并不期望国际援助，而且"该国正在不断行动起来，能够应对灾害"。那天之后，美国国务院一位发言人宣布"无助于减轻受灾区人民痛苦的帮助将遭到拒绝"●，从而，大量国际救灾援助事实上被拒绝，或者没有得到利用。● 同样，2004 年海啸袭击印度尼西亚后，据报道，虽然政府几乎是立即做出决定向国际援助开放之前长期封闭的 Aceh 省。不过，这一决定至少在两天内并不为人所知，因此，援助依然不能提供。●

2. **迟延提出援助请求的原因**

对于并不有意拒绝外来援助的国家和政府来说，在国际救灾中常常面临的实际问题是，请求国际援助在什么情况下是必要的和适当的，在什么时间提出国际援助请求是及时的，应当确定由国家的哪一部门

● 关于 IFRC 对国际救灾问题的国别研究，可参见 IFRC 灾害法网站，http：//ifrc. org/en/what－we－do/disaster－law/research－tools－and－publications/disaster－law－publications/。

● International Federation of Red Cross and Red Crescent Societies, Fiji：Laws, Policies Planning and Practices on International Disaster Response, 2005, available at http：//www. pacificdisaster. net/pdnadmin/data/documents/628. html, p. 30.

● Turkish Red Crescent Society, International Disaster Response Law：1999 Marmara Earthquake Case Study, 2006, available at http：//ifrc. org/PageFiles/93724/report－turkey. pdf, p. 38.

● ANNE RICHARD, ROLE REVERSAL：OFFERS OF HELP FROM OTHER COUNTRIES IN RESPONSE TO HURRICANE KATRINA 6 (Center for Transatlantic Relations 2006).

● John Soloman & Spencer Hsu, Most Katrina Aid from Overseas Went Un claimed, WASHINGTON POST, April 29, 2007, available at http：//warisacrime. org/node/21930.

● John Telford & John Cosgrave, Joint Evaluation of the International Response to the Indian Ocean Tsunami：Synthesis Report (Tsunami Evaluation Coalition, 2006), available at http：//www. preventionweb. net/files/2097_ VL108905. pdf, p. 43.

提出？对此，目前的国际法，甚至许多国家的立法都没有解决这些问题。而这些恰恰常常成为导致请求援助延误的重要原因。

（1）需求评估可能导致请求迟延。正如在对第5条的评论中所说的那样，现存的许多灾难管理法都有关于评估的规定，因为需求评估有助于受灾国请求国际援助时提出明确具体的请求，《示范法》第6条（b）款也提议在提出援助请求时应当指明有关请求援助的范围和形式方面的信息，并附有基于［相关灾难管理当局］依据第5条所准备的清单，但如果做出详尽的请求清单会花费太多的时间，造成不适当的援助请求迟延，那么，就不应以牺牲救助的最佳时间而推迟提出援助请求，这时，就不再需要附有此类清单。

（2）提出援助的条件不明。有些国家的法律赋予了行政当局在呼吁或提出国际请求方面相当大的自由裁量权。例如在突尼斯，只是规定了对外国援助的请求应在超出国家能力的非常严重的情况下，根据灾难管理当局提出的建议，并由政府通过外交部的外交渠道予以决定和执行《突尼斯国家报告》，2004年《民防战略》）。在马尔代夫，在经过委员会同意的情况下，授权政府呼吁"国际人道主义援助"，从而由行政当局发起此类援助（2006年《灾难管理法案》）。而有些国家则把请求国际援助的角色委托给灾难管理机构，比如在布基纳法索，国家紧急救援和恢复委员会（CONASUR）负责提出国际呼吁（第2009/601号法令第11条）。

第6条（a）款同样允许行政机关的相关高级成员基于相关灾难机构的技术咨询作出决定。它还区分了一般国际援助请求和对特定国际援助行动者的专门请求。当涉及非国家行动者是否期望根据第7条（d）款进行援助时，这种区分就显得相当重要了。第7条（d）款规定："如果一般国际援助请求是依据第6条（a）款提出的，除了援助国和政府间国际组织以外的国际援助方不必提出正式要求。然而，他们应当遵守一般请求的条件，并且应当在他们到达之前［多少小时］通知［相关灾难管理机构］所要提供援助的类型、数量和大致时限。"

（3）紧急状态下的人权减损担忧。很多现行法律要求在寻求国际援助之前要提前正式声明发生紧急状态或者灾难状态，因为这类声明具有超越国际援助的法律和政治影响，"它们有时会导致重大犹豫"。❶例如，在2004年海啸后，泰国外交部请求联合国避免把援助请求看成是一种"国际呼吁"；❷许多现有的法律，比如印度尼西亚、菲律宾、危地马拉、特立尼达和多巴哥的法律则都规定必须进行这种宣布。例如，根据密克罗尼西亚《1989年灾害救济援助法》第703节，紧急状态被界定为"由总统正式宣示的、处于灾害导致的极端紧急情况而需要保护公共和平、健康或者安全的状态，而且是在各州需要国内和可能的国际援助以防止、准备或者恢复重建的情况下"，而且根据第709节，总统请求国际援助的权力要以正式宣布紧急状态为条件。

另外，政府为应对灾害如果要修改某些法律法规，尤其是那些特别涉及国际救济物资入境的法规，如签证的规则、救灾物资通关和征税的规定要修改时，也可能要求进行某种宣布。例如，在南非，国内法规定省长和地方政府可以采取步骤推动国内和国际援助，但只能是在宣布国内灾害之后。这些严格、教条的宣布程序虽然就法律程序而言具有一定的正当性，但在实践中常常会在相当的程度上成为延误请求国际援助的障碍。

同样，在IFRC对南亚、南部非洲以及中美洲国家救灾实践的一项研究中也表明："在其中一个国家中，宣布灾难状态的程序复杂、官僚、政治上受到指责、对外国捐赠者的国内立法过时，这些都让正式启动请求国际援助变得十分困难。这些挑战会因政府宣布它将接受国际社会'自发的团结姿态'而部分得以克服，这成为灾害国际援助获取广泛的资金和采取行动的基础。"❸

鉴于这类宣布程序会产生远远超出国际援助的法律和政治影响，

---

❶　See Model Act for the Facilitation and Regulation of International Disaster Relief and Initial Recovery Assistance (Pilot Version November 2011), p. 54.

❷　IFRC, Legal Issues from the International Response to the Tsunami in Thailand, 2006, p. 8.

❸　Candice Rochester, Legal Challenges to International Response to Natural Disasters in Jamaica: Contextof Hurricanes Ivan, Dennis and Emily, 2007, available at http: //www. ifrc. org/Docs/pubs/idrl/idrl – amforum – jcrochester. pdf, p. 10.

比如可能减缩民事权利，政府因此可能在采取措施时"极端谨慎"。❶因为，根据人权法，紧急状态的宣布往往与政治动荡指责和消减国内基本人权相联系，因此，一些国家对宣布国家进入紧急状态有时会显得明显犹豫不决，从而会影响援助请求的提出，因此，《示范法》第6条（a）款建议在必须寻求国际援助之前，并不要求宣布进入紧急状态或者灾难状态。在其第8条的评释中也指出，许多国家依赖国家紧急状态法，但这种法律还不能很好地适应有关国际救援法规的要求，因为它们可能要暂时剥夺某些宪法上的权利，所以它们往往有烦琐的程序要求，并且可能运行的时间很短。由于宣布国家处于紧急状态的严肃性，许多国家会犹豫是否要这么做，而这可能会耽误亟须的国际援助。作为一种选择方案，本示范法第二章建议宣布救援和灾后初期恢复时期这一制度仅仅是为了促进国际援助，而并没有其他法律后果，因此没必要持续这么短的时间。

至于对国际援助的态度，有趣的是，IFRC 的考察还显示，有些政府虽然实际上并没有提出要求援助，但通过某种暗示表明他们可能"欢迎"提供援助。❷ 而且，这种策略作为一种实践措施赢得了广泛支持。诚然，必须承认，这种做法由于所表达的援助请求是含糊的，可能有时会影响到国际援助的总量，降低人道主义国际诉求的有效性，让某些行动者的努力变得更加复杂化——尤其是联合国机构——因为它们在政策上采取行动之前需要的是更加明确的表达需要。不过，这种隐晦地表达还是能够让国际社会心领神会。况且，随着联合国快速反应系统的发展，特别是联合国灾害评估和协调机构（UNDAC）和国

---

❶ Organization of American States Department of Sustainable Development, Law of Disasters: Towards a Normative Framework in the Americas: Discussion Paper for Review and Comments at the Americas Regional Forum on International Disaster Response Laws, Rulesand Principles, April 23 - 24, 2007, Panama City, p. 4; Candice Rochester, Legal Challenges to International Response to Natural Disasters in Jamaica: Context of Hurricanes Ivan, Dennis and Emily, 2007, available at http://www.ifrc.org/Docs/pubs/idrl/idrl - amforum - jcrochester.pdf, p. 4. 转引自前引 IFRC, Desk Study, pp. 91。

❷ Megan Rowley, Does Pakistan really Want International Flood Help? REUTERS ALERTNET (July 2, 2007), available at http://www.alertnet.org/db/blogs/20316/2007/06/2 - 170031 - 1.htm; see also Piero Calvi - Parisetti, Report on Findings from South Asia, Southern Africa, and Central America, International Federation of Red Cross and Red Crescent Societies 2003, available at http://www.ifrc.org/docs/pubs/disasters/ IDRL_ Fieldstudies_ results0303.pdf, p. 10.

际搜救咨询组（INSARAG）的建立，将有助于消除只有正式要求才能采取行动的观念。❶

（4）对外国援助动机的不信任以及国家自尊心的考虑。在这方面，前述 IFRC 对南亚、南部非洲以及中美洲国家救灾实践的那项研究同时表明：在所调查的另外两个国家里，不愿正式请求国际援助的原因不太明朗。在一个国家，政府已经在近年来提出过三次国际援助请求了，它们可能不希望再向国际社会提出请求。研究者认为，其他不愿提出请求的解释包括维护国家尊严，让人感觉本国是有能力自己应对灾难的。另外，对国际援助的动机不信任，担心国际援助行动者会僭越东道国政府救灾的主导作用等，都是导致一些国家不愿请求国际援助的潜在原因。❷

正是考虑到请求援助的迟滞可能给救灾带来的不利影响，现在已经有一些 IDRL 文件鼓励受灾国加快请求和/或接受其他国家援助的过程。例如，2000 年 5 月 2 日通过的欧洲《民防援助框架公约》第 1 条（c）款、2172 U. N. T. S. 231（2000）第 3 条（e）款规定："援助的提供或请求应当由接受国在最可能短的时间内审查并做出回应。"《奥斯陆指南》第 38 段也规定："如果国际援助是必要的，就应当由受灾国尽可能在灾害一开始就提出请求或者同意，以便能够使救灾效果最大化。"

（二）非政府援助的启动

我们已经看到，对于外国政府和政府间组织的援助，通常是在提供援助之前与受灾国官方联系而实现的，但对于非政府组织和个人的援助则往往无法直接利用这一渠道。尽管某些大的非政府组织也可能向受灾国政府提出正式建议，但其他行动者常常无法与受灾国官方取得沟通。根据 IFRC 的调查，有 62% 的国际人道主义组织（主要是非政府组织）报告称它们与政府之间的正式协议通常是在救灾行动中缔结的而不是在此之前。❸ 因此，可以肯定，私人公司、个人或集体装

---

❶　IDRC, Desk Study, pp. 90 – 91.

❷　Piero Calvi – Parisetti, Report on findings from South Asia, Southern Africa, and Central America（International Federation of Red Cross and Red Crescent Societies 2003）, available at http：//www. ifrc. org/docs/pubs/disasters/IDRL_ Fieldstudies_ results0303. pdf, p. 11.

❸　前引 IFRC, Desk Study, Annex 2, p. 14。

运援助物资，或者是与受灾国合作伙伴，或者是与朋友进行联系，之前一般并不与官方联系，也不一定要等到官方提出请求。这样，在实践中，受灾国通常是以其他方式控制着这些行动者的救灾响应的启动，如通过签证和海关控制。

对于国际红十字会和红新月会运动的成员们来说，无论是共同做法还是制定的有关法规都确立了不同的行动者可以向受灾国国内红十字会或者红新月会提供支持，只要国内红会提出请求，或者接受这种支持请求，并不需要来自政府的单独核准。对于这种做法的规范基础，《红十字和红新月会救灾原则和规则》第6.2节规定："鉴于他们的团结凝聚力，当应对超出任何一个国内红会的资源能力的时候，他们应当相互帮助。"第14节规定，"受灾国国内红会可以直接向国际红十字和红新月会联合会呼吁援助，而且国际联合会也可以在请求前就向国内红会提供援助。"❶ 这一原则和规则被之后的《国际红十字会和红新月会运动成员组织国际活动的协定》（《塞维利亚协定》）和《2005塞维利亚协定强化实施补充措施》来加以补充，这两个文件皆被国际红十字和红新月会理事会代表委员会通过，这两个文件在国际红会大会上也都得到各国的一致通过。当然，正如对待非政府组织那样，政府仍然保留着签证、海关和类似监控机制的权力。但无论如何，鉴于受灾国的红会与其政府之间的密切关系，这种支持很少成为受歧视的领域。

然而，对于其他组织来说，这是一个在现有国际法范围内仍然模糊的领域。联合国大会第46/182号决议并没有直接提及"提供"援助，只是坚持"受灾国的同意"。另一方面，由于对其他非政府组织并不存在像对国际红会那样先前固定的承诺，因此，要求在某方面给予通知以便政府同意非政府组织或其他国际组织的援助似乎也符合逻辑。像《坦佩雷公约》《东南亚国家联盟协定》和《美洲国家间公约》似乎也都规定了人道主义组织援助各个国家都应当建立在受灾国请求或同意的基础上，虽然它们都没有规定具体的请求形式以及这种沟通

---

❶ Principles and Rules for Red Cross and Red Crescent Disaster Relief, adopted by the 21st International Conference of the Red Cross, Istanbul, 1969 - revised by the 22nd, 23rd, 24th, 25th and 26th International Conferences - Tehran, 1973, Bucharest, 1977, Manila, 1981, Geneva, 1986, and Geneva, 1995.

的时间界限。相比之下,《科托努协定》规定了"人道主义和紧急援助行动应当要么根据受到灾难影响的 ACP 成员国、委员会、国际组织的请求,要么根据当地或国际非政府组织的请求"❶。

与政府间寻求国际救灾援助所具有的高度政治性不同,国际红十字运动内的人道主义援助奉行公正、人道、中立的原则,因此,《示范法》第 6 条(c)款的规定表明,根据已由各国核准的程序,国际红十字会和红新月运动内的灾难援助呼吁程序是独立于政府请求的。因为《日内瓦公约》的缔约国以及国内红十字会在国际红十字和红新月会大会上已经批准了《国际红十字及红新月运动基本原则和规则》。该文件于 1969 年通过,已修订五次,最近的一次是在 1995 年的国际会议上。为了符合运动的普遍性原则(即运动是全球性的和相互关联的),其中的规则 14 规定受灾国的国内红十字会可直接向国际红十字会与红新月会联合会请求国际救灾援助,然后 IFRC 可以立刻向各国红十字会发出救助呼吁(没有国内红十字会的请求就不会启动呼吁)。尽管受灾国国内红十字会没有要求援助,联合会也可以主动提供援助。这个过程与帮助受灾国国内红十字会履行其人道主义使命有关,因此是独立于任何受灾国的国际援助请求的。❷

(三) 国际援助请求的内容要求

一般来说,援助请求应该通过外交渠道提出,就其内容而言,应该基于前述需求评估准确地提出援助请求,包括所需要的援助的范围和类型。

例如,《黑海经济合作协定》(BSEC)就规定,请求方应当在其请求中列明:(1)灾害的时间、地点和规模,受灾区域目前的紧急状态;(2)已经采取的行动,所需要的援助详细说明,所需要的援助的优先顺序。❸

北约《在化生放核事故或自然灾害情况下请求、接收和提供国际援助清单及非约束性准则》中对于国际援助请求的提出,建议请求国

---

❶ 参见前引 IFRC, Desk Study, p. 92。

❷ 参见 IFRC《示范法》对第 6 条(c)款的评释。

❸ 1999 Agreement among the Governments of the Participating States of the BSEC on Collaboration in Emergency Assistance and Emergency Response to Natural and Man – made Disasters, Article 4.

应当提出正式请求，内容包括如下方面：

（1）紧急状况的说明，说明应尽量详细，包括灾害发生的日期、地点、类型、性质，损害程度等有价值的信息。

（2）所需要的援助类型，如专家、服务、人力、设备、物资等。

（3）限制和考量因素，例如，不能接受哪类援助，受灾国已经接收了什么资源，国内法对国际援助人员、物资和设备入境是怎么规定的，有哪些限制等。

（4）受灾国指定的联系点、负责机构名称、详细联系信息、工作时间。

（5）受灾国的入境点，如空港、码头、公路入境地等，如果与国际援助提交的地点不一致的话。说明是否会给外国救援队接收建立一个接收和出发中心（a Reception and Departure Centre，RDC），在什么地方。

（6）散发：援助请求会向哪些国际和地区性组织和国家提出的说明，涉及哪些机制，EADRCC 是不是主要的清算所。如果要让 EAD-RCC 作为主要清算所，就要让 EADRCC 了解所有进展情况。

在涉及军事援助或者援助国提供的援助类型是由军方提供的情况下，请求国还应当特别说明，之后所援助国要在以下问题上达成一致：（1）军事资源部署的条件；（2）部署的时间长短；（3）军方是否全副武装；（4）他们国家制服的使用；（5）与请求国民事行动者的合作机制。

作为一般规则，每个国家应当拥有一个法律和政策框架在大灾来临时启动或请求国际援助。然而，只有少数国家有这种法律规定或者规定了何时以及如何请求国际援助的程序，评估需要何类的援助，如何以及何时可以终止援助。例如，最近通过的 2011 年《印度尼西亚指南》规定，印度尼西亚国家灾害管理董事会（Badan Nasional Penang-gulangan Bencana）应当向国际机构和外国非政府组织发出通知启动了国际援助，这应当包括关于灾害的一个简要报告，说明紧急状态期限的长度，提供紧急需要的后勤、设备和专业人员。❶

---

❶ 2011 Guidelines on the Role of the International Organizations and Foreign NonGovernment Organisations during Emergency Response, Chapter 2（A）（2）（c）. Informal translation available at：http：//www.ifrc.org/Docs/idrl/877EN.pdf. Accessed 22 February, 2012.

三、国际援助的提供和接受❶

对于国际援助的提供和接受，IFRC《示范法》第 7 条给出了
建议：

第7条　提供和接收国际援助

a. 除（d）款另有规定的外，只要某国依据本条款提出援助
申请，国际援助方就可能提供国际救灾援助。

b. 对提供国际救灾援助感兴趣的援助国和政府间国际组织
（包括联合国），可以通过［某国的大使馆］直接向［外交部］提
出要求。要求应当用一般术语指明需要提供的援助的类型、数量
和大致时限。外交部应当就该要求与［相关灾难管理机构］磋
商。基于相关灾难管理机构的说明，外交部可以全部或部分的接
受援助。

c. 援助国家通过军事人员提供援助的，应当［依据该示范法
所制定的实施细则/该国与援助国之间订立的协定］提出要求，
依据上述法规/协定的具体条款，他们可以全部或者部分的接受
援助。

d. 如果一般国际援助请求是依据第 6 条（a）款提出的，除
了援助国和政府间国际组织以外的国际援助方不必提出正式要求。
然而，他们应当遵守一般请求的条件，并且应当在他们到达之前
［多少小时］通知［相关灾难管理机构］所要提供援助的类型、
数量和大致时限。

e. 如果没有提出国际救灾援助的普遍请求，国际援助方可以
向外交部主动提出请求［通过适当的国家大使馆］，外交部应当
与［相关灾难管理机构］协商，并且，基于其说明，可以全部或
者部分的接受援助。

f. ［相关灾难管理机构］应当根据情况的紧急性决定是接受
还是拒绝国际救灾援助。

g. 国际红十字和红新月运动的外国成员可以在任何时候向

---

❶　本部分基于 IFRC 的《关于便利和管理国际救灾与灾后初期恢复重建援助示范法》
的相关条款加以阐述。

[某国] 国家红十字会/红新月会，提出直接的支援请求，支援请求可以被全部或者部分接受。[某国] 国家红十字会/红新月会应当向 [相关灾难管理机构] 通报其所接受的支援。

正如第7条（a）款规定，国际救灾援助的通则是只有在受灾国家同意接受援助后才能提供，但也有例外。该规则主要适用于国家和政府间组织 [第7条（b）款和（c）款]，不管受灾国是已经根据第6条（a）款提出普遍性的请求，还是专门向某个国家或国际组织提出直接请求，或者它们是主动地提供了援助 [第7条（e）款]。

实际上第7条区分了通常通过外交途径的援助，即受灾国联系哪些国家（包括他们的军队）、政府间组织（包括联合国）的援助与非政府组织的援助。在多数情况下，国家和政府间组织将通过外交部门提供援助。

当提出普遍援助请求的情况下，非国家国际援助行动者免于提供正式援助 [第7条（d）款] 请求，但仍然必须遵照任何请求条件的规定，告知它们要提供的援助的具体情况。这是基于现代救灾行动中的现行惯例的要求。而正式援助已被预期从国家和政府间国际组织那里获得，因为它们正式进入一国家领土时牵扯到国家主权，外国非政府组织和其他非国家实体通常所受到的规制有所不同，它们一般不需要遵循外国或国际政府间组织的外交条款，因为它们目前还未普遍被承认为国际法关系的主体。

也是基于实践经验，《示范法》规定，在提供援助之前并不需要受灾国提出呼吁国际援助的请求。条款第7条（e）款是为受灾国考虑主动的国际援助而设立的机制。也就是说，如果受灾国没有做出任何依据第6条（a）款的普遍或具体请求，有关的灾难管理当局可以决定接受与紧急程度相符的全部或部分援助 [第7条（f）款]。根据该示范法第8条，当接受了这种主动提供的援助时，国际救灾及灾后初期恢复期间也相应开始。

另一个援助提供与接受规则的例外是，国际红十字与红新月运动的国外成员可以在任何时间向国内红十字会和红新月会提供支援 [第7条（g）款]。并且国内红十字会必须马上通知灾难管理部门它们所接收到的所有这种类型的援助。任何从国际红十字与红新月运动的国外组成部分获得的援助还会触发国际救灾及灾后初期恢复工作（如果还未开始），并且也会触发第 6 章下的法律便利措施，因为根据第 21 条，它们已经注定是合格的援助了。示范法第 7 条（c）款涉及的是通过军事组织所提供的外来援助，它可能要按照受灾国和援助国之间的灾难援助协议提供。对于各国来说有现成的行动指南作为备灾的一个组成部分是有益的，这样的话，对于接受外国军事组织提供的援助就会很快达成令人满意的条款。这样的协议可能采用双边驻军地位协议（SOFAs）的形式，或者根本不涉及部队，只涉及空中支援，例如物流、通信服务。协议可以采用一系列的形式，从立法机构批准条约到行政机关参与相对非正式的协议都可以，这取决于两国双边关系中的其他方面。考虑到国家安全对于此类协议的影响，协议通常需要高层政府批准，这可能需要一些时间。例如，一些国家的宪法禁止政府请求外国军事支援，除非得到立法机关的批准。因此，各国可以考虑制定适当的行动指南或法规，或者根据该示范法以及其他相关立法接受外国军事组织提供的灾难援助。这可能既涉及国家灾难管理局又涉及国防部。对各国来说，针对这个问题的一个可以参照的协议是《奥斯陆准则》，即《使用军事和民防资源救灾的准则》（Rev 1 2006，Rev 1.1 Nov 2007，OCHA），其中还包括作为其附件的协议范本。

　　虽然这些提供与接受救援的措施具有一定的灵活性，但它们的目的是减少由于不必要的或者不能使用的物资援助涌入国境所造成的拥挤。有些国家和人道主义组织呼吁鼓励私人企业（以及个人）进行捐款而不是实物援助或提供直接援助，IFRC 指出，本条款绝不影响此类援助。《IDRL 准则》规定国家应积极鼓励私人捐助者"在可能的情况下捐钱或捐赠受灾国明确要求的类型的物资"（准则 5.2）。然而，在许多重灾区，好心的私人经营者由于缺乏经验或缺乏相关人员却运送或派送了不能使用的物资。在许多情况下，它们无意间已经阻碍了非常需要的救援、经验丰富的人员的进入以及本可使用的资源，如码头和仓储空间，或本能够得到更好使用的运输工具。

　　目前国家有各种不同的方法来接受国际救灾援助的提供。处理救援的速度对于及时的救助来说显然十分重要。在希腊，虽然请求是由民防总秘书处（通过欧盟或者北约）提出的，但灾害援助是由民防行动中心（the Centre of Operations for Civil Protection）来接收和处理的，中心可能潜在地加快这一程序，尽管下一步向有关国家当局转发援助国提供的救助、然后决定接受救助这一过程可能减缓这个程序。这取决于使用的通信机制以及是否存在法规所要求的严格的时间表（第3536/2006 号法案第 27 条）。

在为准备示范法而进行磋商期间，出现的一种担心就是一个制度的成功与否主要取决于援助的提供和受灾国的接受，这可能将不适合那些灾害已导致政府机构的职能受到严重影响，受灾国依程序接受援助已变得不可能或不切实际的情况。一个经常被引用的例子是 2012 年的海地大地震。处在这种情势下的国家要通过立法不放弃边境控制主权都很难，并且这些事件是特例而不是规律，所以在示范法中没有提出"注定要接受"的条款。不过，需要指出的是，联合国并没有一个负责任的机制可以应对这种状况，并且，立法国家可以选择采纳该法作为其法律、法规或计划的一部分。

人道主义事务协调办公室基于联合国大会第 46/182 号决议负有特殊使命帮助协调国际援助，加强联合国对复杂的紧急情势和自然灾难的应对，并且设立了紧急救助协调员这一高级职位作为联合国应对复杂紧急情势和自然灾难的焦点。在需要外部协调紧急援助的情况下，它规定受灾国可以通知紧急救助协调员和本国的联合国代表。

在紧急救助协调员的指引下，联合国人道主义事务协调办公室扮演着一般的协调角色，并且也可以启动特定的机制，包括联合国灾难评估与协调（UNDAC）小组，即灾难管理专业人员预备队；国际搜救咨询小组（INSARAG），它负责城市搜索与救援（USAR）及相关的灾难响应问题；虚拟现场操作协调中心，它提供了一个互联网工具来促进紧急状态下回应政府和有关组织之间的信息交换；可以通过人道主义事务协调办公室大幅提升应对能力，它提供了一种机制来迅速部署国际资源应对紧急状况，以实现增强该领域合作功能的目的。

四、国际救灾和灾后初期恢复重建阶段的终止

(一) 国际救灾阶段的终止

IFRC《示范法》第 9 条规定了"国际救灾阶段的终止"。该条首先建议，国际救灾阶段的终止也应以对救灾效果的评估为基础，并与援助方咨询后，由相关灾害管理机构来确定是否需要结束灾害救助，然后，建议国家最高行政机关，如总统/总理/高级委员会或者国家灾

难管理委员会等来最终批准一个终止日。示范法还建议，这种决定应考虑还是否需要继续救援活动及其可能的影响，并明确，国际救灾阶段的终止并不影响国际灾后初期恢复重建期间的持续有效。

之所以要区分一个国际救灾阶段和灾后初期恢复阶段，主要是因为，国际救灾阶段常常与国家的紧急状态相联系（尽管并不建议宣布这种状态），政府在宣布紧急状态结束时，由于这一阶段受灾国依据宪法是可以减损公民的一定权利的，在此期间，还会授予国际救灾援助者相当宽松的便利措施，国家在边境、海关、人员入境签证、运输、通信等方面都会比平时放松管制，而进入灾后恢复阶段，这样一些放松管制的便利措施就需要取消，恢复正常的管制措施，因此，由救灾阶段转入灾后恢复重建表面上只是时间上的划分，但实际上它涉及诸多政策和法规的实施，因此，处理不好，政府就会面临一定的政治压力。面对这样的压力，政府有时会从一个对国际援助行动者很少有监管的体制突然转向强加所有日常监管的机制，保持对灾后初期恢复行动过于烦琐的监管。IFRC 示范法通过区分国际救灾时期和灾后恢复时期，就允许政府逐渐恢复一个没有灾难的国家所拥有的各种各样的规则。

示范法提供的立法建议是，受灾国当局应当在不晚于提议的终止日之前 45 天这样一个合理期限向援助方宣告这个终止日期。即便宣告也应当包括预期的与灾后初期恢复重建阶段相联系的物资和服务的持续需求信息。当然这个期限最终由各国根据本国的立法习惯和需要来加以确定，但必须在一个合理的期间提前告知援助方。同时第 9 条还要求政府在持续的灾后初期恢复阶段提供持续的需求信息。这一条款的实施程序可能会成为根据本法所制定的法规的一部分。例如，这些程序可能包括政府公报或类似的官方电子出版物上宣布终止国际救灾的标准格式。

终止日一发布，受灾国的相关灾难管理机构还应当与积极参与救灾的各援助方磋商来尽量减少终止可能带来的任何负面影响，若有必要，应确保责任的充分移交。

（二）国际灾后初期恢复阶段的终止

尽管 IFRC 示范法第 8 条规定了灾后初期恢复和国际救灾同时开始，但灾后初期恢复重建时期会比国际救灾时期延续的时间更长。因为恢复重建活动在性质上是长期性的、计划性的，因此可能需要更长的时间来逐步停止，或者如果可能，会将这项工作移交给受灾的社区。示范法第 10 条建议灾后初期恢复终止的提前通知时间是 90 天，这也比国际救灾期间终止的提前通知日期延长了一倍。当然这也仍然是一个建议时间，仅供各国立法参考。就像第 9 条所建议的那样，这一条款关于终止的程序和标准格式也包含在本组织所制定的法规中。

第八章 国际救灾物资和设备的通关障碍及法律规制

媒体传播的国际化及对重大灾害的国际报道，使重大灾害的影响日益超越国界。随着人道精神日益成为普世价值，一国重大灾害的发生和救援也已经不再纯粹是国内的事务，国际救灾日益发展成为非传统安全事务。然而，海关对货物进出口的管理传统上仍属于主权事务，虽然像诸如 WTO 之类的国际法机制已经对各国海关管制措施进行了国际规制，但这类机制基本没有把国际救灾物资和设备通关的问题涵盖其中。目前，救灾物资和设备的入境通关程序仍处于国家间双边机制和个别及零星的多边机制管控范围内。因此，当一国发生重大灾害时，由于传统主权观念的影响，援助国救灾物资进入受灾国的通关程序上仍面临重重障碍，这大大影响了国际救灾的效率。

一、国际救灾物资进入受灾国通关效率低下成为阻碍救灾的重要因素

（一）国际救灾物资进入受灾国常常遭受迟延

虽然从各国国内立法看，有不少国家的相关立法规定为了公共利益进口特定种类的物资可以享受海关关税豁免，包括诸如人道主义救援之类的物资，但海关有关问题，包括延长、限制进口程序甚至征收关税，仍然是阻碍国际救灾的最为棘手的法律问题。根据 IFRC 的调查，超过 40% 参与其主持的 IDRL 项目调查的被调查者表示曾经在一个或多个灾害背景下在进口食品、药品、地面交通工具、电信设备及其他救灾物品过程中遇到困难。这个数字在非政府组织总部的被调查者中更大，80% 的人表示在进口救灾物品时遇到困难。这还不包括食品和其他特殊物资，这类特殊物资问题更大。同样，Fritz 机构对参与2004 年印度洋海啸的救灾的人道主义组织的调查中，有 71% 的被调查

对象，土耳其红新月会对参与1999年土耳其马默杜克地震的当地机构的调查中，有52%的被调查者，都表示遭遇了通关延误。❶

就个案来说，见诸报道的案例比比皆是。比如，在印度洋海啸发生后，尽管斯里兰卡和印度尼西亚也采取了便利救灾货物进入的措施，但两国都经历了几个月的清关延迟。结果，"新鲜的易腐烂的货物腐烂掉了，药品过期了，急救物资如服装、帐篷、毯子和外科手术设备等，实际上在救灾活动一开始时非常有必要，但到它们几个月后清关时就成为多余的了。"❷ 同样，据报道在切尔诺贝利核事故中，将近9个月的药物进口迟延使俄罗斯联邦的受害者的治疗彻底失效。❸ 在南非的开普敦，来自台湾的9个集装箱的捐赠服装被当地当局实际上抛弃了2年而无人过问。2002年在莫桑比克，国际红会的无线通信设备被海关截留达"几个月"。在安哥拉，在应对2006年的霍乱爆发所采取的行动中，海关严重迟延了"迫切需要的药物和非食品供应"。在多米尼加共和国，2004年洪灾之后红十字会提供的蚊帐、急救包、水箱以及交通工具实质上也被迟延了。在2007年的玻利维亚洪灾之后，大量人道主义组织"报告至少在海关程序上遭遇了某种程度的麻烦，尤其是遭遇重大迟延"❹。

（二）救灾物资入境迟延的主要原因

造成救灾物资和设备通关迟延的原因并不总在受灾国，在救援方的货物派送方面也存在种种问题。根据国际红十字会的总结，这些缺陷包括：

（1）救灾行动者缺乏经验，经常忽略了必要的通关文书。

---

❶ See International Federation of Red Cross and Red Crescent Societies, Law and Legal Issues in International Disaster Response: A Desk Study, p. 98.

❷ Victoria Bannon et al, Legal Issues from the International Response to the Tsunami in Indonesia (International Federation of Red Cross and Red Crescent Societies 2007) (hereinafter, "International Federation Indonesia Case Study"), at 22; see also Victoria Bannon et al, Legal Issues from the International Response to the Tsunami in Sri Lanka (International Federation of Red Cross and Red Crescent Societies 2006) (hereinafter, "International Federation Sri Lanka Study"), at 18.

❸ See International Federation of Red Cross and Red Crescent Societies, Programme Update: Chernobyl Humanitarian Assistance & Rehabilitation Programme (CHARP), Belarus, Ukraine and Russia (Dec. 15, 2004), at 5.

❹ 这些报道转引自前引 International Federation of Red Cross and Red Crescent Societies, Law and Legal Issuesin International Disaster Response: A Desk Study, p. 99。

（2）交货标识不正确或者所使用的语言当地人看不懂。

（3）没有指定或者提示具名的收货人等。

（4）装运的是不需要的或者不合适的物资，甚至违禁物资。如过期的食品、药品，还有用过的衣物，并不适合当地气候和文化需要的物资。

（5）大量救灾货物同时抵达受灾国也是造成海关迟延的重要原因。例如，在印度洋海啸发生后，仅在斯里兰卡，海啸发生后头几天就有超过350架班次的飞机装运了17000吨救灾物资抵达班达亚齐国际机场。在印度尼西亚，每天有多达150个航班同时考验着海关的通关能力。❶

（6）政府不适用与救灾交货有关的特殊规则或者虽然有特殊规则却不执行。例如，在2007年洪水袭击玻利维亚时，据报道该国并没有特别的快捷程序以便利进口紧急状态所需要的货物，结果要求国际组织和非政府组织执行正常情况下所适用的海关清关程序。❷ 同样，在2007年洪水袭击莫桑比克后，由于受灾国当局没有宣布正式的灾害信息而阻碍了快捷通道的授予，结果让国际救灾组织在获得当局的进口医疗用品和交通工具授权上造成严重迟延。❸ 而在有特殊规则但执行起来存在问题的，据报告无论是土耳其还是斐济都有特别的规则为灾害而设计，但官员们并没有完全执行它们。❹ 在斯里兰卡和印度尼西亚，在2004年海啸后新的救灾货物通关规则虽然制定出来，但在之后的救灾应对行动中却反复改变，造成了海关官员和救灾提供者无所适

---

❶ International Federation Sri Lanka Case Study, 1, at 15 – 16. See International Federation of Red Cross and Red Crescent Societies, Law and Legal Issues in International Disaster Response: A Desk Study, p. 100.

❷ Daniel Costa, Legal Issues from the International Response to the 2007 Floods in Bolivia (publication pending by the International Federation of Red Cross and Red Crescent Societies) (hereinafter, "International Federation Bolivia Study"), at 16.

❸ See Conor Foley, Mozambique: A Case Study in the Role of the Affected State in Humanitarian Action (Humanitarian Policy Group 2007).

❹ See Turkish Red Crescent Society, The 1999 Marmara Earthquake Case Study, Executive Summary (2006), at 39; See Victoria Bannon et al, Fiji: Laws, Policies, Planning and Practices on International Disaster Response (International Federation of Red Cross and Red Crescent Societies, 2005), p. 31.

从，引发混乱。❶ 海关官员缺乏培训也是造成这种问题的原因。❷

（7）机构臃肿，政出多门也是造成进口迟延的重要原因。在一些国家，在海关监管的货物放行前经常要经历多重手续和条件，清关过程十分僵化。例如，在 2007 年洪涝灾害中，一个人道主义组织安排两架货机装载蚊帐飞往玻利维亚。在到达位于 Santa Cruz 的一个加油点时（在受灾区），一架飞机因为航线突然破产，油料短缺，不能继续飞往首都进行清关，当局拒绝请求在 Santa Cruz 安排海关检查，结果，虽然蚊帐已经是在灾区了，但经过了几个周才能运往 La Paz，然后再返回 Santa Cruz。❸

（8）获得豁免关税和费用的过程艰难。例如，在 2005 年，联合国为厄里塔尼亚受旱灾影响的人提供的几百吨的食品援助由于政府要求缴纳关税而被延误了一个多月。❹ 在斯里兰卡遭受海啸后，最初放弃了所有救灾物资的关税，但救灾人员很快体会到了受灾国制度的复杂。稍后受灾国规定有些货物可以豁免有些不能豁免。实际上，对于非政府组织来说，由于之前没有与政府签订谅解备忘录，大多数非政府组织被排除在外。❺ 还有政府要求非政府组织把某些货物先转让给政府才能豁免关税，因为政府担心货物的分配无法根据需要及时有效的分配，或者分配得不到适当的监控。❻

（三）国际救灾物资入境迟延的危害

对于援助者来说，清关延误可能会增加援助提供者的财务负担。救灾物资入境迟延必须增加救灾物资的在途运输成本和储存费用，从而为国际救灾援助方增加额外负担。正因为如此，国际人道组织为了避免海关的延误和复杂程序，它们常常决定购买当地特定的物品。例如 IFRC 在 2003 年 1 月 30 日《关于印度古吉拉特邦地震的紧急呼吁》

---

❶ See International Federation Sri Lanka Case Study, at 15 – 25, 45; International Federation Indonesia Case Study, at 21 – 23.

❷ See International Federation of Red Cross and Red Crescent Societies, Report on the European Forum on International Disaster Response Laws, Rules and Principles (IDRL), Antalya, Turkey, 25 – 26 May 2006, at 5.

❸ See International Federation Bolivia Case Study, at 18.

❹ See Food Aid Held for Taxes to Be Released, Says Gov't Official, IRIN (Aug. 16, 2005).

❺ See International Federation Sri Lanka Case Study, at 20 – 21.

❻ See International Federation Sri Lanka Case Study, at 18.

中就强调："如果可能，救灾物资可从当地采购，因为海关程式常常使货物空运进印度受挫，而且还有复杂的保证。"IFRC 对泰国救灾的案例研究也表明："在为本研究而进行的调查中，多数受访的非政府组织都制订有购买当地货物的政策，而且从未打算进口救灾货物进入泰国。这部分是由于多数商品在泰国当地就很容易买到，而且也因为估计货物要快速通关可能很困难。"❶

对于受灾国来说，救灾物资的迟延入境可能造成物资损耗甚至失去价值。比如，在印度洋海啸袭击印度尼西亚后，救灾物资在等待清关时的贮存费用甚至累积到超过了货物本身的价值。"据报道 Sampoerna Foundation 最终受到批准接收装运的服装、毯子和床垫时，贮存费用已经达到了 6500 卢比（6914 美元），而且救灾也不再需要了。"❷

对于灾民们来说，救灾物资的入关迟延毫无疑问会导致灾民无法及时获得所需要的物品，如果是生活必需品，如食物、药品等，则会造成生命救助的延误而扩大人员伤亡。

二、国际社会解决跨境救灾物资和设备通关障碍的努力

（一）豁免海关关税及其他税费

在本书第四章中所提到的多数国际文件皆涉及了救灾行动者在进口人道主义援助物资时是否应支付关税及类似费用的问题。由于人道主义援助本身属无偿捐助，如果再如普遍货物一样征求关税及有关税费，势必打击国际援助者的积极性，也会让援助者承担额外的费用，同时也增加税费征收行政程序，迟滞物资进口。不过，虽然很多文件都规定了对人道主义援助物资给予海关便利，但对于税费的征收是放弃还是减少，规定并不统一，这些文件的约束力也各不相同。就相关法律文本的范围和约束力来说还存在着某些重大差异。

联合国文件对救灾货物遵循了一种有限的方法，它们一般提及暂停进口关税或限制。这可能主要与联合国体制是一个最广泛的多边机制有关，它所面对的是世界上诸多不同政治、经济和社会体制的主权国家，如果硬要坚持统一豁免关税及相关费用，要通过联合国文件势

---

❶ International Federation Thailand Study, at 18.
❷ International Federation Indonesia Case Study, at 22.

必面临相当困难。因此，事实上，联合国大会第 57/150 决议仅仅要求各国简化或减少海关、行政程序（第 3 段），而 1977 年《加速转发救援货物的措施》只提到了豁免某些行政做法，如进出口许可证。

而在世界海关组织制定的一些文件中，则直接针对海关税费减免做出规定。例如，在 1970 年世界海关组织建议中就要求放弃关税规制，据此，无论是世界海关组织还是联合国的成员国，包括关税联盟，都被劝说凡进口的救灾货物分派给灾民的要"免除进口关税"（第 5 段）。就设备而言，规定了临时准入的机制，条件是进口商在使用完后有义务复出口（第 6 段）。不过，能够有权享受上述优惠的援助者，只限于由受灾国政府所批准的组织。这也是多数关税优惠国际文件的普遍做法。

关税和税收弃权的普适规定也可以从《京都公约》的附件 J.5 中找到，❶ 其所采用的措辞极类似于 1970 年世界海关组织的建议中关于进口日常必需品和救灾人员的行动所必不可少的货物方面的规定。❷ 因为这两种情况下都是作为赠品。不过，附件缺乏世界海关组织各成员的参与。这体现出各国对进口救灾援助货物承诺普遍性放弃税费征收可能存在的隐患的担心。实际上，即使是在国际条约的框架内，如《京都公约》，救灾货物和设备进口免除进口税和其他费用也仅仅是一个建议，其实施取决于逐步协调和简化海关程序。❸

1990 年在世界海关组织的主持下缔结的《伊斯坦布尔临时准入公约》中也有放弃进口税的义务规定。其第 2 条第 2 段要求各参与国授权"全部附条件免除进口税"的临时准入。就像《京都公约》一样，该规则提到了日常必需品免费装运，还有某些设备，尤其是医疗、外科和实验室设备（Annex B.9）。虽然如此，与世界海关组织不同的

---

❶ 世界海关组织的海关合作理事会在 2011 年 6 月通过的《关于在自然灾害救助时期海关的作用》的决议中，重申了海关行政部门在备灾中的重要性并呼吁各国实施《1973 年关于海关程序简化和统一化的国际公约》（《京都公约》）于 1999 年修正后的《修订京都公约》（简称 RKC）附件十中第五章的特别程序。《修订京都公约》于 2006 年 2 月正式生效，截至 2011 年 6 月已有 76 个成员国。作为该章节评论的附件，世界海关组织协同联合国人道主义事务协调办公室（UN OCHA）共同指定的《海关便利化协议范本》也包括在内。

❷ 在《世界海关组织的建议》以及《东京公约》中，主要生活必需品包括食品、药品、衣物、毛毯、简易房屋。《东京公约》还提到了车辆和其他交通工具、水净化和储存用品。

❸ See Article 1. c of the Kyoto Convention for a Definition of "recommended Practice", as para 6 of Annex J. 5 is formally defined.

是，赠品和捐赠不包括在内，因为适用了特殊的进口制度，设定的条件是这些物资必须在规定的时间内复出口（第7条和附件B.9、第5条）。因此可以推定，某些必需品货物的进口，如食品，并不属于公约有约束力的法律规定的范围。

救灾条约的另一重要特征是授予缔约方保留权，即排除某些法律义务的效力而不约束它们。例如，1986年《核事故或放射性紧急情况下援助公约》就广泛规定了豁免进口援助必要设备的关税和税费（第8条第3段）。不过，它也承认缔约方可以在加入时自由宣布一旦加入不受本部分的全部或部分规定的约束（第8条第9段）。实际上，公约有107个缔约方提出了保留或者发表了不适用这一规定的解释性声明，或者根据专门解释满足某些规定的条件才受其约束。例如，英国就提出保留，根据这一规定，如果援助是由一个国家提供的，且那一国家自己愿与在英国的关系中受该条约束，那么第8条第3段斯里兰卡就宣布弃权的授予要受制于其可适用的国内法律法规，法国也排除第8条第3段的适用。❶

相比而言，在地区性和双边协定中较少出现全球性硬法和软法文件中的那种限制。这大概因为所涉及的国家相对少一些，更可能就此类条款达成共识，遂拒绝更多的限制和保留条款。

在地区性文件中，1991年美洲国家间公约的框架采用了概括用语表达（第V条）。同时，2005年ASEAN协定规定了进口设备的免税体制（第14条）。但对于货物，第8条第2.b段只提到由各缔约方为地区合作准备操作程序，也包括便利跨境运输。

对欧洲来说，除了欧洲国家间有效的双边条约，还需要提一下欧盟的法律体制。欧盟成员国之间在贸易关系中是放弃关税的，这也适用于救灾货物和设备，这在《欧盟运行条约》第28条中得到确立。就第三国输入到欧盟领土的救灾物资而言，有些共同体海关规则是适用的。尤其是那些与用于抗击灾害后果所采取措施有关的材料临时进口完全免除关税；对于设备，由临时进口机制所包含的、由医疗机构在面对异常情况时所要求的医疗、外科和实验室设备有专门的规定，

---

❶　各国提出保留和声明的文本，参见 www.iaea.org/Publications/ Documents/Conventions/cacnare_ reserv.pdf，2014年1月5日访问。

而且它们的装运和发送是免费的。❶ 就灾民所需要的货物而言（不包括重建灾区所需要的原料）允许经欧盟委员会授权免除关税。且只有由国内当局进口，或者由国内当局批准的组织进口并免费发放给灾民所用时才行。❷

在双边安排中，豁免关税及税费的规定则更加具体明确。例如《1977 年法国和德国间在灾害或严重事故情况下相互援助公约》第 5 条规定，向灾民分派的货物（紧急援助方式）或者必须使用的设备（作业装备）可以免税进口（第 4 段）；该规则不适用于"设备物品"（items of equipment），即救灾工作队使用的材料和车辆，它们受便利越境（frontier-crossing）和临时准入机制的一般义务调整（第 2 段），并有义务在使用完后复出口（第 4 段）。《1988 年西班牙和阿根廷备灾和防灾合作及灾害情况下相互援助的协定》就限于设备。其第 XIV. 3 条规定豁免进口关税和税收。1964 年英国与印度间的协定虽然只是专门规定了英国对在印度发生灾害时的义务，但涵盖了广泛的物资种类，包括主要必需品，也包括医院设备（第 I 条和第 II 条）。2004 年《奥地利与约旦王国间在灾害或严重事故情况下的相互援助协定》要求两国豁免救灾物资和设备的进口税（第 6 条第 6 段）。第 2 条把这些物资和设备界定为"免费发给请求国的受灾者的货物"以及"物资，尤其是技术设施"。

一些国家的国内法也规定了对国际救灾援助物资和设备的关税和税费豁免或减让。❸ 例如，奥地利的海关法包含了灾害状态下的条款：对用于救灾以及为满足救灾团体的需要而进行补给部分的物资及设备"加速通关"。如果进口物资从非欧盟国家进入欧共体将豁免进口关税、增值税和消费税。但是，运入灾后恢复地区的材料及设备将不享有关税豁免。[《关于关税免除的理事会条例》第 79—85 条，1983 年 3 月 28 日的第 918/83 号理事会条例（欧洲经济共同体）——关税豁免的共同体制]。由于奥地利是欧盟的成员国，因此《欧盟海关法》将适用于奥地利。奥地利在其实施该法的法律第 97 条第 2 款 b 项中规

❶ See Articles 677 and 678 of the EU Commission Regulation no. 2454/93, July 2, 1993, in OJEC L/253, 1 ff.
❷ See Articles 9 ff of EU Council Regulation no. 98/183, in OJEC L/105, 1 ff.
❸ 以下国别立法资料取自 IFRC 编纂的《示范法》第 28 条评释。

定了加速程序［《海关法执行法》第 62 段 (3) 5］，其中规定在自然灾害救援的情况下海关当局可以准许实行加速程序。

在布基纳法索的《海关法》（1992 年第 03/92/ADP 号法令）中允许执政府（总统及国家委员会）在紧急情况下拥有广泛的权力，可破例"修改、暂停或重新恢复同等物品的进口关税和其他税项"（第 7 条第 2 款，第 12 条第 2 款，第 13 条）。另外重要的是，第 160 条规定了对外交物资及运送给"红十字会和不具有商业性质的其他团结运动组织的物资或急件"免除进口关税。

在印度，《1962 年海关法》第 25 节允许国民政府免除用于公共利益的物资的关税。根据第 148/94 号海关通告，某些种类的物资被宣告免除关税，其中有些正是《IDRL 准则》第六章第一、二部分规定的物资种类。例如，其中一种是印度红十字会进口的用于援助贫困地区民众的物资被免除关税。另外还有根据印度与其他国家签订的有效协定而用于救济和恢复目的的进口物资也将被免除关税。

根据菲律宾《2010 年减灾与灾害管理法》第 18 条的规定，进口与捐赠用于救济和恢复的食品、衣物、药物和设备以及其他用于灾害管理和与恢复相关的物资，根据修正后的《关税与海关法》（第 105 节）以及规定国家内部税收、国家和地方政府机关的进口关税的《统一拨款法》已被合法化。从这部法律开始，此类进口已在国家减灾和灾害管理委员会（NDRRMC）的保护下实施，其实施需经总统办公室批准而非基于个别行动者的地位。该法还规定，出于人道主义援助和救灾目的的外国捐助和进口应遵循《IDRL 准则》的规定。

印度尼西亚第 21/2008 号法令颁布的《灾害管理法》规定，应为在灾害应急时期进入印度尼西亚境内、用于帮助灾害管理的"设备或后勤物资"提供"以免除进口关税及其他进口税项为形式的简便通道"（第 32 条和第 36 条）。印度尼西亚第 89/KMK.04/2002 号法令进一步详细规定，为满足国际机构的需要而进口的物资在符合特定条件的情况下应被免除进口关税。这些条件包括：第一，该国际机构必须在印度尼西亚境内设有分支或组织，且被授权提供社会、经济和（或）文化领域的技术援助［第 569KMK.051998 号法令的附录列举了在各个领域已经财政部批准认可的国际机构的名单，包括联合国世界粮食计划署（WFP）、联合国难民事务高级专员（UNHCR）、联合国儿童基金会（UNICEF）、世界卫生组织（WHO）、国际展望会（WVI）、国际红十字委员会（ICRC）、美国援外合作署（CARE）、中国救捞（CRS）、牛津饥荒救济委员会（OXFAM）]。国际机构的主席必须当时申请获得豁免，这种豁免必须经印度尼西亚共和国国家办公厅部长或指定的官员推荐并批准，由海关和税务总干事实施。其次，税收豁免仅适用于由国际机构的总部运往位于印度尼西亚的分支机构的物资。

阿富汗的《国家备灾法草案》（2011年）（第五章第42条）也规定了外交部应为紧急情况下的行动创制极其快速和简化的海关程序。如上所述的印度尼西亚和菲律宾的例子也体现了在实施此类关税豁免时要求的潜在复杂性和相互联系。考虑到这些条款联结了许多地区的规则，依据本示范法制定相关实施法律的国家会发现有必要罗列一个其他相关法律的一览表，通过新法修订添加到通常使用的法律列表中，来调整相同程序的各个方面。

有很多国家在这个问题上采取了不同的方法。例如，四个特色较为鲜明的法律框架是：墨西哥的《联邦税法》（第39条第1款）仅授权总统对灾害发生时的救灾和恢复物资及设备全部或部分地取消进口关税和其他税项以及对非关税管制和限制的遵守。尽管这种权力是广泛的，但也是随意的，因此并不能为国际援助方提供法律上的确定性。在哥伦比亚，与其他一些国家一样，相关的豁免措施被规定在每场特定灾害的声明中，在每次声明后提供明确的规定而非事前规划。在牙买加的《备灾和应急管理法》（1993年）中，只免除了由备灾和应急管理办公室进口或出口物资的进出口关税和税项，且这些物资须是根据法案规定因办公室履行其职能所需的物资，同时还需经海关关长同意。这似乎意味着国际救灾援助必须（至少暂时）被国有化，并且要想享受税收豁免，必须由该办公室进口。在斯里兰卡，根据《海关条例》第二部分——关税征收（1998年），财政部长可以通过在宪报上发布命令来免除任何由外国政府、联合国或其附属机构以及其他国际组织或机构的代表进口或者委付于他们的物资的关税（第19节）。值得一提的是，若无国会决议批准，这些命令将不会生效（第19节第5段）。

在这四个案例中，只给国际援助方提供了有限的法律确定性，即它们只能就援助到这些国家的救灾物资享受豁免进出口关税或其他税项。而之前提到的案例所规定的确定事项更符合《IDRL 准则》以及《修订京都公约》（RKC）附件十。应当指出的是，在联邦制国家，进入特定州或地区的物资的税费可能不受这种类型的国内法律的管制。

（二）放弃或简化海关程序和限制

1. 在非关税壁垒方面，有的国际文件要求放弃进口货物和设备的数量限制

这类规定可以在 1970 年世界海关组织建立第 5 段，《京都公约》附件 J.5 第 6 条，1990 年临时准入公约中找到；1998 年坦佩雷公约也提到了非关税壁垒，其第 9 条是以一般性用语起草的，包括了"监管壁垒"（regulatory barriers），包括立法限制电信设备的进口。不过，公约规定了"如果可能"时减少这种壁垒，首先尊重进口国国内法，因此，为缔约方的自治留下了广泛的空间。

需要进一步考虑的一个可能会阻碍或恶化救灾货物交付的因素是国家为进口产品制定的产品质量法。通常，这些规则的制定是由国内社会保护消费者的需要所决定的，有更广泛的意义说，就是保护人类、动植物健康和生命所要求的。要找到这种需要与保护个人经济活动自由之间的平衡，国内当局可以让前者占据主流，从而引入立法排斥某些产品的消费，规定产品可以进入什么市场。这些规定通常也适用于外国产品，其进口同样被禁止，或者附加上技术标准。对于附加条件，卫生和检疫措施就可能用于保护人类、动植物生命健康不受广泛传播的疾病或致病产品的损害。当然，随着贸易保护主义的兴起，这种限制日益发展成为一种非关税壁垒措施，因此被纳入 WTO 技术壁垒协议、动植物卫生检疫措施协议等来加以规制。不过，它们也赋予了 WTO 成员制定国内立法的高度自治，只要这些立法与国际标准一致，或者以科学为基础，不可能构成不适当的国际贸易壁垒的方式适用就行。

如果一场灾害发生了，合法的社会利益就可以证明这些与追求人道主义目标相冲突的措施是正当的，因为对于进口严格适用数量限制反而可能否定救灾组织使用技术设备，或者个人获得满足紧急需要的生活必需品之类的货物，如食品和药品。例如，1970 年世界海关组织建议就明确规定，该建议的适用并不排除"根据国内法律法规以公共道德和公共秩序、公共安全、公共卫生或健康，基于兽医或植物病理学上的理由而实施禁止或限制"的效力。1990 年《伊斯坦布尔公约》为临时允许生活必需品和设备的进口也包含了一条类似的规定。其第 19 条提到可基于"保护濒危野生动植物物种，或者……保护版权和工业产权"来限制或禁止进口。因此，采取什么样的道路很大程度上尊重各国的规范和管理自治，其结果就是完全由各国自由裁量是修改其国内法律法规，还是因灾害所带来的异常情况而放弃其法律的适用。缔约国就可能诉诸立法禁止或设定数量限制进口某些援助货物。根据这类协定，灾害情况下援助的提供要符合援助国的国内法（例如，1999 年 ASEAN 协定第 13 条第 1 段），这样就使援助方如果要求对受援国禁止进口的产品办理进口清关手续遇到障碍，清关的可能性大大降低，除非暂停这些法规的适用，或者减损它们的适用。

为了防止此类阻碍国际救灾援助的措施，2007 年 IFRC Guidelines 就呼吁援助国和人道主义组织在救灾援助和初期重建中不要使用可能对人类安全或健康（或者对环境）构成威胁的货物（第 17.4 段）。同时建议所有参与救灾的国家考虑烟熏消毒和食品进出口的禁止方面的正常要求是否可以修改或减少（第 18.4 段）。1977 年联合国—世界海关组织《加快国际救灾的措施》也邀请接受援助的各国放弃对消毒证书和对食品进口的限制，以免"阻碍了保护灾民的急需的救灾物资的进入"（建议 D）。不过，并没有设立解释和实施这些条款的标准，这就使救灾行动者难以确定他们可以提供的援助的法律框架。

在食品援助方面，由国际食品法典委员会（Codex Alimentarius Commission）所制定的标准可能会提供某些指导。这是一个由联合国粮农组织和世界卫生组织 1963 年建立的机构，其使命是制定食品的技术标准。在迄今所通过的大量文件中，必须提及的是《包括优惠的食品援助交易的国际食品贸易伦理守则》（the Code of Ethics for International Trade in Food Including Concessional and Food Aid Transactions）。这一守则制定于 1979 年，于 1985 年、2010 年修订，守则规定了某些跨境食品交易所必须遵守的基本原则。由于守则涵盖了优惠的食品援助交易，守则并不排除放弃适用现有国内立法的可能。尤其是，是允许还是禁止进口不符合出口国技术要求的食品留给进口国立法者或者由其有权当局来决定。

这一规则也是 2010 年修订的结果。前一版本规定，在特殊情况下，如饥荒和其他紧急情况下食品安全问题不应当低估。而作为修改版，守则遵循了一条不同道路。首先，其用语很笼统，并未提及可能带来自然或技术灾难的食品紧急事件。另外，对标准的放弃被塑造为出口国立法禁止不符合其技术标准的食品出口和在其国内食品市场销售的例外。而且，这种例外只能在进口国同意接收食品的情况下才能援引。并没有提及要遵守进口国有效的标准，这就默示推定了当接受援助食品或者基于优惠而进口食品时，有权的国内当局可以适用国内立法。总之，总是留给受援国自由决定是否让提供的人道主义援助分配下去，而在正常情况下，根据国内或外国立法这些食品可能不会用于消费。这实际上就是考虑了紧急情况下之不同于正常情况的特殊性。

尊重受援国当局的意志和选择也便于由其确定哪些是最优先需要的物资，以满足受灾国最紧迫的需要。一些国际文件也体现了对受援国这种意志的尊重。例如，《世界海关理事会促进加快交货的建议》（CCC建议）不仅针对所有世界海关组织和联合国的成员国提供了一系列对加快清关、简化文书要求、豁免税费方面有价值的指导。重要的是，它还把进口装运货物和设备的便利限定于"由有权当局所批准的组织"，这可能有助于确立大批"救灾"物资的优先顺序，因为现在有时这些救灾物资在受灾国达到了泛滥的程度。在 IDRL 的调查中，有32%的被调查者，包括50%的政府报告使用了这一文件。❶ 同样，《加快货物通关的措施公约》呼吁"捐赠者把救灾物资捐献限于那些被适当的救灾机构认为需要高度优先性的物资上"，它还敦促政府和人道组织"教育捐赠者避免捐献那些不需要的物资"。❷ 贯彻这一建议的一种最好的做法就是"国际灾害信息中心"，这是一个自 1988 年以来由美国政府支持的发布关于提供适当和不适当灾害捐赠信息的机构。❸

2. 简化进口程序

例如放弃现有立法规定的进口文件提交要求，加快海关清关等。

---

❶ See Appendix 3 at 216.

❷ See Report of the Secretary – General to the United Nations General Assembly, UN Doc. No. A/32/61（1977），Annex II：Measures to Expedite International Relief（hereinafter，"Measures to Expedite"），at Recommendations F & G.

❸ See http：www. cidi. org.

有些国际救灾法文件明确提到这些问题，尤其是上述 2002 年联合国大会第 57/150 号决议和世界海关组织和联合国经社理事会 1977 年通过的《加快转运救灾货物的措施》。就不同的文本所涵盖的不同主题而言，多边的、地区性的、双边条约所采取的方法有所不同，但无论怎样，其目标都是加快海关程序以向灾民提供最迫切的需要。

简化海关程序的进一步立法还可以从 1965 年《便利国际海上交通公约》中看到，这一公约的附件要求各缔约国"为从事自然灾害救灾工作的船舶的抵港和启航提供便利"，尽最大可能地为装船货物的入境和清关提供便利。❶ 同样，1944 年《国际民用航空公约》附件 9 也规定了类似义务，尽管只提到由国家或联合国承认的国际组织实施或代表它们的救灾飞行。❷

一些地区性协定也明确了对进口救灾物资的最低入境程序要求。1991 年 7 月 8 日欧盟委员会决议第 6 段："为了确保干预的速度和效率，提出请求的成员国⋯⋯应当竭力将对救援队以及他们携带的设备和实施任务所需要的辅助材料包括医疗设备和医疗产品的边境检查和正式手续降低到最少。"

1991 年《美洲国家间协定》第 5 条也规定："运输车辆、设备，以及由成员国为了援助目的送出的被完全识别的物资，这些物资应当免于征收税费和其他费用。此外，在上述提及的情形下，接受援助的国家和过境国应当尽最大努力加快，或者合适的话，免除海关正式手续，为运输此类车辆、设备和物品提供便利。"

1994 年《国际红十字和红新月以及非政府组织的行为守则》附录 1 建议："进入一国的救灾物资和设备应该仅仅为了减轻人们苦难的目的，而不是为了商业利益或盈利。这些物品理应免除费用，有不被限制的进入通道，不该受制于原产国领事证书的条件，也不该受制于是否有发票、进出口通行证和其他限制条件，以及进口税收，登陆费，港口费用。"

1994 年联合国人道主义事务协调办公室设计了一个《海关便利示范协定》，1996 年由世界海关组织批准。在此基础上与各国签订了双

---

❶ See Sections 5. 11 and 5. 12 in the Annex to the 1965 Convention, as amended.

❷ See International Federation of Red Cross and Red Crescent Societies, Law and Legal Issues in International Disaster Response: A Desk Study, Geneva, 42 ff.

边协定以加快联合国领导下的人道主义援助和救灾行动中救灾货物的进口、出口和转运。其中第 3 条是示范协定的核心条款，它规定了受援国应当采取的便利措施，还有出口国和过境国的义务。该规定类似于前面讨论的那些规定，要求放弃关税、税收和限制，简化对进口生活必需品和设备所要求的海关程序。在这一点上，根据这一示范协定缔结的协议可能就会前进一大步。实际上，示范协定规定，货物的便利制度适用于参与联合国救灾行动的组织，包括联合国本身，联合国专门机构和其他国家政府的机构、政府间组织和非政府组织，只要它们被联合国认证为善意的行动参与者（第 2 条）。在没有必要的实施法规的情况下，人道主义援助基于此实施时，就对于援助国或联合国专门机构就没有其他的国际协定了，民间救灾组织也不需要遵守受援国的国内程序从海关优惠中得到好处。尤其是后者可能执行联合国认证的行动，从而从联合国系统的规定中获得好处，不必得到国内当局的授权。遗憾的是，该示范协定一直只被用于与有限数量的国家缔结协定（洪都拉斯、利比里亚、马里、摩尔多瓦、尼泊尔和乌兹别克斯坦）。❶

三、特殊问题的处理

（一）灾后救援设备和未使用物资的处置

1. 物资和设备的当地处置

在 IFRC 示范法的磋商过程中，一些参与国际救灾的有资格的援助方提出了捐赠、销售以及继续使用通过法律便利措施进口的物资和设备是否可行的问题。由于不能排除滥用免税进口物资甚至在受援国内销售牟利的可能。例如，通过许可某援助方免税进口车辆，之后立即向当地市场销售以获利。示范法第 42 条建立了一种管理体制，阐明了对于那些不再需要的物资和设备，援助方可以继续为非营利性实体为了人道主义、发展和慈善的目的而使用或分发的，也有权复出口，甚至捐赠。对于要出售此类物资和设备，规定的限制条件是：（1）灾后初期恢复终止后；（2）付清未征收或豁免的所有费用、关税、税项或其他收费。

---

❶ See http：//www. unocha. org/what－we－do/coordination－tools/logistics－support/customs－facilitation. Accessed 5 January 2012.

2. 复出口

在救灾结束后，有时有一些未用尽的救灾货物和设备需要复出口以满足今后的其他紧急需要，但有些国家往往对这种复出口设置法律障碍，IDRL 的调查中有 40% 的被调查者报告在这一领域曾遇到过问题。❶

为此，一些国际文件针对这一问题提出了建议，要求在这种情况下应当允许援助行动者复出口货物和设备。例如，《坦佩雷公约》提倡减少或者消除"限制通信资源运进、运出和通过一缔约方的领土的规定"❷。同样，《东南亚国家联盟协定》也约束缔约方"为有关人员、援助中包括和使用的设备和材料进入、停留在其领土和从其领土中运出提供便利"。❸《CDERA 协定》《核援助公约》和《1963 年北欧辐射事故相互援助协定》也规定设备的所有权和未用过的材料不受救灾行动影响，它们的立即返还必须获得保障。❹ IFRC 示范法也规定，在恢复重建终止之后的特定时间内，允许那些作为国际救灾援助措施的一部分，所进口的物资和设备可以复出口，并且同样享受豁免关税和其他税收的待遇。这些规定同样适用于未用过的物资和设备，特别对于车辆或其他类型的设备，当提供国际救灾援助时有资格的国际援助方可能需要使用一段时间，但在使用之后他们希望能够将这些设备带离受灾国，从而可以在其他地方继续使用，例如发电机、大型净水设备、移动医疗设施以及远程通信和电子信息设备等。

3. 转基因食品

转基因食品是否具有副作用至今仍是科学上存在争议的问题，转基因食品能否作为援助食品同样引发了重要的争论。美国是国际上力倡转基因食品的国家，因此美国也是主张转基因食品可以作为援助食品最积极的国家。但一些政府，特别是，却也不限于非洲南部的国家，已经拒绝了转基因食品援助，他们担心转基因食品有潜在的健康问题，并害怕造成农作物的污染进而影响其出口欧洲市场，对本国经济产生破坏性的长期影响。而美国则力争转基因食品不存在安全问题，在美

---

❶ See Appendix 3 at 210.

❷ Tampere Convention, at art. 9 (2) (d).

❸ ASEAN Agreement, supra note 30, at art. 14 (b).

❹ CDERA Agreement, at art. 16 (4); Nuclear Assistance Convention, at art. 8 (3) (a) (4); Nordic Radiation Assistance Agreement, at art. 1 (2).

国市场上已经被广泛使用，而且美国竭力认为对于转基因食品潜在影响的猜测担忧不应该阻碍解救危机中的人们。这种立场甚至得到世界粮食计划署、世界卫生组织和联合国粮食与农业组织的响应。

鉴于转基因食品的安全性存在争议，2000 年，《生物多样性公约》的缔约方接受了《卡塔赫纳生物安全议定书》，议定书要求出口国要提前通知接受国它们即将出口的是转基因生物，其中包括转基因食品，以便接受国知情并有权选择是否接受。议定书于 2003 年开始生效，现在有 141 个缔约方（不包括美国）。也是在 2003 年，食品法典委员会采用了一系列测试转基因食品安全性的指导方针。该委员会要求就这类食品的标签问题提出要求。❶

2002 年，世界粮食计划署通过了一项政策，表明它继续认可转基因食品援助，但要求需要同时遵守捐赠国和接受国的所有可适用的国家法律标准，包括任何国家内部对转基因食品的禁令以及对于国内实行卡塔赫纳议定书的事前警告的规则。❷ IFRC 也采用了相似的立场。

4. 电信设备

通信对于救灾的重要性不言而喻，因此，在重大灾害救援中，电信设备也往往成为灾害国优先需要的救灾设备。然而，电信设备的使用会令受灾国担心国家安全问题。因此，在国际救灾行动中，对电信设备进口和使用的法律障碍甚至比食品更大。44% 参与 IDRL 调查的调查者说曾经在救灾行动中的进口电信设备时遭遇问题，40% 的调查者称曾经在受灾国使用这些设备时遇到障碍。❸ 这些数字在国际人道主义组织总部尤其高（分别是 70% 和 83%）。同样地，2003 年的一项多国案例研究指出"电信设备的进口和入网以及宽带是电信专家特别关心的领域"，他们指出"行政阻碍和延误的次数太多了以至于直到灾害结束才建立起有效的通信"❹。这些阻碍包括需要特别许可，难以获得税收豁免，要求当地采购，缺乏或限制可用的频率，宽带和卫星

---

❶ See Lorraine Heller, Codex and the GM Trade Stalemate, CHECKBIOTECH, April 25, 2007 at http：//www. checkbiotech. org/green_ News_ Genetics. aspx? in - foId = 14527.

❷ See World Food Programme Policy on Donations of Foods Derived from Biotechnology, Doc. No. WFP/EB. 3/2002/4 - C (2002).

❸ See Appendix 3 at 208 - 209.

❹ See Multi - State IDRL Study, supra note 667 at 15.

接入障碍。特别是就卫星使用，一些国家要求终端用户和供应商都要有特别许可，有时获得许可的费用非常高。

《坦佩雷公约》是关于规制救灾领域使用电信设备的最重要的国际公约，它有助于解决其中的许多问题，包括有关电信设备的通关和许可。该公约的首要目标是确保"国家间相互合作以及与非国家实体、政府间组织合作……以方便减灾和救灾时电信资源的使用"（第3条）。该公约还设立了联合国紧急救灾协调员作为电信救灾援助的协调者，并成立了国际电信同盟（ITU）作为主要派出机构。此外，它还让为受灾国提供电信援助的国家或其他实体在这样做时可获得一定损失补偿或报销一定费用（第7条）。并且，该公约还尤其鼓励各国消除对提供电信救灾援助的监管障碍，包括对可以出口、进口或过境的设备的类型、数量及其运作所需要的人员的限制（第9条）。公约也适用于作为一种"电信资源"的电脑和软件，只要它被认为是"对电信有必要"。同时，公约呼吁减少进出口限制，尽管它对于排除任何允许有关海关或出口管制的取消或违反国际义务的解释是谨慎的。遗憾的是，签署《坦佩雷公约》的成员国仍然相当有限，实施起来也仍然面临诸多困难。❶

国际电联、联合国大会、东盟协定和一些双边条约中都对救灾电信便利做出了一些原则性要求，但效果并不理想。❷ 为此，IFRC 示范法第37条建议，在国际救灾和灾后初期恢复时期，只要设备用于救灾和（或）灾后初期恢复，就免除有资格的援助方一切进口限制以及批准要求。该条还规定在不损害当地救援者应灾需求的情况下，应为有资格援助方提供优先沟通渠道。

5. 交通工具

根据 IDRL 项目的调查，42% 的受访者（包括65%的政府和82%的国

---

❶ See "Emergency Communications and Disaster Response," Remarks of Johan Schaar, Special Representative of the International Federation Secretary General for the Tsunami Operation, at the International Conference on Emergency Communications, in Tampere, Finland, June 19, 2006.

❷ See http：//www. itu. int/ITU – D/emergencytelecoms/events. html; UN General Assembly Res. No. 56/217, UN Doc. No. A/RES/56/217 (2002), at para. 28; UN GA Res. No. 55/170, at para. 3; ASEAN Agreement, at art 14 (a); Convention between the French Republic and the Federal Republic of Germany on Mutual Assistance in the Event of Disasters or Serious Accidents, Feb. 3, 1977, art. 10 (2) (d), 1214 U. NT. S. 80.

际人道主义组织总部）报告曾在把地面交通工具带入受灾国家时遭遇困难。❶ 一些受灾国为了鼓励采购本国交通工具，有时也设置了海关限制和关税，但实际上在灾后，它通常无法提供足够数量和质量的交通工具。

要求取得国内登记车牌成为导致迟延和复杂性的另一问题。例如，印度洋海啸过后，印度尼西亚当局本来允许使用未获得国内登记车牌的车辆。但是，这种情况迅速改变了，当局者甚至要求许多组织要取得在国家任何其他地方都无效的亚齐省车牌。警方还一丝不苟地执行登记制度，扣押了许多其认为不合格的救援组织提供的交通工具。❷

在一些国家，当局者认可联合国颁发的车牌为国家的交通工具。在一些行动中，国际红十字委员会说服了国内当局认可一开始或者长期使用瑞士车牌的交通工具。❸ 不过，目前主要的国际文件中都没有涉及救灾交通工具的执照和识别问题，只是在个别的国际救灾法文件中间接提及。如《奥斯陆指南》呼吁受灾国同意允许救援者"与他们的车辆、船、飞机和设备在灾区都有行动自由"❹。同样，《黑海经济合作协议》指出"为了运送救援队，他们的设备和救灾食品的目的，可以使用任何合适的交通工具，为了使这些救援尽快到达目的地。"❺ 东盟协定指出，"协助实体的军事人员和相关文职官员可以使用其登记和容易识别的车牌，而不需要交税，许可或其他任何许可"❻。

为解决这一问题，IFRC 示范法向各国给出了如下建议条款："［有关运输当局］应当对有资格援助方进口的在国外注册的交通工具和牌照予以临时承认，暂不适用当地注册和牌照的规定。或者是：［有关运输当局］应当加快授予有资格援助方进口的交通工具以当地注册和［临时］牌照。"

6. 药物和药物性装备

药品和医疗设备进口通常也会受到特别限制，经常导致延迟。须

---

❶ See Appendix 3 at 4 – 5.

❷ See International Federation Indonesia Case Study, supra note 1, at 24 – 25.

❸ See, e. g., Embassy of Israel in London, Weekly Update, at http：//london. mfa. gov. il/mfm/Data/73821. doc#_ Apples_ signal_ first（reporting on the use of ICRC trucks with Swiss license plates in the transportation of goods from the Golan Heights to Syria）.

❹ Oslo Guidelines, supra note 673, at annex 1 para. 9.

❺ BSEC Agreement, supra note 66, at art. 9.

❻ ASEAN Agreement, supra note 30, at art. 15 （3）.

知，必需药品和医疗设备的延迟运达可能会对受灾群众的健康产生严重的影响。但另一方面，灾后不适当的、非法的或是过期的药品捐赠也成为一个重大问题。例如，在印度尼西亚和斯里兰卡，印度洋海啸过后，当局一度被涌入的超过截止期限的用外语标记的不适合需要的药物弄得措手不及。❶ 1998 年亚美尼亚地震后收到的 5000 吨药品中只有 30% 容易识别。❷ 以前，厄立特里亚收到过"七卡车的阿司匹林药片，花了六个月才用光；一个集装箱的心血管药物差两个月就到期，30000 瓶过期的氨基酸输液因为臭味而无处处置"。❸ 正如世界卫生组织的总结：尽管出发点很好，但多年来的经验显示，一些药品的捐赠是弊大于利。它们或者是与紧急情况不相关，或者是与疾病症状不相关，或者是与可用的护理级别不相关，甚至可能是危险的。当地的卫生专业人员和患者可能不太了解它们，或者不符合当地药品政策或标准治疗指南。许多捐赠的药物到达时未加分类，或者标签上连个国际通用名称也没有。如此，造成了本来稀缺的资源被浪费，人们在需求中继续遭受伤患煎熬。❹

国际上关于这一问题的指导也似乎并不统一。例如，《京都海关公约》、联合国大会第 46/182 号决议和第 57/150 号决议呼吁受灾国为药物进入受灾地区提供便利，《COE 临时进口措施协议》和《伊斯坦布尔公约》对医疗设备也做出了这样的规定；❺ 而世界卫生组织的

---

❶　See International Federation Indonesia Case Study, at 33; Inter national Federation Sri Lanka Case Study, See also "Le second tsunami" a 2007 documentary produced by the French NGO Pharmaciens sans Frontières, at http：//www. psfci. org/new/index. htm.

❷　See H. V. Hogerzeil et al, Guidelines for Drug Donations, 315 BRITISH MEDICAL JOURNAL 737 (1997).

❸　See H. V. Hogerzeil et al, Guidelines for Drug Donations, 315 BRITISH MEDICAL JOURNAL 737 (1997).

❹　See World Health Organization, Essential Drugs Monitor No. 21 (1996), at 1.

❺　See Kyoto Customs Convention, at Specific Annex J. 5 at E. 1; UN General Assembly Res. 46/182, supra note 156, at annex para. 6; United Nations General Assembly Res. 57/150, at para. 3; Convention on Temporary Admission, June 26, 1990 (hereinafter "Istanbul Convention"), a-vailable at http：//www. wcoomd. org. at annex B. 9 art. 1 (a); Agreement on the Temporary Importation, Free of Duty, of Medical, Surgical, and Laboratory Equipment for Use on Free Loan in Hospitals and Other Medical Institutions for Purposes of Diagnosis or Treatment, April 28, 1960, Council of Europe Official Journal L 131, May 15, 1986 (hereinafter, "COE Agreement on Temporary Importation").

《药品捐赠指南》则试图阻止这样的捐赠，除非能够满足非常严格的标准。❶这些国际文件多数皆要求必须是人道主义组织或国家作为发货人或者收件人。同样，许多提到药物入境的双边条约也规定只能是缔约方捐赠的药物和医疗设施才符合优惠条件。这也就意味着，许多非政府组织的药物捐赠仍然无法享受便利优惠措施。

对于麻醉品和其他"受控物质"，很多文件规定了更加谨慎的药物捐赠方法，如 BSEC 协议、国际红十字会和红新月会大会第 25 届会议的 19 号决议以及一些双边条约的规定。❷世界卫生组织《关于紧急医疗护理的受控制药物的国际供应标准指导方针》试图在麻醉药品和精神药物的合理严格控制和当需要时所采取的合理及时的措施之间找到平衡。❸

7. 搜救犬

许多国际城市搜救队都使用搜救犬来检测被困者或尸体，尤其是在地震后。然而，多数国家是控制搜救犬入境的，主要因为担心狂犬病和其他疾病的传播。25% 的国内红会和 35% 的政府回应 IDRL 项目的调查时称他们经历过这些因动物入境所带来的问题。一位被调查者指出，他的狗因为宗教原因被禁止进入地震后的伊朗巴姆地区。另一个被调查者指出，在日本神户大地震后他的狗被隔离好几天。❹

规制搜救犬入境问题的最大法律障碍是如何处理灾后拯救人命的紧迫需要与搜救犬携带病菌入境所可能带来的对人类健康的威胁之间的矛盾。很多国际文件对此讳莫如深，未加规定。《京都海关公约》在各类救援货物应提供特殊的设施中明确包括了"受过专门训练的动物"这一项，包括优先处理和"只有在例外情况下……要检查和/或

---

❶ Guidelines for Drug Donations (WHO, 2d ed. 1999), available at http://www.who.int/medicines/en.

❷ See, e.g., Convenio entre El Reino de España y la República Francesa en Materia de Protección y Seguridad Civil, Oct 11, 2001, art. 10, available at http://www.ifrc.org/Docs/idrl/I440ES_ I.pdf; Abkommen zwischen der Bude-spepublik Deutschland und dem Königreich Belgien uber die gegenseitige Hilfeleistung bei Katastrophen oder schweren Unglücksfällen, Dec. 4, 1982, art. 5, available at http://www.ifrc.org/Docs/idrl/I475FR.pdf.

❸ Model Guidelines for the International Provision of Controlled Medicines for Emergency Medical Care, U. N. Doc. No. WHO/PSA/96. 17 (1996).

❹ Desk Study, p. 113.

取样"等。❶ 然而，它并未直接涉及检疫规则。同样，《伊斯坦布尔公约》对临时进口的参与救援行动的动物要求免税，但也没有解决检疫问题。❷ 相反，世界动物卫生组织（OIE）《陆生动物卫生守则》，这是一套由国际动物贸易的专家制定的规则，它规定了具体的检疫建议和其他兽医检疫程序（包括依据"国际兽医证书"），但它却没有专门谈到救援动物的进口问题。❸

其他机构采取对立的方法。例如，《BSEC 协议》、2000 年《希腊共和国政府和俄罗斯联邦政府在因自然或人为灾难的预防和救助条约》中规定，救援人员的搜救犬应遵守所有的国内检疫要求；❹ 而1974 年《瑞典和挪威间的关于完善边疆救援服务协议》、2001 年《瑞士联邦委员会和菲律宾共和国之间就自然灾难或重大突发事件的条约》中要求受灾国放弃检疫要求。❺ 联合国大会第 57/150 号决议呼吁受灾国合理"简化或减少习惯的或行政上的程序"，包括检疫程序。❻然而，鉴于国内和受影响的国家对所有疫苗的需要，它也呼吁城市搜救队遵守 INSARAG 指南，提供的所有的搜救犬要训练有素，并且应提交"定期兽医健康检查，以为国际调度保持合适状态，其中包括除虫，并辅以适当的兽医文件"。❼

IFRC 示范法第 41 条给各国提出的立法建议是：对有资格援助方临时入境的搜救犬不需要进行检疫，只要符合［有关当局］制定的这一法案生效［6 个月］内制定的特殊法规规定的情况和要求。在评释部分对该条的解释指出，在很多情况下，对搜救犬的入境的规制可能要受《国际搜救咨询团准则》的启发（D 章的 D1、D2 - 1 和 4. 3

---

❶ Kyoto Customs Convention, at Specific Annex J. 5.

❷ Istanbul Convention, at annex D & its appendix.

❸ World Organization for Animal Health, Terrestrial Animal Health Code (16th ed. 2007).

❹ BSEC Agreement, supra note 66, at art. 9 (2); Agreement between the Government of the Hellenic Republic and the Government of the Russian Federation on Co - operation in the Field of Prevention and Response to Natural and Man - Made Disasters, supra note 634, at art. 9.

❺ Agreement between the Swiss Federal Council and the Government of the Republic of the Philippines on Cooperation in the Event of Natural Disaster or Major Emergencies, Dec. 6, 2001, art. 8, available at http: //www. ifrc. org/Docs/idrl/I494EN. pdf.

❻ United Nations General Assembly Res. 57/150, supra note 75, at para. 3.

❼ Office for the Coordination of Humanitarian Affairs, INSARG Guidelines and Methodology (2007), at section F10.

款），本条呼吁通过兽医管理机构制定一部关于搜救犬的专门法规，以统一国际救灾中对搜救犬入境问题的不同做法。

8. 货币

国际救灾组织和人员携带外币入境同样是跨境救灾中的一个棘手问题。大多数国家严格规范外币的进口和兑换。而日益增长的国际洗钱和恐怖主义也让许多国家收紧其货币流动规则。同样，对于国际救灾组织及人员携带外汇入境是否应适用平时严格的外汇管制规则，严格的货币兑换限制是否会成为影响救灾人员积极性的因素，这都使外汇管制也成为影响国际救灾效率的一个因素。例如，根据 IDRL 项目的调查显示，31% 的受访者（包括 67% 的国际人道主义组织总部）称遭遇了将外币兑换成受灾国货币的问题，报告称 27% 的受访者存在货币兑换相关的问题。❶

虽然联合国和其他政府间组织根据 1946 年签订的《联合国特权和豁免公约》，或者 1947 年签订的《专门机构特权和豁免公约》免除了货币限制并且保证汇率稳定使外交官享受特权和豁免权成为可能，IDRC 和国际红十字委员会也可依据其与各国政府签订的特权和豁免协议享有外汇兑换特权，但对于非政府间组织、外国国家红十字会和红新月会以及其他救灾参与者可能就无法享受这种特权和优惠。联合国训练研究所（UNITAR）和国际法协会在其示范规则中提出建议，应当允许援助者以相同的优惠利率兑换货币。❷

IFRC 示范法第 54 条、第 55 条为各国制定便利救灾的外汇管制立法给出了如下建议：［有关当局］应当为有资格的国际援助方为提供国际救灾和灾后初期恢复援助而携带的此类资金和货币的入境提供便利，并提供最优的可适用的法定汇率以兑换为该国的货币资金用于提供国际救灾和灾后初期恢复援助。

---

❶ Desk Study, p. 114.

❷ MOHAMED EL BARADAI, MODEL RULES FOR DISASTER RELIEF OPERATIONS (U-nited Nations Institute for Training and Research 1982) at rule 13; International Law Association, Report of the Fifty - Ninth Conference Held at Belgrade, August 17th, 1980 to August 23rd, 1980, at 520 - 530: "Rapport spécial sur un projet d'accord - type relative aux action de secours humani-taires", at art. 8.

第九章 国际救灾行动的
质量与问责

在 IRC 启动的国际救灾法项目（IDRL programme）调查中，各利益相关方反映，在当代的国际救灾行动中，虽然各救灾主体的出发点绝大多数都是基于人道主义精神，但好心不见得就能做好事，人们发现救灾质量问题也是当今国际救灾中最为紧迫的需要监管的问题之一。这些问题主要体现在：所提供援助是否充分、公平与恰当，对国际救灾的协调以及问责机制是否齐备。

一、为什么需要问责

（一）国际救灾的充分、及时、公平要求

1. 援助的充分性

在当代所发生的重大跨国救灾行动中，虽然表面上国际救灾行动轰轰烈烈，规模空前，但实际上就灾害给灾民和当地经济所造成的实际损失而言，仍然是远远不充分的。虽然灾害的发生常常是偶然的、非选择性的，但由于当今国际社会所存在的政治和宗教偏见、地缘政治的影响，仍然有一些灾难被忽视，而即使国际社会对一些灾害采取的救济行动，但救灾的力量仍然存在不均衡。例如，联合国为印度洋海啸呼吁募集救援物资，并募集到了联合国所要求总量 475% 的救援物资，然而，联合国大部分的救灾呼吁却有 1/3 的资金缺口，那一年受灾国的人道主义援助受益人人均获得了超过 1000 美元的援助，但与此形成鲜明对比的是，尼日尔、马拉维、科特迪瓦、圭亚那和乍得却人均只获得了不足 30 美元的援助。❶

---

❶ International Federation of Red Cross and Red Crescent Societies, World Disasters Report 2006: Focus on Neglected Crises, 2006, p. 138

　　近年来，国际援助的及时性问题也成为被大量讨论的话题。尤其是快速募资渠道的缺乏已被认定为是提供救生性救援的一大障碍。这一领域现行的国际规则还十分薄弱。目前仅有的能约束各国救灾捐助数量的法律机制是各国捐助最低限额的粮食援助会议和各种亚洲粮食储备协议。但即使这样一个机制，也被批评家们指责分配配额的价值甚小，因为它所规定的援助数量明显低于大多数缔约国习惯上的粮食援助义务。而且，亚洲粮食储备似乎从未被用到过。总之，没有一个法律文件要求受到影响的各国能公平地获得救援物资。或许值得一提的是并不具有法律约束力的 2003 年《良好人道主义捐助原则》，它要求所提供的人道主义援助物资符合基本的需求，并且要以公平和及时的方式提供。

　　然而，即使是这个准则，在 2004 年残酷的印度洋海啸灾难中也经历了严酷的考验。当灾害来临时，一方面，政治考量超越对需求的客观评估。另一方面，海啸评估联合会（Tsunami Evaluation Coalition，TEC）关于募集资金的主题研究发现，为海啸募集的资金很明显的是及时且以多样的方式到位的，并以一种基本适当的方式分发到受灾的各国并在国家层面上满足其需求，并未出现直接拉低其他紧急事件所能募集到的资金的情况。显然，为了完善这些准则还有许多工作需要去做，但是我们有理由对它长期的影响充满希望。❶

　　在灾害来临时，来自不同国家和非政府组织提供的物资较多，但对于救灾资金往往缺口较大，难以满足灾民的紧迫需求。因此，2006 年 3 月联合国启动中央应急基金建设，动员国际社会向这一基金积极捐款。根据安南秘书长的提议和联大通过的 60/124 号决议，将原来只有 5000 万美元的一个应急循环贷款基金扩大为 5 亿美元的基金，以帮助联合国能够更加及时和有效地帮助受灾国家应对包括自然灾害和复杂紧急情况在内的各种人道主义危机。安南秘书长在启动仪式上表示，基金将使联合国各机构在灾难发生时能立即得到急需的现金，快速行动，在最关键的头几天拯救生命，而无须等待为这一灾害募捐的款项到位；同样重要的是，基金将确保救援的公平性。安南说："无论是受到媒体关注的灾难还是被遗忘的危机，无论在什么地方，都可以得

---

❶　IFRC, Law and Legal Issues in International Disaster Response: A Desk Study, 2007, p. 133.

到基金的紧急救援。"❶ 由于可以即时获得钱款，救济组织能够更加快速、高效地派发食品、安全饮用水、医疗用品和其他救生援助。应急基金的拨款意在补充其他人道主义资金来源，例如，以国家为基础的集合基金以及双边供资。应急基金还有 3000 万美元的贷款机制，根据未来捐助资金的指示情况提供一年期贷款。应急基金由自愿捐助供资。自 2006 年以来，应急基金收到了来自 125 个联合国会员国、观察员、区域和地方当局，以及其他公共和私营部门的约 38 亿美元。应急基金的资金直接提供给联合国机构、基金和方案，以及国际移徙组织。在应急基金拨款决策过程中，非政府组织是重要的合作伙伴，并且在其针对接受组织开展工作时，会得到应急基金的供资。❷ 联合国中央应急基金虽然不能从根本上解决国际救灾的资金不足问题，但起码可以在一定程度上缓解灾害发生时的资金困境，而且，可以预期这一基金在未来也会因各国和非政府组织的不断捐赠而日益壮大，从而不断提升联合国的应急能力。

除了联合国，一些非政府组织也在为募集国际人道主义援助资金而努力。为了保持其独立性和中立性，国际红十字会和红新月运动并没有参与联合国中央应急基金。不过，从 1985 年开始，IDRC 也开始运行一个类似的机制，即救灾应急基金（Disaster Relief Emergency Fund，DREF）。救灾应急基金是在遇到较小的紧急事件，既无国际呼吁准备向其救援，又无较大灾难资金募集行动时，受灾地区可以向国内的红十字会和红新月会申请小额赠款，这种应急资金可以在 24 小时内获准发放。这种救灾应急基金可以将资金直接交付那些被国际团体忽视的灾区的救灾行动者手中，通常这一行动甚至在接到请求后的数个小时内就会支付。然而，这项基金相当有限，到 2006 年，其总额仅为 1100 万美元左右，它计划在之后的几年里将总额增加到 2500 万美元。❸

---

❶ 人民网："联合国启动中央应急基金，加快紧急救援"，载 http：//news. sohu. com/20060310/n242222791. shtml，2015 年 8 月 6 日访问。

❷ "联合国中央应急基金简介（中文版）"，载 https：//docs. unocha. org/sites/dms/CERF/About_ CERF_ 20141215_ chi. pdf。

❸ IFRC, Law and Legal Issues in International Disaster Response：A Desk Study, 2007, p. 133.

2. 救援的恰当与公平

灾难专家一直公开反对这样一个四处弥漫的传言，即灾害发生后，"所有种类的国际援助都是需要的，并且立马就要!"❶事实上，在救灾过程中，如果提供了错误的不需要的货物和服务，或者虽然提供了正确的货物和服务，但是是以错误方式提供，它所带来的损失可能要多于益处，甚至也可能伤害灾民们。这些错误行为包括提交不符合标准或者过期的食品，不适当的医疗用品等，那可能会损害灾民的健康。不称职的服务，如前面提到了非政府组织对儿童接种而未留下记录，建设的房屋质量低劣等都是有危险的。过多的承诺加上大量救灾行动者缺乏经验，包括国际红十字和红新月运动的成员，都会导致灾民极大的失望。缺乏准备的国际行动者自己也会成为消耗救灾物品和服务的累赘。例如，在2003年伊朗巴姆地震后，伊朗红新月会就不得不向前来救灾的某些国际人员提供食品和帐篷。❷

缺乏与当地社区的沟通也往往会成为不能提供恰当物资和服务的重要原因。例如，印度洋海啸评估联合会（TEC）曾对海啸救灾结束后作过专门调查，TEC用以下问题来调查对受益人（灾民）救灾是否顾及了当地能力：在你们村子或者营地，当地非政府组织、国际非政府组织、政府官员们及其他机构与你们共同讨论过你们最需要什么吗？这种讨论经常有吗？讨论会采取什么形式？在你们所在地区，不同组织和个人的工作协调得如何？你感觉救灾混乱或者重复吗？请举例说明。

调查结果喜忧参半。在斯里兰卡，55%的人承认与他们有过磋商（但这一比例在恢复重建阶段不到30%），18%的人认为没人跟他们商量过，剩下的人强调，要么是有的机构只与社区里所选择的部分人谈过，要么根本不知道。大量受访者暗示各机构间的协调是软弱的，约10%的人抱怨，后来的行动并不与所收集的信息相匹配。❸在亚齐的

---

❶ Pan – American Health Organization, Humanitarian Assistance in Disaster Situations: A Guide for Effective Aid, 1999, p. 14.

❷ See International Federation of Red Cross and Red Crescent Societies, Operations Review of the Red Cross Red Crescent Movement Response to the Earth – quake in Bam, Iran, 2004, p. 34.

❸ Assessment of the Impact of the International Tsunami Response on National and Local Capacities, Tsunami Evaluation Coalition, March 2006.

回答就更加负面了。62%的人说他们从未参与过或者被告知过要与援助机构进行什么讨论；28%的人说曾有某些会议或者讨论。在马尔代夫，各岛屿之间的援助相差悬殊，甚至各岛内的援助也不一，这说明在捐赠者之间缺乏统一的政策。某些资源过度集中于某个区域本来是可以通过更多协调工作来避免的，这种救灾的碎片化也反映在了资金筹措上，政府缺乏协调能力，沟通不畅，与受灾人员缺乏商量。❶另外，受灾国担心不恰当的救援被禁止入境会被误认为构成国际救灾法律上的障碍与限制。例如，由于担心所谓的救援物资中可能藏匿武器、兵器，伪装成商业运输或者其他非法物品入境，会使受灾国内当局因难以事先进行细致的海关检查，结果在入境后反而因缉查导致救援被延迟。除此之外，不恰当的救援也会给受灾国当局和个人带来不必要的麻烦，给救援提供国带来资源的浪费和人力损失。近年来对这些问题的关注越来越多，这些关注一部分来自人道主义团体严于律己的热情，还有一部分是源于救灾参与者越来越多。

（二）对当地救灾能力的忽视和侵蚀

在第二章已经充分阐述，在国际救灾行动中，受灾国应当始终处于救灾主导地位，外来救援行动者只能发挥补充作用，同时，在救灾过程中，也应始终警惕外来救援行动者越俎代庖，取代受灾国救灾指挥和监督权的情况发生，更不应出现实际上削弱和侵蚀受灾国救灾能力的行为。在所有国际救灾法中，对国际援助的请求都不应该被看作是邀请外来干预，国际援助不能替代受灾国自身的反应与努力。相反，多数国际救灾文件，如《良好人道主义捐赠原则》、ECHO《人道主义组织与红十字和红新月会非政府组织间行为守则框架伙伴关系协定》（Framework Partnership Agreement with Humanitarian Organizations and the Red Cross Red Crescent NGO Code of Conduct）、《国际红十字和红新月会和非政府组织救灾行为守则》都规定，尽管要认真使其行动从属于首要的拯救人命的目标，但增强当地的能力仍是人道主义援助行动的

---

❶ Coordination of International Humanitarian Assistance in Tsunami – affected Countries, Tsunami Evaluation Coalition, July, 2006, p. 52.

一个主要目标。❶

在国际救灾实践中，已经发生过外来救灾组织挖走当地员工，直接与本地民间团体争夺捐助资金或受益人，以及不能与当地参与者相互配合开展工作，等等。印度洋海啸评估联合会《关于海啸对当地及国内救灾能力的影响》得出的结论也印证了这一点：在很大程度上，应对海啸的当地当局受到国际救灾机构行动的破坏。在有些情况下，尤其是在当地救灾能力并不突出，国际救灾机构不予承认的情况下，完全没有承认和投入当地能力。在其他情况下，当地救灾能力因救灾行动反而变得更加脆弱了。社区组织和非政府组织的空间受到压缩，腐败盛行，产生大量不适当的领导形式。❷

虽然国际红十字会和红新月会订有自己的《救灾原则和规则》（the Principles and Rules for Red Cross and Red Crescent Disaster Relief），尽管有塞维利亚协议及其补充措施，但某些成员也有不尊重当地救灾能力的时候。❸ 正是鉴于上述原因，TEC 的报告倡导进行"根本性的调整"，要求国际人道主义团体要转向支持当地力量。❹ "非政府组织影响倡议"（NGO Impact Initiative，这是由美国非政府组织与美国红十字会组成的一个联盟）在联合国秘书长海啸恢复重建特使、美国总统克林顿的要求下对海啸救灾行动进行了单独评价，得出了一个相似的结论，无非是"所有磋商一致的主题是国际非政府组织应当调整其所提供的人道主义援助，将加强灾后恢复中当地能力建设作为与提供服务同等重要的优先事项"❺。

---

❶　Meeting Conclusions, International Meeting on Good Humanitarian Donorship, Stockholm June 16 – 17, 2003, para. 8, available at http：//www. reliefweb. int/ghd; European Commission Directorate General for Humanitarian Aid – ECHO, Framework Partnership Agreement with Humanitarian Organizations, version 041221, art. 17; Code of Conduct of the International Red Cross and Red Crescent Movement and NGOs in Disaster Relief, 1994, Principle 6.

❷　Elisabeth Scheper et al. , Impact of the Tsunami Response on Local and National Capacities, 2006, p. 43.

❸　See John Bennett et al, Coordination of International Humanitarian Assistance in Tsunami – affected Countries, Tsunami Evaluation Coalition, 2006, pp. 53 – 54; Appendix 3, p. 212.

❹　See John Telford and John Cosgrave, Joint Evaluation of the International Response to the Indian Ocean Tsunami: Synthesis Report, Tsunami Evaluation Coalition, 2006, pp. 55 – 61.

❺　International Federation of Red Cross and Red Crescent Societies, Uniting for Human Dignity: The Manila Action Plan, 2002, available at http：//www. ifrc. org/docs/pubs/events/manila02/manila – action. pdf.

(三) 对当地灾民和社区的尊重

不恰当的商品和服务会损害到灾民们的尊严。例如，提供的衣物大部分是旧货，提供的衣物根本不适合当地气候，如把派克大衣送到了斯里兰卡，毛衣送到了印度，适合温暖气候的衣服送到了巴基斯坦。有时的情况令人愕然，如丁字裤内衣和高跟鞋靴送到了斯里兰卡。❶不仅耗费了当地抗震救灾行动者的时间、精力和存储空间，而且还给灾民留下了羞辱和愤怒，似乎他们在接受世界垃圾。同样，令肯尼亚人震惊的是，据报道在 2006 年，一个新西兰公司表示愿意为那里受旱灾而饥肠辘辘的儿童捐出粉状狗粮。❷

即使提供了正确的救济，但如果是以不适当的方式交付也可能构成对灾民及其社区的侮辱。例如，伊朗巴姆大地震的幸存者们并不愿意接受标有"给阿富汗孩子们的礼物"的高蛋白饼干。❸ 在泰国和印度尼西亚的一些社区，他们对一些援助机构从事传教活动，甚至以改变宗教信仰为条件提供救济而感到不满。❹ 此外，在印度尼西亚，不同的国际机构提供给海啸受灾者的住房质量变化很大，成本从 4000 美元到 10000 美元，建筑材料从木质墙板到砖材料，从瓦屋顶到镀锌薄

---

❶ See TEC Synthesis Report, supra note 12 at 52; Patrick Barta and Eric Bellman, Sri Lanka is Grateful, but What to Do with the Ski Parkas?, WALL STREET JOURNAL (Feb. 3, 2005), at A1; See Aamer Ahmad Khan, Resilience Among Ruins of Muzaffarabad, BBC NEWS (October 28, 2005), available at http://news.bbc.co.uk/1/hi/world/south_ asia/4385234.stm.

❷ See Kenya Rejects Aid of "Dog Food", BBC NEWS (January 31, 2006), available at http://news.bbc.co.uk/2/hi/africa/4664884.stm. The donor in this case, a company specialized in producing dog food, denied that the product it had offered (called "Raw Dry Nourish") was in fact dog food. However, it was also reported that the ingredients included in the offered product were similar to those in its other products. See More Powder to the People, THE AGE (January 31, 2006), available at http://www.theage.com.au/news/world/us – high – fashion – goes – to – the – dogs/2006/01/30/1138590441198.html.

❸ Office for the Coordination of Humanitarian Affairs, Workshop of Lessons Learnt on the National and International Response to the Bam Earthquake, Kerman, Islamic Republic of Iran, April 14 – 15, 2004, p. 14.

❹ Australian Broadcasting Corporation: The World Today, Claims Tsunami Aid Used as Evangelical Opportunity (Dec. 19, 2005), at www.abc.net.au; Michael Gartland, Christians Defy Law to Convert Muslims in Tsunami Aftermath, John Hopkins University International Reporting Project (2005), at http://www.pewfellowships.org/stories/indonesia/indonesia_ christians.htm.

板都有，这导致了社区间的相互嫉妒和憎恨。❶

在国际救灾行动中，由于志愿者缺乏必要培训，导致特定的不尊重当地生活和民族传统习俗的不良行为时有发生，如消费未经批准的物品，在穆斯林地区饮酒、喧闹和失礼的行为，挑衅性的衣着和不恰当的男女关系等，挑战着穆斯林的生活习俗。正如一位受调查者所指出的，"在我们致力于努力做好事情的同时，我们却常常忽略了自己的活动对当地标准的影响"。虽然人人都说，这种不称职、无原则的工作仍是少数的，但它却能造成超出比例的负面影响。正如非政府组织影响倡议行动（NGO Impact Initiative）所警告的，"如果一小部分国际非政府组织未完成其预期的使命——或者更坏，伤害了他们所工作当地的社区居民——这样的失败将影响整个国际非政府组织领域，并更广泛地损害公众对国际非政府组织的信任"❷。

（四）滥用人道主义权力，忽略受援者的正当权利

在国际救灾情景下，问责的必要性首先来自一个简单的道理：一是由于各种原因，救灾行动会对受灾害影响的个人和社区的生活实践产生影响。人道主义行动者常常获得巨大权力。他们有权决定谁有权接受援助、谁无权接受援助；有权确定给予什么援助，什么时候给予，在哪儿给予；人们将走向哪里，他们吃什么，穿什么，在哪儿避难，他们享有多少私人和社会空间。众所周知，凡权力必有滥用的可能，所以，就如联合国难民署和拯救儿童组织在关于几内亚、利比里亚和塞拉里昂发生的儿童遭受性侵和性剥削的报告中所讲的那样，在某些情况下，这种人道主义权力可能会被滥用。与此相对应，要在人道主义领域建立一种问责文化和实践，就需要承认在提供救灾过程中受灾人员所享有的权利。

人道主义行动社会承认，满足紧急需要应当与推进可持续的解决方案联系起来，而受灾人员一定要对影响他们的决策有发言权。因此，

---

❶ Steven Weir et al., Community – based Disaster Response: Only One Component of an Effective Shelter Framework, 2006, pp. 18 – 19; Jane Perlez, After the Tsunami, Hope Gives Way to Anger, INTERNATIONAL HERALD TRIBUNE（July 27, 2006）.

❷ NGO Impact Initiative: An Assessment by the International Humanitarian NGO Community, 2006, p. 10. IFRC, Law and Legal Issues in International Disaster Response: Desk Study, 2007, pp. 137 – 138.

呼吁以权利为基础的人道主义工作方法，越来越多的以权利为基础的参与倡议意味着这一领域的思维方式和做法正在发生改观。❶ 受灾者的权利虽然目前在国际法方面还没有得到全面阐述，但从联合国有关人道主义文件、各非政府组织所编制指南、行为守则等规范性文件看，至少但不限于灾民享有参与决策权、知情权、获得公平对待权、人格和宗教风俗习惯受尊重权、申诉权等人权。由于在国际救灾过程中，人道主义援助主体与受灾者的权力地位存在着不均衡性，救援主体往往一厢情愿，忽视受援者的权利，把自己的一些想法和做法强加给接受援助者。

二、问责的界定

（一）问责的内涵和特点

传统意义上，问责被定义为提供账户的任务。根据爱德华（Edwards）和胡尔默（Hume）的观点，"问责一般被界定为个人或组织向公认当局提出报告的方式，而且被认为对其行为是有责任的"❷。

由紧急恢复发展集团（Groupe URD）、国际人道主义问责伙伴关系（HAP International）、援助中的人们（People In Aid）和环球项目（the Sphere Project）共同发布的《人道主义行动的质量与问责核心标准》（The Core Humanitarian Standard on Quality and Accountability, CHS）对问责所下的定义是："它是负责任地使用权力的过程，要考虑不同的利益相关者，对他们承担责任，且主要由那些利益受到影响的人来行使这一权力。"❸

问责要求一种简单化的结构，避免重复，要实现更大的影响；赋予权力并对工作人员管理负责；培育良管理精的更精简、更高效的非政府组织（NGO）要实现对结果负责。问责制需要非政府组织向其他

---

❶ Agnès Callamard, Accountability to Disaster - affected Populations, Extract from "International Disaster Response Laws, Principles and Practice: Reflections, Prospects and Challenges" published by the International Federation of Red Cross and Red Crescent Societies, Geneva, 2003, p. 156.

❷ Michael Edwards and David Hulme, Non - Governmental Organizations: Performance and Accountability, London: Earthscan Pub. 1996, p. 46.

❸ The Core Humanitarian Standard on Quality and Accountability - glossary, http://www. corehumanitarianstandard. org/files/files/CHS% 20in% 20English% 20 - % 20book% 20for% 20printing. pdf.

利益相关者团体或个人提供了其活动的专业或财务账目，并申明其正当性。它的预先假定是，非政府组织要有明确的政策，澄清对谁负责，为了什么负责。它标志着非政府组织愿意接受建议或批评，并根据这些建议和批评修改其做法。

非政府组织的问责制实质上意味着要给工作人员赋权并让其负责任，这些拥有更多权力的工作人员和有决策权的管理者，就要向非政府组织提升其宗旨和目标，并提高人力和财力资源的管理。

问责会有很多方式，但问责制最后要落实到责任人身上，换句话说权力只能委托给某个人。问责又是垂直的，自上而下的。上级把权力和责任委派给下属，因此，上级主管要对下属承担责任。问责制又是中性的，它既不是正面也不是负面的概念。优异的成绩要得到肯定，但失败可能就要给予制裁，包括撤销或修正工作系统。

在非政府组织中，问责机制需要诸多配套机制。例如，它包括文件，如法律文件、政策、任务、价值观、法规、规章等。它也可能是覆盖各种工作流程，发放和调配资源以及会计机制等形式。建立起内部和外部机构监督和调查非政府组织，以启动问责。制定涵盖目标设定、工作规划和绩效报告的政策，问责还会涉及司法系统，如要求对组织进行赔偿等。

许多组织范围内的问责机制也可以看出，例如，项目管理规划及审查，资源管理的合规性监控，并建立问责小组。项目管理规划和审查涵盖的问题，如加强对非政府组织管理人员的绩效考核体系，非政府组织的管理人员直接向咨询或指导委员会报告，实现可测度的目标，或审查前一年的业绩，并提出下一年目标。合规性监控需要定期监测财务和人力资源的规章制度的遵守情况，评估管理目标的实现程度，确定非政府组织各个单元中的问题区域，提出补救措施，并提供信息给高层管理人员以及问责小组。问责小组本身由高层管理代表担任主席，对非政府组织的管理权力和责任进行评审，并向高层管理人员和调查委员会报告，建议采取行动。

（二）NGO 问责的主要原则

问责的四个原则要求对权力和责任要有明确的界定，要对各个阶段人员参与的责任和权力给予指导和支持，对责任和权力实施监控和评估，并采取适当的行动。

1. **责任和权力必须明确加以界定**

要让人家负责就必须让人家清楚需要完成什么任务和职责，告知其预期计划，要达到的成果和可以配给的资源，如资金和人力资源等。还应当澄清监测和评价体系，还有组织的价值、政策、规章制度以及行为标准等，都应让责任人清楚。

2. **要求向负责者提供指导和支持**

人道主义救援行动是具有高度专业性、责任性的活动，因此，人道主义组织需要向其工作人员提供必要的专业指导，包括定期和及时地提供管理信息，培训和开发，获得高级管理人员以及提供财务和人力资源方面的咨询意见等。

3. **要求监测和评估责任和权力的需要**

这通过对目标和结果的客观比较来完成后，所涵盖的问题包括执行方案的制定、成本和质量；人力和财政资源的管理；决策权是否得到充分行使又不超标；遵守政策、价值观、规章制度和行动守则的情况。

4. **采取适当的行动**

这涉及通过评估，业绩是卓越、令人满意还是差强人意，这种结果是由于粗心还是漠不关心，因蔑视政策而执行责任和权力不力还是超出了决策权的界限。

三、国际人道主义行动问责机制的兴起

随着公民社会的发展，非政府组织成几何数增长，参与国际人道主义行动的非政府组织日益活跃，非政府组织积极参与国际事务已经构成 20 世纪下半叶的一个突出特征。对大量国际事务的参与以及在参与过程中出现的种种问题，引发了国际社会对非政府组织责任的关注。这种关注的最严重责任形式当然是刑事责任。在国际层面，对严重违反国际人道法行为的问责已导致几个临时法庭的建立，如前南斯拉夫国际刑事法庭和卢旺达国际刑事法庭，继而一个常设国际刑事法庭最终诞生——国际刑事法院，这是一个对犯有违反国际人道法的人，包括政府官员追究刑事责任的常设机制。

虽然诸如追究刑事责任这样的问责机制主要是由政府主导来构建的，不过，在国际救灾法中，很多情况下，更大的问责要求来自公民

社会本身，尤其是来自救灾部门，包括捐赠者、联合国机构和非政府组织。非政府组织的这种自我意识要归于过去 20 年被称为"评价革命"的浪潮。定性和量化评估的浪潮以及对救灾工作的研究本身让救灾行动者们日益关心质量表现及其影响。国际社会应对卢旺达种族屠杀联合评估常常被看成这种日益意识到人道主义行动的质量和问责问题的一个转折点。

　　问责显然不能是盲目的，必须要有一定的标准来衡量救灾行动的质量。依据标准进行评估才能识别出向灾民们提供的援助质量，从而据以启动问责机制。在 1996 年卢旺达评估报告发表后不久，人们就开始努力实施评估中的一个重要建议——建立一个独立的人道主义问责机制。这个倡议由英国提出，被称为"人道主义监察专员计划"（Humanitarian Ombusdsman Project）。2000 年 3 月在日内瓦召开的一个国际会议上，人们意识到一个国际监察专员尚不充分，人们真正感兴趣的是某种形式的制度化的问责机制。因此，人道主义问责项目就产生了，其目标是发现、检查和提出各种问责方法。

　　（一）联合国机构间常设委员会（IASC）关于对受灾人口负责的五项承诺❶

　　2011 年 12 月 IASC 负责人会议通过了对受灾人口负责的五项承诺，他们同意把"对受灾者负起责任"的内容并入到他们所管理组织的政策和操作指南中，并在他们的行动伙伴、在人道主义国家工作队（Humanitarian Country Team）以及联合国人道主义行动群组中加以推广。这些承诺是：

　　（1）领导力与治理。通过确保反馈和问责机制来证明他们对受灾人口的承诺，这要并入到国家战略、项目建议、监控和评估、招募、工作人员培训以及业绩管理、伙伴协议中，在报告中也要突出强调。

　　（2）透明度。它要求及时向灾民提供组织程序、结构和进程方面的信息，以便确保他们能作出明智的决定和选择，为救灾组织与灾民间的对话提供便利，向他们提供充足的信息。

　　（3）反馈和控告。它要求积极寻求灾民的看法，改进项目的政策

---

❶　以下内容选编自联合国机构间常设委员会网站：http：//interagencystandingcommittee. org/node/2812。

和做法，建立合理适当、富有活力的反馈和控告机制，通过沟通、接收、处理、回应和学习等方式处理那些控告违反政策、令利益相关者不满的行为。灾民们提出这类特别令人不满的行为涉及暴力、肉体虐待等，这会造成灾民的人权受到侵害。法律上、心理上的或其他方面对灾民的伤害同样受到灾民的抱怨，因此，处理这些问题的程序也应当具备。

（4）参与。让受灾人员在决策过程中发挥积极作用，通过建立明确的指南和做法来影响他们，确保多数被边缘化的人能够有代表参与，能够产生影响。

（5）设计、监控和评估。设计、监控和评估计划的目标和宗旨要有灾民的参与，救灾组织不断地从中学习、反馈、报告这些进程的结果。

为了保证对受灾人口的负责这项工作的常态化，2012 年 7 月，机构间常设委员会（IASC）成立对受灾人口负责（Accountability to Affected Populations，AAP）特别小组。2012 年 1 月，机构间常设委员会的工作人员还组建了保护不受性剥削和性虐待（Protection from Sexual Exploitation and Abuse，PSEA）特别小组。2014 年 1 月，他们共同组成为机构间常设委员会 AAP/ PSEA 特别工作组。

一个关于 PSEA 问题的评审得出的结论是，机构间常设委员会如果要恢复其在这个问题上的领导地位，就必须加快在人道主义社会中防止性剥削和性虐待（PSEA）工作的步伐。这是因为，人道主义背景下的性虐待和性剥削存在较高的发生风险，需要采取强有力的措施。机构间常设委员会认为，与维和领域相比，人道主义部门在这方面缺乏进展。他们提出，人道主义团体需要提高对秘书长 ST／SGB／2003/13 公报的执行力，该公报要求对防止性剥削和性虐待采取特殊措施，并需要最高级别的人道主义领导人参与进来，通常认为，这是整个报告在确保 PSEA 进程方面的最关键因素。

工作组承担了四项主要任务：（1）机构间以社区为基础的投诉机制试点（CBCMs）；（2）合作、支持人道主义国家队在集体层面制度化 AAP & PSEA，强化整个领域的一体化；（3）与捐赠方一道发挥在提升 AAP/PSEA 议程中的作用，包括提高资助接受方说明 AAP & PSEA 的条件；（4）制定更广泛的倡导战略，确保所有人道主义服务提供者意识到他们的作用，有实施 AAP & PSEA 的责任，并在整个部门建立知识管理资源，构建并实施 AAP & PSEA 最佳做法。

工作组试图建立一种制度层面的"问责文化"，即将对灾民负责制度化，包括 PSEA，在每个人道主义组织的职能和资源配置中实现制度层面的统一、协调和相互学习。APP/ PSEA 工作组各成员在 2013 年 10 月开发了一个为期两年的工作计划。根据 IASC 网站披露的信息，目前已有两个阶段性计划的评价：

（1）2011—2014 计划。在 2011 年 12 月，机构间常设委员会负责人核准对受灾人口负责的五项承诺（CAAPs）。他们同意"……要把 CAAPs 纳入到其组织的政策和务指导方针中，并推广到他们的业务伙伴中，推广到 HCT 和群组成员中"。该负责人还同意制定一个机构间常设委员会行动框架草案及相关工具。

（2）2014—2016 计划。尽管越来越多的非政府组织表明在建设组织的"责任文化"方面取得了相当的成功，机构间常设委员会负责人也于 2011 年批准了五项承诺，但 AAP 工作仍没有在顶层、机构间或者群组层面被充分地置于优先地位，这反映了在应对危机过程中需要更多地协调利益相关者和受灾人群间的定期沟通，确定优先工作。成功和有效的 AAP 措施才能确保对于性别敏感性的工作要有制度地部署，而且要承认所有社区内的多样性和不同需求，对此作出适当的应对。

与更广泛的 AAP 努力相联系的是，由人道主义工作者实施的性剥削和性虐待（SEA）是对受灾人口负责这项工作遭遇的最大失败。当这种事情发生时，所有人道主义组织和工作人员的声誉都处在危险之中。IASC 负责人一致认为，预防和应对人道主义工作者的 SEA 是他们组织工作的优先事项，需要在救灾现场工作的所有人的共同努力。

（二）国际红十字会和红新月会联合会（IFRC）的问责机制❶

正如 IFRC 官方网站所说，作为在人道主义领域全球领先的行动者，IFRC 承诺对多个利益相关者：受益人、各成员国家红会、治理、工作人员、志愿者、政府、捐助者、外部合作伙伴等负责。

---

❶ See https://www.ifrc.org/en/who - we - are/performance - and - accountability/#sthash. GFUUHtD8. dpuf.

该组织的工作是建立在它的使命和价值观基础上，其目的是为它的工作中心提供人道主义援助。它确立了七个基本原则来指导联合会的工作，有一系列的文件反映了 IFRC 致力于问责，其中包括：

《国际红十字与红新月运动和非政府组织在救灾行动中的行为守则》，尤其是其中第九个原则："我们既对我们寻求援助的那些人负责，也对那些我们接受其资源的人负责。"（1995 年）

《国际红十字与红新月运动良好合作伙伴关系守则》（2009 年）。

《红十字会与红新月人道主义援助原则和规则》（2013 年）。

《人道主义宪章和人道主义响应最低标准——环球标准》（以下简称《环球标准》）。

2014 年，国际红十字与红新月联合会执委会确认了一个问责框架方法。在这个框架下，努力满足最高的专业和实践标准。这一框架下对问责的定义是："一个持续的过程，通过这一过程，创建一个组织和那些受它工作影响的人之间的尊重关系。要做到负责，就要履行承诺，对照确定的承诺和期望，帮助并促进利益相关方评估一个人的行为，并对这种评估作出适当反应。"

IFRC 认为，尊重对于东道国接受他们的存在，对于能否接触受益者以及要想获得捐助者的支持，都是至关重要的。IFRC 公开宣示，他们不惧怕问责，相反，完全能够接受它。上述定义抓住了问责制的几个主要特点，形成了一个框架基础。如下所示：

赋予利益相关者以能力：根据对问责的定义，IFRC 为利益相关者提供必要的信息和机会，使其能够问责。

对照界定的预期开展评估：利益相关者都能够针对预先确定的标准、规范和期望评估国际联合会的行动。

对评估作出适当回应：为了使评估富有有意义，无论根据评估提出合理建议还是证明了现有做法是正当的，国际联合会都要对评估结果作出回应。

为了实现问责，如上所定义的，必须遵守四个关键条件：

（1）设定预期：我们会澄清利益相关者期望他们做什么，据此可以开展后面的评估。

（2）信息披露：积极让利益相关者获得必要的信息，以作出评估。

（3）利益相关者的评价：我们支持利益相关方评估我们的机构。

（4）学习和改进：我们会考虑评估的结果，作出适当的回应，并纠正不正确的做法。

IFRC 设计了一个问责车轮来形象地表达问责的四个组成部分：

这些关键条件可以用一个车轮来表示四个阶段，居于中心的尊重作为基本动机或驱动力。问责轮对每个利益相关者群体是唯一的。它可以用于各种方式来分析 IFRC 各级的业务流程和利益相关者微观和宏观层次上的问责。该组织的整体问责体系包含无数个类似的相互作用的轮毂。这个车轮是永动的，产生着尊重的关系。使用车轮方法确保了 IFRC 秘书处及其成员国家红会使用统一的问责方法。该框架和方法将有助于国际联合会和各国红会实现问责制领域的最佳做法，同时考虑到不同成员的背景。该方法的目的是简单，容易沟通。

问责的核心工作包括：

（1）透明度要求：IFRC 认为，有效的风险管理和形成一种问责文化与透明度都至关重要，构成一个强大而全面的问责框架的组成部分，有助于形成完善的管理实践。

（2）风险管理与审计要求：2014 年普华永道的一个报告肯定了 IFRC 内部审计制度的力量，给予了"高度信赖"的评价。IFRC 风险管理和审计主任可直接访问治理审计与风险委员会主席和成员。外部审查机制：除了自身的内部审查，IFRC 还接受外部合作伙伴和捐助组织的审查。

（3）监测与评估：及时和可靠的监测和评估（M&E），能够识别

国内的、地区性的及全球层面的人道主义趋势、优势和需要改进的地方。●

（4）报告机制：作为进一步发展和加强问责和透明度文化的一部分，为了跟进国际联合会《问责和透明度行动计划》的执行，国际联合会致力于季度进展报告的编制，报告其行动项目的实施。该报告描述了作出审查期间的进展情况，提供对尚未完成工作的概况，并确定实施的时间框架计划和行动要点。●

（三）国际人道责任伙伴组织（HAP - International）"2007 人道责任与质量管理标准"（简称 HAP 标准）

国际人道责任伙伴组织（HAP - International）与其合作伙伴、灾难幸存者及其他各方一起制定了"2007 人道责任与质量管理标准"（简称 HAP 标准）。

这个体系旨在确保获得认证的机构能够根据 HAP 标准来监督其人道行动的质量。实际上，有效期为三年的 HAP 证书意味着外部审计人员能够了解该组织的使命、账务和控制系统，从而确保其行动和整体问责制度更为透明。正如国际人道责任伙伴组织所言，"2007 人道责任与质量管理标准"是人道组织的质量保障工具。通过将一个组织的运作程序、政策和成果与 HAP 标准的六大基准进行比较，就有可能衡量这个组织在确保其人道工作的质量和问责制度方面的表现。

遵守这一标准的各个组织：

（1）宣布遵守 HAP 人道行动原则及其自身的人道问责框架。

（2）开发并实施人道质量管理系统。

（3）为重要利益相关者提供质量管理方面的关键信息。

（4）使受益方及其代表能够参与项目决策并表示知情同意。

（5）确定工作人员的能力和发展需求。

（6）建立并实施投诉处理程序。

（7）建立持续改善的工作方法。

● See http：//www.ifrc.org/en/who - we - are/performance - and - accountability/#sthash. TVdJnUbf. dpuf.

● See http：//www.ifrc.org/en/who - we - are/performance - and - accountability/reporting/#sthash. ANBeQmkP. dpuf.

（四）《人道主义行动质量和问责核心标准》

《人道主义行动质量和问责核心标准》（The Core Humanitarian Standard on Quality and Accountability，CHS）完全是一些非政府组织要求统一人道主义行动质量和问责标准的结果。它是由国际人道主义问责伙伴关系（the Humanitarian Accountability Partnership，HAP）、援助中的人们（People in Aid）和环球计划（the Sphere Project）提出的一个共同标准倡议计划（the Joint Standards Initiative），给它们联合起来寻找更大范围的人道主义标准的统一。这一倡议计划引起超过 2000 名人道主义人员的共鸣并参与磋商，这些人分布于诸多人道主义组织总部、地区性组织以及灾害多发国家。大家反馈回来的信息集中在，强调需要统一的标准，受危机影响的社区和人民应当是人道主义服务的中心，人道主义原则应当成为活动的基石等内容上。

2014 年 12 月 10 日，在丹麦哥本哈根举行的会议上正式通过了《人道主义行动质量和问责核心标准》（the Core Humanitarian Standard on Quality and Accountability，CHS），另外还有人道主义响应指导委员会（SCHR）所给出的认证审查结论和建议。这两项举措都标志着在人道主义工作及其问责前进道路上迈出了重要一步。会议由丹麦外交部主办，有超过 100 位人道主义领导人和决策者代表非政府组织、联合国和各国政府参加。

丹麦贸易与发展合作部长莫恩斯詹森说："这是很了不起的，这么多不同的人道主义机构已经成功地商定了一套共同的人道主义标准，这些标准在未来岁月将为人道主义援助提供指导标准。我认为我们不应低估所有人道主义救援人员现在有了一套这样的标准这一成果的重要意义，它也是对世界人道主义高峰论坛的一个重大贡献，它将使人道主义援助更有效，更专业。"

核心标准是对要求人道主义行动标准统一和简化的第一个回应，这一标准将会有助于适应行动环境的重大变化。人道主义组织可以把它作为一种自愿采用的标准，将其纳入内部程序中去。重要的是，它无论是对受危机影响的社区和人们，还是对参与回应他们需求的人道主义组织和人员来说，都描绘了一个良好人道主义行动的轮廓。

《核心标准》的制定历时 12 个月，分阿拉伯语、英语、法语和西班牙语四种语言的国家进行了三个阶段的磋商，吸引全球超过 1000 个组织和个人提出了意见和建议。磋商还涉及两个月的测试阶段，在这一阶段，有 60 多个组织在其总部和实地测试了《核心标准》草案。把这一切汇总，最终取代了《2010 年质量管理和问责标准》（这是之前由并入的人道主义问责伙伴关系组织所制定的标准，通常被称为"HAP 标准"）、《援助中的人们管理和支持援助人员良好做法守则》和《环球手册》中的核心标准部分，并且还将被纳入《质量罗盘》（Quality COMPAS）参考框架中。《核心标准》汇集了当代最有影响的一些人道主义组织所制定的质量和问责标准的共同要素，这些标准包括但不限于：

（1）《国际红十字和红新月运动及非政府组织救灾行动守则》（The Code of Conduct for the International Red Cross and Red Crescent Movement and NGOs in Disaster Relief）。

（2）《人道主义问责伙伴关系 2010 年问责和质量管理标准》（The 2010 HAP Standard in Accountability and Quality Management）。

（3）《援助中的人们管理和支持援助人员良好做法守则》（The People in Aid Code of Good Practice in the Management and Support of Aid Personnel）。

（4）《人道主义宪章及核心标准》（The Sphere Handbook Core Standards and the Humanitarian Charter）。

（5）《质量罗盘》（The Quality COMPAS）。

（6）《联合国机构间常设委员会对受灾难影响人民的责任》（The Inter – Agency Standing Committee Commitments on Accountability to Affected People/Populations，CAAPs）。

（7）《联合国经济合作与发展组织发展援助委员会评估发展与人道主义援助的标准》（The Organisation for Economic Co – operation and Development's（OECD）Development Assistance Committee（DAC）Criteria for Evaluating Development and Humanitarian Assistance）。

制定这个统一的《核心标准》的目的是通过一系列方法实现：

（1）促进对受危机影响的社区和人民负起更大的责任，并提高向他们提供服务的质量。

（2）制订工作计划逐步实施《核心标准》并持续改进。

（3）质量监督和问责，用《核心标准》作为一个框架，以支持现有的组织和技术标准。

（4）自我评估并改进项目的质量；验证或认证是否相符，并证明这也符合其他标准。

（5）在相关方面评估内部流程和对工作人员的支持如何满足《核心标准》为行动和组织所设置的责任。

乔纳森·波特（Jonathan Potter）作为"援助中的人们"的执行董事代表这三个组织表示："通过汇集这些不同标准的共同元素，我们就可以让人道主义行动者更加简单地对所服务的社区和人民负责，并提供质量更好的行动。""该《核心标准》是由部门集体所有，任何修订都将是一个集体性和包容性的努力。HAP标准、援助中的人们和环球项目将继续在推广、使用和修改标准中发挥作用，它将是由HAP和援助中的人们合并后形成的新组织的中心。"

由SCHR领导的认证评审探索外部验证和认证体系的相关性和可行性，以促进在计划实施中有更稳定的质量，对受危机影响的人群和其他利益相关者负起更大的责任。

《核心标准》提出了9个方面的问责标准和承诺：

（1）受危机影响的社区和人民获得的援助要适当且符合他们的需要。

（2）受危机影响的社区和人们能够在正确的时间获得他们需要的人道主义援助。

（3）受危机影响的社区和人们不会受到负面影响，人道主义行动应是有更多准备、有恢复力和更少风险的活动，要能增强当地能力。

（4）受危机影响的社区和人们应了解自己的权利和待遇，有机会获得信息和参与影响他们的决策。

（5）受危机影响的社区和人民能获得安全的和有回应的处理投诉的机制。

（6）受危机影响的社区和人民能够获得协调的、互相补充的援助。

（7）受危机影响的社区和人民期望人道主义组织能够吸取经验，反思学习，改进援助。

（8）受危机影响的社区和人民得到的援助是称职、有能力和得到良好管理的工作人员和志愿者提供的。

（9）受危机影响的社区和人民能期望援助他们的人道主义组织能有效地管理资源，富有效率，坚守道德。

《核心标准》由对受灾社会和人民的九项承诺组成，它规定他们期待救灾组织和个人能提供人道主义援助。每一项承诺由一个质量标准来支撑，它指明了人道主义组织和工作人员应如何工作才能满足这些承诺。

《核心标准》的结构如下：

（1）九项承诺；（2）起支撑作用的质量标准；（3）要履行承诺需要采取的关键行动；（4）组织支持关键行动，维护行动一致性和系统性的组织责任。

关键行动和组织责任分别从两个方面描述：

（1）从事人道主义行动的人员应该做什么才能始终如一地提供高质量的项目，并对那些寻求援助的人负责；（2）从事人道主义行动的组织确保员工提供高品质，对人道主义援助负责任的政策、流程和制度。

四、对人道主义救灾行动问责的实践——以 SCHR 同行评审方法为例❶

人道主义响应指导委员会（Steering Committee for Humanitarian Response，SCHR）是由红十字国际委员会、国际救助贫困组织（Care International）、教会一起行动（Action by Churcher Together）、国际慈善社（国际天主教慈善社联合会，Caritas Internationalis）、拯救儿童组织（Save the Children）、世界信义宗联会（Lutheran World Federation）、联合国难民署、国际红十字和红新月会联合会、乐施会（Oxfam）9 个主要的国际人道主义救援组织，为了支持和增进对人道主义领域更高的服务质量、问责以及开展相互学习，创造了同行评议（peer review）程序来强化和加深各方的努力，展示各个组织对灾民负责上所作出的努力。

这种方法由于以促进相互学习为目的来增进"对灾民所负的责

---

❶ See SCHR Peer Review on Accountability to Disaster - Affected Populations - An Overview of Lessons Learned, January 2010, http：//www. schr. info/assets/uploads/docs/100212 - SCHR - Peer - Review - lessons - paper - January - 2010. pdf.

任"（Accountability to Disaster – Affected Populations），因此，它们更加重视各组织问责的最佳实践，通过对问责实践进行评议，发现并改进各自的不足，借鉴其他组织的经验。这种做法立足于由各国自己以及国际救灾指挥部中央层面自我评估，通过召集受灾社区、救灾工作人员、救灾组织成员及其伙伴机构开展对话为基础。根据这种对话，加上对各组织提供的核心文件的评审，再由各机构间评审队写出报告，并引入外部机构参与评价来促进作出更加准确客观的结论。报告会概括那些主要成果，突出良好做法，并提出进一步强化各个组织对灾民负责的建议。

通过同行评议，9 个组织发现它们有着如下共有的问责关切：（1）要承认并消除救灾组织与灾民之间的权力不均衡；（2）要让灾民们参与影响他们生活的重要决策和进程。（3）与灾民们建立起感觉受到尊重、感觉有尊严的关系。（4）分享相关信息，公开沟通，向灾民提供反馈并与他们磋商。（5）诚信而为，信守承诺，建立信任。

同时，它们也通过评审获得了如下方面的经验：（1）共同的价值观是组织问责的思想基础；（2）问责需要过程管理；（3）最大限度地让受灾群体参与；（4）塑造对内部人员负责的模式；（5）建立寻求反馈和控告的机制；（6）问责需要在合适的时机实施；（7）在危机到来前就建造好关系和能力；（8）透明度要求；（9）公平负责地对待合作伙伴；（10）加大问责投入。

（一）共同的价值观是组织问责的思想基础

所有 9 个组织都承诺对其灾民负责，这是其组织的核心价值或原则。它们意识到问责不仅对于灾民十分重要，而且对它们自己也具有重要意义：因为问责就要求救灾组织改变工作的方式，与利益相关方建立起不同的关系以减少他们之间的力量悬殊对比。同行评审中的学习不仅指向需要关注政策和制度，还需要关注态度和行为。

《国际红十字与红新月运动和非政府组织救灾行动守则》中就包含几个对受灾人群负责的直接相关的原则。这些守则条款常常通过核心组织政策已经内化到员工的行为守则当中。在这种情况下，行动守则中的理念就可通过员工守则的遵守付诸实践。

当然，要把组织的价值观付诸实践，首先还需要组织提高领导力，在领导层面勇于承担责任；其次是建立承担责任的方法，并对实施结果加以评估和奖励。这既包括救灾项目整体层面的质量问责，也包括对个别工作人员的问责。

当各个工作人员的价值与整个组织的价值协调一致时，就证明问责是最强有力的。当个体感觉他们的信仰得以实现时，这种协调一致就能实现，因为通过组织，他们的个人信仰得到增强，得到肯定。最终，责任实际上是通过对组织事业的关爱、人格受到尊重这种价值之外的东西来体现的。

例如，所有这些组织都制定了自己工作人员的行为守则，这些守则建立在组织的价值和原则基础上，明确了期待员工做什么。这些守则还规定在了组织与员工签订的合同中，常常用作界定员工不当行为的参考。这些守则可能不只是指导员工个人的主要文件，也是构建组织文化和责任的重要制度。如《世界路德教联合会（LMF）关于禁止权力滥用及性剥削行为守则》（LWF Staff Code of Conduct Regarding Abuse of Power and Sexual Exploitation（2005））中就规定："可以理解，本守则指涉 LWF 雇员与其所服务的人之间的工作关系中发生的任何类型的权力滥用和性剥削。"它还给出了"权力滥用"的定义："权力滥用就是向那些权力较小的人实施身体上、心理上、情感上或者性方面的权力展示。性活动，即使是同意的，在权力不平等的意义上发生的性关系就是权力滥用。"

这些行为守则是否能够塑造负责任的行为将取决于诸多因素，包括该组织的价值是否符合员工的现有态度、动机和道德，对行为守则的传播、理解及强化的程度。问责既包括机构层面也包括个体层面。承认问责对灾民的重要性需要落实到个体身上，组织作出承诺也要个人来落实，但组织可以培育环境来增强个人已经拥有的价值观。问责最好是植入或嵌入现有的程序和工具中，这样就能使其成为救灾工作的组成部分而不只是一项规划、一种理念、一种设计。

组织还要建立相应的机制，如投诉机制、举报程序以及招募筛选机制。这些机制可以过滤掉那些个人价值、言行举止不能表达对灾民必要的谦卑和尊重的人。例如，联合国难民事务高级专员（UNHCR）就向新招募人员提供常规的、强制性的行为守则培训，这被广泛认同为一种提醒、鼓励员工尊重核心的组织原则的一种好形式，另外还有用于激励讨论和反思的场景。

这几个组织都认为，员工业绩评审是实现个人与组织价值体认的重要手段，它为监控员工表现是否符合组织价值和目标提供了一种策略。业绩评价会成为推动员工对灾民负责的激励措施。组织如果把对难民承诺的反馈作为对员工业绩评价的一部分，将有助于增强与所有利益相关者的信任和理解。例如，国际红十字会就按行为守则和红十字原则对员工进行业绩评审，包括对受灾者、其他员工、其他有联系的人是否体现了尊重，是否对社会、文化和宗教环境保持较高敏感度，对当地行为标准是否给予足够的尊重，是否成为行为楷模等。组织通过行动的直接负责人以这些手段来评估员工的行为并强化组织对员工的期望。

员工的态度和价值也对组织的政策和指南产生强烈影响，决定着这些价值和指南会不会被遵守和付诸实践。所有组织都会努力弥合政策与常年实践之间的差距。跨组织工作人员强调创造时间和空间对团队的话语和交流的重要，以及有可能的写入时间来把全球话语变成符合当地实际情况的具体措施。

（二）问责需要过程管理

同行评议让人们逐步认识到，对灾民的责任最终要落实到工作方法上，并不是一张"责任活动"清单。责任承担更多的是意味着一个过程而不是一种最终状态。负责不能只是当作一项规划工程，对灾民的责任要求救灾组织以不同方式工作但不是做杂乱无章的事情，它是追求一种过程，让这个过程改变与受灾人群关系的性质而不是实现问责的最终状态。为此，强力而有效的过程管理是建立正确的制度环境（负责任的文化）的关键，在这种制度环境下，问责过程才能得到认同，持续的努力改进问责和不断学习才能得到支持。

一般说来，"问责"这一术语在参与救灾组织的工作人员中并没有得到很好的理解，特别是在国家方案层面上。此外，该术语本身常常会妨碍个人的理解，以至于对问责保持一定距离，只作为政策制定层面的修辞而不是指有责任采取行动。这表明，需要有循序渐进和务实的指导，指导组织如何能够实现他们对受灾者的责任，如通过投诉机制让利益相关方举报救灾人员的不当行为，让受灾人员就影响他们的重要决策参与磋商，就专业知识学习情况提供反馈，就捐赠分配的及时、公平、有效性提供评估。

(三) 最大限度地让受灾群体参与

灾民的参与不应仅仅被限制在评估过程中，就现状看，很多救灾组织对于向灾民的反馈仍远远不够。须知，有价值的参与来自以反馈程序为特征的双向对话，它要求灾民们参与重要的决策，包括验证和鉴定救灾行动是成功了还是失败了。

一个较好的例证是，在也门，由国际红十字和红新月联合会的三个国内红会成员组成的行动联盟运行了一个健康计划，其特点是高水平的社区参与，包括工程的设计和实施。此外，社区代表还被邀请参加了一个高级项目评审会议，在会议上，他们提出了他们所认为的该项目的长处和弱点，以及他们认为在未来应该作出的修改。他们给这个项目如何改变受灾者的生活提供了强有力的证词。

救灾组织很少给受灾者一个适当的位置让他们评估救灾措施的影响，并评审其表现，从受灾者那里获得教益，受灾者未被视为服务的最终用户。富有意义的参与是双向对话这种方式，其特征是有效的反馈过程。它要求受灾者参与关键决策和业务，检验救灾行动的结果和影响，成败和得失。负责任的救灾更多体现在救灾组织及其工作人员是否真正做到了尊重受灾人口，并与他们采取了合作的态度。

例如，红十字国际委员会的哥伦比亚项目策动了在紧急干预措施结束 6 个月后的后续监测访问。这些访问是用来让受灾居民评估提供援助的适当性，从而改善正在进行的项目。LWF 在哥伦比亚进行了 3 个阶段的评估：首先是要求社区识别哪些是好的项目，哪些是坏的项目；然后由 LWF 团队承担自我评价工作；最后是把这两个环节合并成一个大家都认可的整体分析。

救灾组织通过学习过程获得的最早教训就是对灾民的责任不能与组织对所服务的特殊人群，如贫困人群、边缘化的群体、被监禁者、有污点的人等的责任割裂开来，这就要求把整个发展和救灾领域的学习、思考、实践融合起来，让尽可能多的人参与，对所有人一视同仁，平等对待，甚至对特殊群体给予更特殊的关照，平等和尊重观念要深入整个组织和那些招募人员的核心当中。

(四) 塑造对内部人员负责的模式

表面上看，救灾组织对灾民负责与对内部人员负责并无关系，但其实不然。试想，一个组织如果竟不能对他自己的人员和成员负责，何谈对灾民负责。组织如果在管理上能容忍滥用权力，不能提供可信的方式让人们发泄怨气，这样的组织文化就可能破坏和阻碍对灾民负责的努力。因此，这就要求：（1）确保员工或成员能理解组织对受灾人员负责的预期是什么，要求他们扮演怎样的角色、需要什么样的行为以及要承担怎样的责任。（2）确保员工或者成员掌握把组织承诺转化为实践的技能。（3）建立一套监控执行问责原则的制度，这既包括对受灾者，也包括对员工或成员的。（4）确保所有员工或成员了解投诉程序，而且对所有的报告都要回复。

尽管组织的政策和指南很重要，但它们并不足以确保问责。它们还需要内化到员工心中并加以运用，这就要求强大的领导力和榜样示范以真正向员工灌输负责任的行为。

机构的结构维度会对问责的内部配置产生影响。由于 SCHR 组织所具有的联盟结构，在这类组织中，有一个问题就是中央协调办对成员组织如何负责的问题。同行评议把各成员组织办公室作为每个联盟的切入点，中央协调办的任何倡议都要依赖与成员强力而有效的关系，才能贯彻中央协调办的方针和政策，如果协调办对成员的管理权威要么不存在，要么十分有限，会员结构肯定会提出挑战，因此，共同的价值、职业意识和长期存在的协调共济会成为联络会员的重要力量。

（五）建立寻求反馈和控告的机制

反馈和控告机制会减少组织作为救灾服务提供者与灾民作为个体接受者之间的分歧。这就需要基于现有的进程与受灾群体共同规划一种适应当时情境的方式，还需要积极努力地掌握所有灾民次级群体的看法。

跨境救灾作为一项人道主义活动，其实质应视为对灾民提供无偿服务的过程。考虑到这一因素，消费者决定愿意购买商品和服务的程度很大程度上取决于所提供商品与服务的质量。诚然，在国际救灾领域，"消费者"并不是其所收到货物与服务的购买者，他们一般也没有"用脚投票"的地位去选择另一个提供者。但正因为如此，人道主义主义行动者常常会忽略了提供商品和服务的质量，结果是许多救援物资的提供者十分强调向捐赠者报告、对捐赠者的要求负责，却相对很少强调对受益人（灾民）主观上的满足负责。因此，在 2005 年人道主义责任报告中，人道主义问责计划（HAP）推断捐赠者和人道主义服务提供者同样没有强调对受益人负责的重要性，所做工作也不到位。2005 年受巴基斯坦地震影响者弗里茨组织（Fritz Institute）所进行的一项调查也发现："大多数家庭报告，在促进他们恢复生计（98%）、居所（98%）和食物援助（97%）方面的决策过程中他们没有任何参与"，印度洋海啸评估联合会（TEC）的报告发现，海啸后许多"受灾者感觉'快要死了'，虽然会见我们很多但多是走马观花，草草应付而已"。❶

对灾民负责的关注，在国内层面做得较好的例子，可以斯里兰卡为例。在斯里兰卡，国家人权委员会采用设立专门的"救灾监控部"这一创新途径来解决受影响者对国内与国际救援工作失败的投诉。在救灾监控部运行的早期，该部每天都收到超过 200 封信件，并进行了大量的实地访查来协调受灾害影响者和救援提供者。它定期公布关于出现问题领域的报告，并成功地影响了政府和其他参与者的反应。其他国家的人权委员会在回应受灾者投诉方面也很积极，当然一般只关注于他们本国的政府。同样地，我们也越来越多地看到，一些国际救援组织也开始建立受益人投诉制度。❷ 在国际组织层面，这一问题也在一些机构的政策声明中提及。例如，1995 年红十字会和红新月会国际会议就作出了一个关于"开发性救援的关键要素"的政策性文件作为其决议的附件，该文件呼吁救援人员确保"即使在特别困难的情况下（如对大规模流离失所人群进行救援）"也要留意将受益人纳入决策过程中，并要"尝试对灾难幸存者负责"，包括在"计划、实施和预期的救灾项目持续过程"中共享信息。同样，世界粮食计划署《关于人道主义原则的政策》也将受益人参与看作"有效人道主义行动的基石"之一，并承诺本机构"让作为受益人的男男女女参与所有可能参与的行动"。一些人道主义法则和标准也强调了受益人的参与。红十字会红新月会非政府组织行为守则规定"应当寻求各种途径让项目受益人参与到救援物资管理中"，环球人道主义宪章强调"我们应当对我们找到并援助的人承担最基本的责任"，它的最低标准也包括受

---

❶ See IFRC, Law and Legal Issues in International Disaster Response: A Desk Study, 2007, p. 141.

❷ See IFRC, Law and Legal Issues in International Disaster Response: A Desk Study, 2007, p. 141.

益人参与和对一些相应部门的投诉。良好人道主义捐助准则"要求实施人道主义行动的组织确保受益人对人道主义行动的设计、实施、监管和评估进行尽可能最大程度的、充分的参与。"此外，HAP 责任原则和"责任与质量管理标准"倡议受益人应当被恰当地告知和参与到救援项目，并且给予他们充分、多样、可用的途径来进行投诉。❶

以埃塞俄比亚和海地为例，非正式的投诉机制一直都存在，紧扣现有社区和政府的做法。尽管是非正式的，但这些机制似乎备受推崇。投诉渠道包括村里的长者、传统领袖、区管理员、社区发展委员会主任或救灾机构的工作人员。然而，尽管这样一种投诉文化受到重视，但却没有相应的核查措施：首先，一个社区各阶层要知道他们有权利并有手段提出申诉；其次，一旦收到投诉，还要有必要的程序来加以处理和反馈。

SCHR 调查发现，各个组织通常都会使用"投诉箱"或者"意见箱"的方式来收集灾民的意见和投诉。在肯尼亚，难民营的灾民对投诉系统提出以下问题：

（1）对这些机制如何运行不太了解，特别是哪些类型的问题可以投诉。

（2）他们怀疑是不是所有人都能有效地利用这些机制，口头投诉能否实际发送给救灾组织。

（3）有些人不信任这些机制的安全性，担心如果他们"抱怨太多"，或者一个投诉搞得众人皆知，救灾组织会通过减少资助来进行报复。

（4）许多人感觉救灾组织对投诉的答复质量不高，不够及时。当然有时常常难以确定申诉者是否及时收到了答复，或者虽然已经收到了但对所作出的反应是不是并不满意。

虽然它们是投诉工作人员或服务的一个值得称道的手段，但意见箱如果要成为一个更广泛的反馈系统的组成部分，还需要努力实现让更广泛的居民参与进来，既包括那些会写字的人，也包括不得不花钱找人写投诉的人，或能够到达有邮箱的地方，或到达有信心去投诉的

---

❶ See IFRC, Law and Legal Issues in International Disaster Response: A Desk Study, 2007, p. 142.

人那里。

投诉机制还需要考虑到受灾人群中固有的权力关系，妇女的地位以及灾难的政治维度，这些是所有救灾组织面临的挑战。诸多缺点表明需要受影响群体的参与，受灾者的参与帮助来确保灾民更多地意识到投诉的目的和程序，让被边缘化的个体更好地接触这些机制。这可以采取多种形式，如设立国家监察员、由所有 10 个组织提供联合服务或者建立各个组织的自有机制。组织还需要注意确保有足够的工作人员、有能力来处理投诉，并系统记录收到的申诉和后续行动。

一个有效的投诉机制，应具有如下特点：

（1）安全。一个安全的投诉机制应考虑可能对所有各方存在的潜在风险，采取避免损害的方法。这包括保密，提供可能的人身保护，解决证人可能面临的报复问题。

（2）保密。保密是一项道德原则，它限制获得和传播信息，要求信息只提供给数量有限的有权开展调查的人。保密有助于创造一种证人更愿意讲述自己对事情看法的环境。

（3）透明。一种"透明"的机制意味着受灾社区的成员知道这种机制的存在，全身心致力于它的发展，并充分了解如何使用这种机制，确保成员能获得足够的信息，确保所有社区知道是谁负责处理投诉，负责交流处理结果。

（4）无障碍。这个机制是能够进入的，要有尽可能多的人能使用这一机制。社区必须被告知如何申诉，积极鼓励在出现问题时进行投诉。

SCHR 同行评审认为，只有少数组织有来自全国各地行动投诉的系统，投诉多数被不同利益相关者分散了。鉴于资源有限，任何报告过程都需要确保不要有不必要的负担，避免损害投诉救济的质量。

（六）问责需要在合适的时机实施

对人道主义需求作出快速响应是所有受访组织所认为的最紧迫的要求，但这并不妨碍对组织行动和项目执行展开问责，要尽可能地确保受灾者能够参与需求评估和救灾计划的制订，不过，在快速响应危机的最初阶段这可能很难。这就要求从一开始就要有敢于负责的方案，这样才会在实践中增强和加深责任的承担。

例如，CARE 海地行动就认识到应急准备计划对于在救灾阶段实施问责的重要性，但工作人员感觉，在眼前需立即"拯救生命"的阶段，时间是有限的，充分落实责任制原则是不可能的。为了解决这个问题，他们制定了一个"分阶段性"的办法：在最初的快速响应（最多3个月）阶段，他们每天进行述职报告，评估临时工作人员的"行为举止"，并鉴别任何社会、政治、环境上的制约，必须克服这些制约因素以便更好地定向后续程序。在后面3个月，CARE 就评估可以设计持久解决社区问题的资源。然后，在灾后半年里，该组织就能够开始实施持久的解决办法。

（七）在危机到来前就建造好关系和能力

问责作为一个过程需要嵌入救灾计划的每个阶段，尤其是应急准备工作阶段。应急准备对于确保问责的重要性已经得到诸多工作人员的认同，也得到灾民和合作伙伴们的认同。很多人感觉，要充分解决救灾阶段的问责，就应当通过对话、加强理解和提高工作人员技能等手段及早奠定能够负责的基础。

SCHR 各组织所采取的特别步骤就包括：与合作伙伴对话对救灾方式和相互负责达成共同理解；对工作方式形成一致看法，尤其是监控救灾质量的方式；对社区志愿者进行参与评估过程及评估工具方面的培训，使他们可以在需要时非常迅速地作出部署。当建立并培训当地民防委员会或灾害应急机构时，救灾组织需要考虑这些做法在救灾期间如何能够继续运行，特别是当国家几乎没有能力来支持他们的情况下。至少应努力跟踪这些机构，在可预测的高风险时期，如飓风季节到来之前，就识别和跟踪那些可能存在危险的领域。

例如，在尼泊尔，作为准备工作的一部分，乐施会就在支持开发一个标准化的机构间最初快速评估（Initial Rapid Assessment, IRA）模式中发挥了积极作用，包括做出专门努力，让当地合作伙伴和政府部门参与对评估工具的设计。乐施会培训合作伙伴和工作人员如何使用这种模式，并与一些合作伙伴达成协议以备快速部署 IRA 团队。这些准备使 2008 年科西河河堤决堤后当天就允许快速部署两个多学科IRA 队。一天之内就进行了 30 个核心问题小组讨论（包括男女分开进行）。参与的 46 名志愿者包括其他非政府组织的工作人员、政府工作人员和媒体人。在三天之内就提交了评估报告，并迅速作出了应对的措施。

（八） 透明度要求

尽管透明被理解为问责的一个重要维度，但救灾组织发现这极富挑战性。同行评审形成的一个共识是，除非有更好的理由不这样做，大家应该共同分享信息，这将有助于增强各救灾组织与灾民之间的互信。同行评审指出，以下信息是最低应当向灾民披露的信息：

（1） 都计划了什么东西（权利、救灾服务达到的目标以及达到这种目标设定的标准）；

（2） 这些活动要分配多少钱（遵守任何保密义务）；

（3） 为什么作出这样的决定（如在实施过程中改变了计划）；

（4） 对项目和预算指标（包括评估）要有定期的进度报告。

通过同行评审开发的"默认"工作方式是鼓励救灾机构共享信息，除非有很好的理由不这样做。如果出于安全考虑或尊重保密规定的话，这可能需要一个合理的方式来隐瞒信息。

项目过渡或退出的管理是各组织面临的共同挑战。与灾民的交流是最重要的，使他们能够很好理解该组织的动机和局限。否则，以前的受益人最终可能会感觉被遗弃或感到失望。这可能破坏对未来项目的主导权和责任，破坏组织对灾民负责的努力。社区应参与规划退出或转型战略，理论上，也包括项目的规划阶段，从而对于干预时间和资源上的局限也能保持透明。

（九） 公平负责地对待合作伙伴

责任不能推给合作伙伴，通过伙伴和其他中介开展工作被普遍视为是确保对灾民负责的一种挑战。虽然各个组织工作的具体情况各异，但他们的共同发现是，如果把对受灾者的责任转嫁给其他伙伴，那么捐赠组织就无法对那些人负责，除非它能有效地将其责任要求移交给伙伴组织，并能验证这些要求能够付诸实践，因为问责要求作为各角色的职责所在，是需要得到认同、支持和监控的。如果不能这样，间接负责在实践中就是不负责，因为并没有明确的能为大家所认同的角色定位和责任分配。合作伙伴也需要参与到问责过程中来，应当对他们的行动负起责任，充分信任伙伴关系，分享来自受灾社区的关切。

例如，拯救儿童组织（Save the Children）在科特迪瓦为主要捐赠者实施了一个他们提出的保护建议。合作伙伴非常密切地参与了所有步骤，包括预算的制定。虽然过程并非没有冲突，但所有参与的国家受访者感觉，这已经是帮助巩固与合作伙伴关系质量的非常宝贵的经验。

伙伴关系不仅要注意扩大活动的能力，而且要与伙伴建设信任关系，善始善终，这在联盟组织一类的合作中尤为重要。所有参与组织都在努力确定如何通过合作伙伴实现自己的责任。他们怎么能保证其成员、合作伙伴和中介既能向受灾人群负责又能对他们（SCHR）负责呢？面临的挑战就是建立在相互尊重基础上的对话，理解共同的需求和关切，承认他们各自的能力，以及开放性讨论如何尊重捐赠资金的分配要求。同行评议指出，在一起工作之前，需要与合作伙伴达成包括对受灾人口负责的承诺，甚至将此作为应急准备过程的一部分。这些责任可因 SCHR 各组织目标的不同而不同。在捐赠合作伙伴的主要目标是授予合作伙伴以权力的情况下，那么对捐赠合作伙伴的监控就要集中在合作伙伴的能力和内部制度上；在主要目标是人道主义救济的情况下，那么捐赠伙伴就要直接监控行动合作伙伴的表现，如通过最终用户的反馈来监控。

（十）加大问责投入

虽然要负责并不只是钱的事，但特定的救灾活动仍然是要花钱的，如培训、参与评估、管理反馈和投诉系统、积极让灾民参与评估过程等。救灾组织需要对这些成本进行规划并分配相应的资源，以便问责过程能够贯穿整个项目。工作人员的时间、技能以及特别程序，如处理投诉等，也需要提供资源，因此，必须制定某些预算条款。如何更好地保证这些资源更多地服务于灾民们，不辜负捐赠者，就要更多地关注负责过程而不是专注于最终状态，在设计项目时就要给灾民更多机会，让他们了解并指导那些影响他们的决定和计划。相反，如果只是把问责看成是独立于预算活动的辅助倡议，那就很难做到卓有成效。

五、对现行问责机制的评价

（一）现行问责机制存在的弊端

尽管有些关于救援物资质量的现行国际标准，但关于强制施行的现行机制一般却很弱。大多数条约既不完全忽视强制实施也不忽视争端解决机制，但这些机制的强度却比建议受影响各国就争议进行协商强不到哪里去。其他的条约和标准，例如红十字会与红新月非政府组织行为准则和环球手册，则明确是自愿遵守的，既没有正式的监管也没有强制施行的机制。尽管人道主义团体所作工作的质量的影响是可以证实的，前述的事例和调查结果表明行动结果却存在巨大的差距。

受影响的国家在其领域内应当处于监管国际救援活动质量的地位。事实上，确保本国领域内居民的需求得到人道主义的满足是本国的责任和义务。然而，他们的任务被一系列的因素复杂化了；这些因素包括所涉救援者种类的多样性，外交上关于救援国的考虑，因灾难导致的能力减弱和注意力分散和国际救援者仅短暂地出现并迅速地从其管辖范围内撤出。

捐赠者可以要求救援机构负责，尽管他们在国际标准的基础上一般不会这样做。例如，2004 年一项环球项目评估中提到，"虽然与我们对话的所有捐赠者组织与环球项目都很熟悉并且称赞它，但是对使用它的非政府组织并无奖励，对不使用它的非政府组织也并无特定的不利后果"。最不幸的是，受灾害影响者一般都缺乏有效的手段要求国际援助提供者负责。

强化救灾背景下的问责以及建立问责机制面临很多挑战，不只是缺乏对所有救灾者来说共同的国际法律或伦理框架，就国际救灾问责规范的实际情况来看，其典型特征就是存在诸多复合性。

首先，参与跨境救灾的力量就是多元的，参与主体包括联合国机构、国际性非政府组织、区域性非政府组织、维和力量、采取救援行动的各国政府，甚至大量私人参与者。其次，这些行动者有着不同的使命，例如对非政府组织来说，它们是自我评估的；对联合国机构来说，它们是受到国际社会委托的；而对各国政府来说，它们受制于其国会或选民。最后，国际救灾援助来自于国情各不相同的不同国家。

这就带来了一个问题：不同行为体的国际法律标准如何确定。在没有这种标准的情况下，对所有行为体来说就必须识别出共同的伦理原则。IFRC 的国际救灾法项目已经作出了艰辛努力来解决非战争状态下的这些问题。在武装冲突情况下，国际人道法对所有参与者来说仍然是最主要的参考标准。不过，《日内瓦条约》由于过于严格，除了公正义务以及要正式请求救灾通道外，很少有规定可以适用于规范跨境救灾主体的权利和义务。

确切而言，无论是国际救灾法还是国际人道法，一个关键和纠缠不清的问题仍然是：什么是非国家行为体（即国际性和区域性非政府组织、联合国机构、私人）对受援助人民的义务？如果受援国同意接受非国家行为体的救援服务，这些行为体就与灾害中的人民产生了一种特别关系吗？进而言之，这会给他们强加某种责任吗？

从传统观点看，国际法几乎只关注了国家的行为或者国家代理的行为，跨国性非国家行为体的活动是缺乏法律规制的领域。但随着国际组织的发展，政府间国际组织的法律规范快速发展起来。然而，国际非政府组织参与国际行动仍然缺乏法律规范，大量的只是自治规范。

（二）法律责任缺席

一般说来，任何从事国际救灾行动者都应遵循人道、中立和公正原则，这不仅已经体现在诸多重要的国际文件中，如第 46/182 号联大决议，即《加强联合国紧急人道主义援助的协调》附件"指导原则"第 2 条和《国际红十字和红新月运动及非政府组织救灾行动守则》第 3、4、5 条中，而且一系列现行国内灾害管理法律与政策中也提到了这一原则，如 2010 年菲律宾《灾害风险管理法》第 2 条、2009 年巴拿马外交部《在灾难情况下的程序手册》第 4 节。人道、中立和公正原则意味着救灾机构及其人员必须尊重当地文化和习俗；其行动不应用于实现政治或意识形态的目标，或者干涉受灾国的国内事务。从法律的角度看，救灾人员必须进一步尊重和遵守受灾国所有的法律、法规以及可适用的国际法律，包括尊重和保障受灾人口的人权，履行保护难民和国内流离失所者的义务，遵守国际人道主义原则。而且，主流的、获得共识的规范性文件还主张在涉及人权保障和保护时，救灾者的作用和责任通常是第二位的，因为必须看到国家（或其他相关当局）保护其管辖下人民的责任是主要的（参见第二章）。

即使有某些条约规定了缔约国的国际义务，但要充分确保国际援助机构及其人员履行 IDRL 下的义务也并不是说就是要与国内法一一对照，要求国内法服从国际法。比如，有几个条约的并入条款就允许用国内法来审查和解释国际法。例如，《坦佩雷公约》就规定："请求方应有权根据现有国内法律和政策拒绝依据本条约提供的所有或部分电信援助。"❶ 同样,《核事故情况下的援助公约》也包含了一个附加条款,以便不"禁止根据可适用的国际协定或任何国内法提出赔偿或补偿"❷。但是,也有采用相反观点的,如 2003 年《布鲁日 IDI 宣言》就呼吁各国考虑 IDRL 的某些规定,制定或修改国内法律法规,并与相关国家缔结关于便利人道主义援助的条约。❸ 少数国内法文件,包括 2000 年《伯利兹备灾救灾法》、2006 年《圣卢西亚灾害管理法》采取了同一立场。根据这些文件,两个国家的行政当局在任何救灾期间,可以宣布一个救灾条约或其他国际协定应当成为他们国内法的一部分,而且条约之规定应当适用于任何救灾期间,就如同是他们各自的国内法。❹

在国际救灾法上,各国的不同立场事实上与国际法与国内法关系在理论上本身就存在分歧相联系。关于国际法和国内法的关系,有二元论和一元论之说。二元论主张国际法与国内法是两个完全独立的体系,因此,国际法本身不会成为国内法律的一部分。特殊情况下之所以可以适用于国内,是因为它们得到了国家的采纳或认可。而按照一元论,国际法和国内法这两个法律体系本身就是一个法律结构的组成部分,各国国内法律体系是从国际法体系中派生出来的。因此,国际法应高于国内法。而就各国的实践来看,各国对待国际法是否可适用于国内都采取了相当灵活的态度,即使承认国际法构成国内法的一部分的国家,其国内批准和核准程序也是必不可少的。另外,也会因不同法律渊源的不同性质而采取不同的态度。❺ 例如,对条约取决于各国的合意,即核准或加入就对其有约束力;而一般认为,国际习惯法对所有国家皆具有约束力,无论国家是否认可它,除非适用"持续反

---

❶ See 1998 Tampere Convention on the Provision of Telecommunication Resources for Disaster Mitigation and Relief Operations, Article 4 (5).

❷ 1986 Convention on Assistance in the Case of a Nuclear Accident or Radiological Emergency, Article 10 (3).

❸ Institute of International Law, Resolution on "Humanitarian Assistance," Bruges Session, September 2, 2003, section 7, para 2.

❹ See Belize Disaster Preparedness and Response Act, Chapter 145 (revised edition 2000), Article 29; and Saint Lucia Disaster Management Act, No. 30 of 2006, Article 22. Accessed 22 February 2012.

❺ [英] 詹宁斯·瓦茨修订:《奥本海国际法》(第一卷第一分册),王铁崖等译,中国大百科出版社 1995 年版,第 31 – 45 页。

对者原则"。至于一般法律原则，则争议颇大。而当代形成习惯法的国际和国家实践，法律确信的形成则更多依赖没有法律约束力的国际组织宣言、指南、公约草案、示范法之类的规范性文件。❶ 这些无法律约束力的规范性文件，往往被学界称之为"软法"，而"条约"和公认的国际习惯则被称为"硬法"。❷ 在国际救灾援助方和接受方之间皆有硬法存在时，则他们显然应受此类硬法约束，受灾国就不能依靠其自己的立法限制其国际义务的范围；另一方面，当涉及软法文件时，情况就比较复杂了。不过，我们认为，从便利国际救灾的立场出发，要把受灾国的官僚和法律障碍降到最低，救灾团体应有合理的预期那些救灾行动能够符合诸多软法所规定的义务，尤其是诸多软法文件普遍认可的规范，受援国不能对这些规定抱有偏见，即便它们与专门的内部法律、法规并不完全一致，因为毕竟大灾当前，最要紧的还是救助处在水深火热中的灾民及其财产。

前面我们列举了国际救灾行动中存在的种种损害救灾形象和效果的现象和表现，它预示着在国际救灾法律机制中确立有效的问责机制的必要性和紧迫性。然而现有的国际救灾法条约只是偶尔强调质量和能力问题，除上文讨论过的粮食援助公约外，基本没有对该问题的详述。例如，东盟协定规定"援助单位所提供的救援货物和材料应当达到他方所需要消费、使用的质量和有效性要求"，《民防援助框架公约》规定，所有的援助都应以充分尊重受影响国的方式和尊重其习俗的形式作出。一系列的双边协定也明确提出官方的搜救服务应当由专家用恰当的设备进行。

这两个文件虽然是国家间的法律文件，但即便如此，人们还是经常批评这类条约缺乏强制施行机制。不过，对于前述诸多非政府组织所起草的问责义件，在实践中出现了一些国家将其并入国内法的方式加强对人道主义行为的问责。例如《环球标准》就"建议包括国家在内的其他人道主义行动者采用这些标准来作为行动准则"。有些国家已经采用了这一建议。例如，斯里兰卡官方在海啸后就要求所有过渡房建造者遵从环球手册的最低标准。安哥拉、尼加拉瓜和洪都拉斯等

---

❶ 姜世波："论速成国际习惯法"，载《学习与探索》2009 年第 1 期。
❷ 万霞："国际法中的'软法'现象探析"，载《外交学院学报》2005 年第 1 期。

其他国家也已利用该手册来发展他们自己的指导方针和标准。相似地，巴基斯坦官方与区域性的和国际的人道主义组织签署了一个关于地震重建的协议，以遵从《国际红十字会与红新月运动和非政府组织救灾行动守则》。国际救灾法调查的大部分政府受访者也指出他们同时使用了红十字会与红新月运动和非政府组织救灾行动守则（53%）和环球手册（35%）。❶

起草中的《为私人慈善组织参与人道主义行动的指导原则》建议稿也可能将援引由私人行动者组织遵守这些文件中的一个或多个。这将是有益的一步，因为在国际领域似乎没有其他的正式规范来引导其与救灾相关的活动。

然而，上述试图建构追究法律责任的机制毕竟限于非政府组织内，是组织内的私力惩罚，属于非国家强制力追究法律责任的范畴。那么，对于救灾组织及其工作人员侵犯（灾民）受益人权益的行为，能够诉诸国家法机制（包括国际法和国内法），追究侵害人的民事和刑事责任吗？

根据 IFRC 国际救灾法项目的调查，虽然占所有被调查者的 15% 和 32% 的国际人道主义组织（包括一些联合国机构）承认遭受过民事索赔，但只有 4% 的受访者和 7% 的非政府组织谈到，潜在的民事赔偿责任大大阻碍了他们的行动。同样，只有 1% 的受访者和 3% 的国际人道主义报告可能的刑事调查或逮捕对其造成了实质性的障碍，但 6% 的受访者和 19% 的国际人道主义组织报告，一名工作人员或志愿者曾一度在国际救灾行动过程中受到刑事调查或监禁。❷ 救灾人员所涉及的民事、刑事责任问题尚未有一个综合性的协定或示范法来加以规制，目前还只是通过"各种各样的国内规定和国际安排"的方式来规制的。❸

有些国家对从事国内和国际应急救援的人提供保护，免除他们的

---

❶ IFRC, Law and Legal Issues in International Disaster Response: A Desk Study, 2007, pp. 206 – 207.

❷ IFRC, Law and Legal Issues in International Disaster Response: A Desk Study, 2007, p. 144.

❸ 以下关于各国及相关条约对援助人员民事和刑事责任的规定，均参考自 IFRC, Law and Legal Issues in International Disaster Response: A Desk Study, 2007, pp. 144 – 146.

民事责任。例如，斐济法律规定，根据《国家灾害管理计划》（National Disaster Management Plan）、《当局支持计划》（Agency Support Plan）或者根据任何紧急状态下适用的法规履行职责的人不承担给任何其他人造成的伤害或者损失，除非这种损失或损害因疏忽或者有意违反所致。❶ 同样，法国法和德国法强加了一种在紧急情况下应抢救他人的义务，同时也免除那些因服从命令的人所应承担的责任。❷ 美国许多州和加拿大许多省也有 "撒玛利亚人法"（good Samaritan laws），特别是对医学专业人士，免除他们应急救护过程中的责任。❸ 不过，在很多国家这样的保护难以找到。❹ 虽然有一些国家的国内法对于应急救援人员对他人人身和财产造成的损害作出了规定，或免除责任，或免除非重大过失或故意造成的损害赔偿责任，但在国际救灾援助中，这些法律是否适用于参与救灾的国际组织人员就成为一个复杂的问题。因为这涉及对跨国救灾人员的行为定性，比如，如果是政府间国际组织工作人员，或者是履行他国国家救灾援助使命的人员，其履行公务的行为是否应豁免责任？如果是国际非政府组织人员造成了损害，又将如何？

所有国际文件的普遍趋势是采纳预分配为基础的责任模式。以北约民事应急规划民保组制定的《救援人员责任的示范技术安排》

---

❶ Victoria Bannon et al, Fiji: Laws, Policies, Planning and Practices on International Disaster Response (International Federation of Red Cross and Red Crescent Societies, 2005), available at http：//www. ifrc. org/idrl. 32, pp. 16 – 17.

❷ See Jan Smits, The Good Samaritan in European Private Law; On the Perils of Principles without a Programme and a Programme for the Future, Inaugural lecture, Maastricht University, May 19, 2000, pp. 16 –17, available at http：//arno. unimaas. nl/show. cgi? fid = 3773.

❸ 例如，《美国医疗协会好意撒玛利亚人、慈善关怀章程及具体规定》（American Medical Association, Good Samaritan, Charitable Care Statutes and Specific Provisions）（2005 年），就努力使这个法规更多地覆盖全国。国家州法专员会议制定了《统一应急志愿者卫生注册法令》（Uniform Emergency Volunteer Health Practitioners Act），这是为美国各州起草的一部示范法，它允许承认从其他国家取得的医疗专业执照和资格证书，防止在救灾情况下遭到民事责任索赔。See Uniform Law Commissioners Press Release, National Law Group Wraps up 116th Annual Meeting (Aug. 2, 2007), available at http：//www. nccusl. org/Update/Desktop Mod – ules/NewsDisplay. aspx? ItemID = 184. 转引自 IFRC, Law and Legal Issues in International Disaster Response: A Desk Study, 2007, pp. 206 –207。

❹ See, e. g., Nyakundi Nyamboga, Good Samaritan Law, EAST AFRICAN STANDARD (Sept. 2, 2007)（文中就指出，在很多发展中国家都缺乏好意撒玛利亚人法，包括肯尼亚）。

（Model Technical Arrangement on the Liability of Relief Personnel）为例，就跨境救援人员对受援国领土上的人身和财产损害的责任分配提出了四种示范条款：一是双方相互放弃责任，二是由派遣方负责，三是由请求方或者受援方负责，四是由双方合作共同承担，如先由请求方负责，派遣方给予请求方一定金额的补偿。其中在由请求方负责的模式中，也有对于派遣方人员的重大过失或故意的不当行为所造成的损害，由个人承担责任的补充规定。适用的活动只限于救援人员履行派遣方公务的行为。而且，示范安排还采用了模拟场景的方式，分别来说明不同情况下的责任承担模式。❶

虽然北约起草的这些示范安排条款仅具有建议性质，在实践中由援助方和请求方根据双方的实力和关系来灵活加以选择，但就 IFRC 的调查来看，国际组织及其人员、由其地位协定得到承认的 IFRC 成员、国家官员一般享有东道国的行政、民事和刑事管辖的豁免权，至少在他们履行职权的行为时如此。对于其他行动者来说，几乎所有条约，无论是双边的还是多边的，实际上都规定当救灾队成员履行其职责造成了当地人员和财产损害，或者救灾队人员死伤是发生于履行救灾使命的情况下，缔约方相互放弃任何索赔权。如《核援助公约》第10条，《工业事故跨境影响公约》第7段，《民防援助框架公约》第4（a）（5）条，《坦佩雷公约》第5条，《美洲国家间公约》第10条，《加勒比紧急救灾机构协定》第21、23条和《黑海经济合作组织协定》第14条也都有类似规定，只不过规定得更简略一些。不过，在这些文件中，只有《坦佩雷公约》将司法豁免权扩大到了非政府救援人员，而且只限制在直接参与电信的人员上。在几个区域性救灾法论坛上，一些与会者，包括一些非政府组织代表自己也宣称，国际非政府组织的救灾和恢复重建活动仍应受国内责任法的约束，以此来培育救灾人员的责任感。❷ 就双边协定而言，如 2004 年《拉脱维亚共和国政府与匈牙利共和国政府在灾害和其他大规模事件发生

❶　The NATO Civil Protection Group, Model Technical Arrangement on the Liability of Relief Personnel, available at http：//www. nato. int/eadrcc/docs/Tech_ Arr_ Liability – Relief_ Personnel_ 2014. pdf.

❷　IFRC, Law and Legal Issues in International Disaster Response：A Desk Study, 2007, pp. 145 – 146.

时进行合作和相互援助的协定》第 11 条，1988 年《德意志联邦共和国和荷兰王国在灾害，包括严重事故情况下相互援助的协定》第 10 条以及《西班牙—阿根廷协定》第 17 条也都规定缔约双方互相放弃索赔权。

　　不过，有些条约允许接收国在援助人员导致接收国灾民死亡、伤害、失踪或损害的个人有意的不法行为或者因严重过失造成损害时提出索赔，由援助人员承担个人责任。如《法国和德国在灾害或重大事故情况下相互援助的公约》第 9 条，《荷兰和比利时应对灾害和事故相互援助公约》第 10 条，《奥地利和匈牙利在灾害和重大事故情况下相互援助的协定》第 11 条。❶ 多数条约是采用接收国承担对第三方损失进行赔偿的责任模式。芬兰—爱沙尼亚协定进一步完成了这一责任范式，它规定请求援助方应当对援助国的救灾人员造成的领土上的他人的损害进行赔偿，按照雇员责任法的同样原理进行处理。❷ 只有极少数文件突破了这一范式，考虑由援助方对其人员的任何不法行为负完全责任，如 1997 年的智利—阿根廷协定。❸ 其他文件对这种范式稍加改变，只涉及赔偿问题。欧盟第 2004/277/EC 号决定（Decision No. 2004/277/EC）设计的是由造成损害者的派出国提供赔偿，个人不承担责任。❹ 也有规定让请求国和被请求国都有义务合作对第三方受到的损害进行赔偿。❺ 有的还进一步规定请求国同意赔偿援助国或国

---

❶　E. g. Convention between France and Germany on Mutual Assistance in the Event of Disasters or Serious Accidents, Feb . 3 , 1977 , art. 9 , 1214 U. NT. S. 80; Convention between the Kingdom of the Netherlands and the Kingdom of Belgium on Mutual Assistance in Combating Disasters and Accidents, Nov. 14 , 1984 , art. 10 , 1526 U. N. T. S. 42; Abkommen zwischen der Republik Österreich und der Republik Ungarn über die Gegenseitige Hilfeleis – tung bei Katastrophen oder Schweren Unglücksfallen, April 26 , 1996 , art. 11 , Bundesgesetzblatt Nr. 76/1998 , May 15 , 1998.

❷　United States Defense Threats Reduction Agency, Foreign Consequence Management Legal Deskbook (January 2007), available at http: //www. dtra. mil/documents/newsservices/desk – book/pdf/FCMLegalDeskbook. pdf, pp. 4 – 13.

❸　IAN BROWNLIE, PRINCIPLES OF PUBLIC INTERNATIONAL LAW 6 (6th ed. 2003), at chap. 16.

❹　IAN BROWNLIE, PRINCIPLES OF PUBLIC INTERNATIONAL LAW 6 (6th ed. 2003), p. 652; Convention on the Privileges and Immunities of the United Nations, at arts. 2 & 5.

❺　在有些行动中，外国红十字和红新月会会把他们的行动在法律上并入到国际联合国的行动中，从而享受到特权和豁免。

际组织的人员伤亡。❶

对于军方救援人员的责任，在武装力量双边地位协议（SOFAs）或者来访部队协议（Visiting Forces Agreements，VFAs）中也有所规定。例如，北约 SOFA 第 8 条完全放弃了对缔约方履行职责时造成的财产损害的索赔。❷ 无论是《北约欧洲—大西洋救灾部队协定》（NATO EADRU Agreement）还是《奥斯陆指南》都规定，所有应急小组的成员，包括当地招募的人员，就其履行官方职责的行为都享有豁免法律程序的权利，即使是在队员的资格停止以后。派遣国可以就队员犯有的罪行行使其国内管辖权；对于民事程序，人们可能根据具体情况确定是否涉及官方义务。在前一情况下，程序应当中止，应当适用普遍的豁免；在后一情况下，程序就要继续。不过，两个协定都规定，在队员由于公务或授权不能保护其利益的情况下，受灾国法院应当中止程序但不超过 90 天。❸ 再如，按照 1998 年美国和菲律宾间的 VFA 第 6 条规定，两国政府都放弃所有因 VFA 所涵盖的行为所造成的对方财产和人员的损害而进行的索赔，包括救灾行动。就管辖权来说，菲律宾当局享有对美军人员在菲律宾领土上的犯罪行为的管辖权。不过，美国继续维护其人员所违犯美国法的行为行使管辖权，它可以要求根据菲律宾法被指控的人由美国当局而不是由菲律宾当局拘押。❹

另外，救灾行动的腐败和恐怖活动也是跨境救灾者常常遭遇的棘手问题之一。根据 IFRC 的调查，腐败和转移救援物资的行为出现得最为频繁，尤其是在各国政府中，79% 的人称他们在外国救援时曾遇到过这样的情况，44% 的人称他们频繁遇到这样的情况。就整体情况来说，62% 的受调查者在其救援行动中曾遇到过腐败行为，30% 回答

---

❶ IFRC, Law and Legal Issues in International Disaster Response: A Desk Study, 2007, p. 212.

❷ United States Defense Threats Reduction Agency, Foreign Consequence Management Legal Deskbook (January 2007), available at http://www.dtra.mil/documents/newsservices/desk - book/pdf/FCMLegalDeskbook.pdf, pp. 4 – 11.

❸ See, e. g., Convention on Assistance in the Case of a Nuclear Accident or Radiological Emergency, Sept. 26, 1986, 1439 U. N. T. S. 275 at art. 10.

❹ Framework Convention on Civil Defence Assistance, May 2, 2000, art. 1（c）, 2172 U. N. T. S. 231（2000）, at art. 4（a）（5）.

经常或总是会遇到腐败。**❶**

2006 年，由透明国际所委托进行的一项研究证实，大量的腐败风险与国际救灾与恢复行动的各阶段和活动都有联系，从组建虚假的非政府组织、为特定团体的利益贿赂需求评估员以引诱其修改评估报告，到以威胁或支付报酬来确保聘用中的裙带关系，再到偷窃物资和采购中的回扣，无不与腐败风险相联系。其中有些风险与前述的普通官僚主义程式问题相关。例如，报告中记录"对海关的贿赂是采购中一个明显的问题，它导致诸如无国界医生组织等一些组织为带入基本药品设立专门的体系"**❷**。

为解决国际救灾中的这一问题，一是受援国政府应采取必要的防范措施。例如，印度尼西亚为防范海啸中的腐败风险就采取了一些措施，包括设置一个专门的官方监督委员会记录账目以防止大量潜在的贪污，召开国际专家会议听取建议，雇用国际会计机构——安永会计师事务所来监督款项支出，为非国有救灾机构制定一个必要的"反腐败声明"等。尽管如此，印度尼西亚的一个非政府组织——亚齐反腐败运动报告称"印度尼西亚和国际的全部救援资金的 30% ~40% 都被贪污了"，国际救援机构亦称自己是官僚腐败、订约人甚至自己员工的受害者。**❸** 二是制定严厉的法律，对侵吞和挪用救灾款物的行为给予刑事制裁，通过刑法打击救灾中的腐败行为。在这方面，各国一般都有相应的法律，对救灾中的贪污、挪用、截留救灾物资和款项的行为加以制裁。根据刑法属地管辖的原则，在受援国领土范围内实施的此类行为应受该国管辖，适用该国刑法。问题在于，在重大灾害发生后，由于政府功能出现瘫痪，这类犯罪行为往往得不到及时有效的惩治。三是国际社会也应当做出努力，制定反对国际非政府组织人员腐败行为的国际法规范。在这方面，目前虽然有《联合国反腐败公约》，但它适用的对象主要是各国及国际公务员，并不包括非政府组织工作

---

❶ IFRC, Law and Legal Issues in International Disaster Response: A Desk Study, 2007, p. 142.

❷ See Pete Ewins et al, Mapping the Risks of Corruption in Humanitarian Action (Transparency International 2006), p. 41.

❸ IFRC, Law and Legal Issues in International Disaster Response: A Desk Study, 2007, p. 143.

人员，因此，对于非政府组织的腐败问题，目前法律上仍然存在规制空白。

除了腐败问题，非政府组织，尤其是国际非政府组织还均易受到恐怖主义的利用，它们既可能成为恐怖组织的保护伞，也可能不知不觉地成为恐怖主义洗钱活动的工具。出于这一考虑，一些国家加强了对人道主义非政府组织的监督，尤其是美国，建立了较为严密的阻止恐怖组织融资的法律制度。此外，美国国际开发署授权的组织都被要求采取一些步骤以确保他们的所有资金和交易都不会使恐怖组织受益，包括依照官方"黑名单"检查姓名，检验"所有他们合理可利用的或者应当知道的信息"。最近，又提出了一个新的、更强的"合作伙伴审查机制"，它要求受美国国际开发署授权的组织收集其雇员和主管的详细信息以供美国执法部门和情报官员所用，以至于美国非政府组织抱怨自己被强加了潜在的管理负担。❶

财务透明和监管条款在双边国际救灾协定中也非常常见，尤其在与拨款相关的情况下，但在多边协议中却不多见。一个例外是欧盟理事会 1257/96 号法规，它规定委员会可以要求被授权者提交详细的财务信息并允许委员会审计和监督他们。然而，至今仍缺乏一个多国作出的用以阻止和减轻救灾活动中腐败的多边声明。

人道主义组织已承认了财务透明的重要性。例如，《国际红十字会红新月运动和非政府组织救灾行动守则》就规定："我们承认有必要从财务透明和有效性透明的角度报告我们的活动。我们承认有责任确保对物资发放进行恰当的监管并对救灾行动的影响进行定期评估。"在 InterAction PVO 标准（InterAction's PVO Standards）和《非政府组织责任宪章》（NGO Accountability Charter）中亦可以找到类似条款。此外，《巴尔干国家社团推荐规则与做法》（Balkans National Societies Recommended Rules and Practices）也把受灾国的财务透明确立为核心问题，并呼吁建立有效的监管体系。

---

❶ IFRC, Law and Legal Issues in International Disaster Response: A Desk Study, 2007, p. 143.

第十章 外国军事力量参与国际救灾的法律问题

一、军事力量日益介入国际救灾行动

大规模的突发性灾害已经让各国民政当局以及传统的人道主义行动者力所不能及，他们已无法应对受影响人群的需求，后勤能力及反应的效率远远不足，在这种情势下，只有军事力量，往往是国际军事力量才具备这种能力。这一趋势在很大程度上发轫于 1991 年孟加拉国和 1998 年中美洲的米奇飓风抗灾，那时需要紧急部署重大的国际军事资产以支持人道主义行动。

尽管可以说军队参与救灾行动并非新近的事，有人甚至认为1948—1949 年"冷战"中的柏林空运已经属于这一范畴，但自 20 世纪 90 年代初，军事力量参与救援行动才呈增长趋势。著名的行动，如1991 年孟加拉国飓风救灾中就使用了军事资源，还有后来 1998 年的中美洲米奇飓风，2005 年美国军方参与"卡特里娜"飓风救灾，英国军方 2007 年参与洪涝灾害救灾，2008 年中国军队在四川地震发生后的大量部署。继后 2005 年 10 月的巴基斯坦地震，国内和国际军事行动者部署了前所未有的最大规模的人道主义直升机空运。区域性联盟也越来越重视军事力量在救灾中的作用。目前正在启动的倡议包括亚太地区应对海啸的方式，北约在救灾中正发挥着日益重要的人道主义作用，例如在美国"卡特里娜"飓风中的反应，在 2005 年巴基斯坦的救援行动。

如 2003 年巴姆地震，2005 年克什米尔大地震和同年的印度洋海啸，到 2010 年海地地震的利用联合国维和资产开展人道主义响应，以及之后的在 2011 年利用美国的海军资产响应日本的地震和海啸。军队的作用不限于应对灾后的后遗症，国际军事行动者还在支持备灾，建设国家军队的应灾能力上发挥作用，正如澳大利亚向亚太地区国家提供军事支持中发挥的作用中所证明的那样。

灾害管理越来越被看作是许多国内的以及多边的军事合作的核心任务。但在实践中，尽管存在一些在人道主义反应中使用军事资产的现有指导，但它们的使用仍然会在某些情况下造成国际人道主义和军事行动者之间的紧张。这一点尤其表现在 2008 年纳吉斯热带风暴、2010 年海地地震、同年的巴基斯坦洪灾的救灾背景下，在那里，备灾和救灾都伴随着预先存在着武装冲突或长期的政治暴力，或者有不稳定的或正在进行的综合性国际干预策略。不得已才诉诸军事力量的原则是确保使用军事资源是有效支持而不是削弱人道主义响应的关键。然而，在这些既有的原则和实践之间仍然存在真正的差异。尽管存在很多操作层面的争论，但关键问题是在这样复杂的情况下，国际军事力量如何介入？国际军事力量在复合紧急状态下如何 在灾害管理中发挥作用？如何协调军事和民保力量在救灾中的影响？现有的法律框架足以应付这种情况下二者的互动吗？

随着灾害而非冲突所造成的人道主义危机的频繁发生，21 世纪的头十年见证了所谓的"新的人道主义范式"的兴起。这个词是用来形容突发性自然灾害，特别是水文气象灾害正在造成全球影响，受灾人口数量急剧增长的主导趋势。这种增长一方面是由于全球性总人口增长，环境退化，都市化等，使越来越多的世界人口更容易遭受各种灾害。另一方面，全球气候变暖推动了气象事件频发。此外，人口增长和城市化进程造成了今天我们称之为"城市灾害"的显著增长。一些重大的全球影响的灾害远远超出了一国的应对能力，"新人道主义范式"这一概念的引入是对应"旧的范式"。旧范式是指冲突局势下的广泛的人道主义援助，它常常是旷日持久的，主要会导致大规模的人口流离失所。在这种技术上被定义为"复合紧急情势"（Complex E-mergencies）的局势下，国内政府要么同时瘫痪，要么只剩下有限的能力向灾民提供帮助。实质上，灾民们接受的物资和服务都来自人道主义组织的国际援助，人道主义援助对于大多数人口来说成为最主要的生存依靠。这种情况影响了人道主义领域 20 多年了，如利比里亚，塞拉利昂，科特迪瓦，中部非洲，安哥拉，乌干达，斯里兰卡的长期危机，还有很多其他类似的年复一年的人道主义挑战。于是，几乎在新范式越来越明显的同时，许多危机找到了一个积极的解决方案，今天在世界各地的复合紧急状态自 20 世纪 90 年代作出定义以来已经降到最低。国际社会介入这些受冲突影响的脆弱国家的性质也显著改变，而这也对军队的参与性质产生重大影响。今天，对许多国家的政府和多边组织来说，整合各种不同的模式是参与的主要框架。无论是双边还是多边的，综合干预通常把寻求援助、促进政治改革、治理和法治、军事或安全参与整合起来追求一个首要的政治目标。这对军方的角色会产生显著影响，传统上军队很少参与旧人道主义范式的危机，现在将其角色更广泛地扩展到发展和提供人道主义援助。这就引发了人道主义团体的广泛争论，其主要立场一直认为，军队不太适合卷入这样的工作，而且拉拢援助作为一种工具来实现地方的、国家的甚至国际安全并不有效。人道主义工作者还认为，模糊人道主义和军事，结果可能就是政治目标之间的区别，不仅会把人道主义工作人员置于危险之中（因为他们可能会被视为其他交战方实现其政治战略的一部分），而且会破坏公正和中立的关键原则，危及整个人道主义事业。❶

有诸多因素驱动军事力量越来越多的介入救灾行动，这包括参与协助救灾工作可以提高军队的形象和提供培训机会，也可能是在全球军事预算削减大势之下军队追求多样化角色的一种形式。随着自然灾害数量日益剧增，国内和外国军队可望发挥更大的作用，尤其是在大规模灾害发生，人道主义组织的能力可能会被拉长的情况下。

二、军事力量参与跨境救灾的优势和弊端

（一）军事力量介入人道主义行动的局限

1. 人道主义行动者对军队介入救灾行动常常怀有政治戒心

某些人道主义组织反对任何军事力量在人道主义背景下发挥作用，是有其顾虑的。这种担心和顾虑集中体现在，他们担心军事力量参与国际救灾行动会掺杂政治动机，难以维持国际人道主义原则，即独立、中立和公正的原则。这尤其会发生在复合紧急情势下。

在冲突背景或者复合紧急状态下，当军方提供人道主义援助时，

---

❶ Piero Calvi Parisetti, The Use of Civil and Military Defense Assets in Emergency Situations, Andrea de Guttry, Marco Gestri &GabriellaVenturini ed. International Disaster Response Law, T. M. C. ASSER PRESS, The Hague, The Netherlands, p. 588.

经常会与平民人道主义社会产生冲突。虽然中立、独立和公正的人道主义原则居于工作中心，但实际上，人道主义行动者、军事行动者各自身份上的差异都会让他们把人道主义援助看成是提升其军事使命的方式，从而无论如何也不会是独立或者中立的参与者。此外，人道主义机构认为，军方在冲突中参与人道主义工作还会造成角色模糊，在灾民看来，会对人道主义机构的运作方式产生偏见，甚至会对他们的安全产生不利。

当军方投入冲突中的人道主义工作时会与交战团体发生冲突，这可能会恶化军民关系。国际军事部队参与冲突地区的救灾行动就可能带来紧张和猜疑，这就是复合情势下军队介入人道主义工作的特点。因此，在阿富汗和伊拉克，当美国军队参与抗旱救灾时，这种活动可能就会被视为更广泛的军事使命的一部分。在斯里兰卡，在 2004 年海啸后的救灾中，当地政府对救援者的态度就尤为开放，然而自其与泰米尔伊拉姆猛虎解放组织（LTTE）重新爆发战争以来，持续的人道救援组织在斯里兰卡一直经受着许多严格限制。❶ 诚如 Nancy Roberts 曾归纳的："尽管军方把非政府组织和国际组织看成是力量的多元化，但非政府组织和国际组织则把军方视为试图政治化人道主义。"❷

总之，民间人道主义行动者对军事力量日益介入人道主义行动的发展是抱有戒心的。在美国，非政府组织联盟 InterAction 提示人们关注新成立的非洲美国指挥部（US Command for Africa，AFRICOM），其任务包括支持人道主义援助。欧盟对于在欧盟领土外部署民防和军事资产的兴趣也越来越大，这也激发了人们同样的担忧。人们批评军队参与救灾是低效率的、不适当的、不充分的和昂贵的，违反了人道主义原则，是出于政治需要，而不是人道主义需求。

2. 与民间人道主义行动者可能会发生协作上的困难

由于相当不同的哲学理论，工作方法，文化差异，还有前面提及的人道主义组织担心的对其中立立场的潜在危害，使得军队和民间人

---

❶ Anuj Chopra, Aid Workers in Sri Lanka Face Escalating Risk and Red Tape, CHRISTIAN SCIENCE MONITOR, Sept. 27, 2006.

❷ Nancy C Roberts, Spanning "Bleeding" Boundaries: Humanitarianism, NGOs and the Civilian - military Nexus in the Post - Cold War Era', Public Administration Review, March - April 2010, p. 217.

道主义行动者的协作仍然十分困难。虽然外国和国际军事力量的介入可以通过事先订立地位协议的方式来提前防止冲突，这可以从相当程度上减少冲突。尽管如此，在自然灾害救灾中，军方与当地的紧张仍然无法避免，譬如一个国家如何看待军方在救灾中的作用也会影响到对外来军队救灾的看法。如 2011 年土耳其地震后，土耳其的 Van 省是土耳其工人党的大本营，在那里，土耳其军队就有很久的活动史，占主流的库尔德人可能就不会把军队视为是中立的、公正的援助分发者。❶

即使是在较少政治化的救灾环境中，在沟通和是否只发挥补充作用方面也会存在问题。在美国军队参与应对 2010 年海地地震的行动中，人们广泛承认，军方在重开机场和港口中的作用至关重要，当时就产生过不满美国军方控制救灾飞行进入的方式，至少在救灾早期，平民人道主义团体就发现，很难通过与美军的会面来协调行动。❷ 就作用而言，军方被视为在后勤方面普遍有优势，但在保护和分配援助方面表现较差。尽管军队可能在建设营地方面出色，但他们在实际管理营地上效果较差，可能无意中造成进一步的问题，例如他们往往不懂得与受灾社区商量，或者对当地文化事务缺乏了解，容易招致当地灾民的抱怨和不满。

3. 在国际行动中，军方参与救灾行动往往并不像人们想象的那样快

人们往往感觉，在应对自然灾害的行动中，军队要比平民人道主义行动者更快地动员和启动，因为军方有常规力量，制度健全，反应迅速。例如，在 2008 年四川地震中，从 5 月 12 日下午 14 时 28 分地震发生到 13 日 6 时 30 分，不到一天时间，中国人民解放军和武警部分投入抗震救灾的兵力就达到了 16760 人。❸ 然而，这是国内救灾中运用本国军事力量的表现，但要动员一场国际救灾行动就没有那么快了，

❶　Available at www. foreignpolicyjournal. com/2011/11/07/ van – earthquake – exposes – turkeys – ethnic – fault – lines/.

❷　Rory Campbell, US Accused of Annexing Airport as Squabbling Hinders Aid Effort in Haiti, The Guardian, 17 January 2010, available at www. guardian. co. uk/world/2010/jan/17/us – accused – aid – effort – haiti.

❸　高岩：“红星照耀中国：中国军队四川地震救灾战略评估（3）”，available at http：//military. china. com/zh_ cn/critical3/27/20080604/14886960_ 2. html。

这其中首先遭遇的问题就是受灾国是否会同意国际和外国军事力量的参与本国救灾。如果态度不积极，这个过程就会大大迟缓。

事实上，根据 Malish 等人的报告，大多数军事紧急救援队都要到灾害发生后 1 - 5 周才能到达并部署。例如，美国的海军医疗船观音号（Mercy）在 2004 年印度洋海啸爆发后 5 周才抵达现场，美国陆军第 212 军移动外科医院在 2005 年巴基斯坦地震后 17 天才部署，2004 年伊朗巴姆地震后 13 个国际救援团队没有一个在灾后 2 天内到达。由于有 2007 年自己的移动外科小组应对秘鲁地震的经验，Malish 等人得出的结论是，从拯救生命的角度来说，"在 48 小时内到达对于急需的手术治疗来说也是不够快的。"❶ 国际军事力量介入的这种低效也意味着本地响应将总是最首要的。大多数生命的拯救都是当地工作的结果，通常是由社区自身来完成的，而不是政府、军方和非政府组织。

这就导致必须强调建设当地灾害应对能力的重要性，包括地方和国家军队和警察部队的能力建设。要认识到灾害发生时，无论是军事还是民用力量都非常重要，要强调加强区域反应机制的重要性，大部分地区目前正在努力加强区域救灾机制筹划和建设。

4. 国际军事力量主要投入的是救灾阶段，极少是在恢复重建阶段

在灾害管理的三个阶段，即防灾、救灾和灾后恢复重建阶段中，最需要和最能被接受军方介入的是救灾阶段，极少是在恢复重建阶段。

军队参与救灾，主要是利用其后勤保障能力，快速部署和投送人员和物资的优势，这对于最初的救援工作十分重要，因为在这一阶段，时间要素是第一位的。而恢复重建阶段，通常被视为是民政当局的责任，因为这需要依据重建规划长期实施。当然，当国内政府重大灾害后没有重建一个国家的能力时，也会呼吁国际组织，特别是发展组织，来帮助该国开展重建工作。

另外，虽然防灾和减灾能力建设近些年来日益受到各国政府重视，但这项工作主要落实到政府有关部门那里而不是军方身上，因为防灾

❶ Richard Malish, David E. Oliver, Robert M Rush Jr et al. , Potential Roles of Military - specific Response to Natural Disasters—Analysis of the Rapid Deployment of a Mobile Surgical Team to the 2007 Peruvian Earthquake', Prehospital and Disaster Medicine, January - February 2009, vol. 24, no. 2, pp. 6 - 7, http: //pdm. medicine. wisc. edu/ Volume_ 24/issue_ 1/malish. pdf.

减灾通常是被视为长期发展的工作。

(二) 军事力量参与国际救灾的优势

1. 拥有特殊资产，能够满足特殊要求

虽然我们看到，军事力量参与跨境救灾还有诸多局限和不足，但现实是，军事力量拥有特殊资产，这些资源常常是重大灾害救灾所需要的，他们比民政部门有能力更快、更大规模地作出反应，而且无论是军方还是在政府方面，在这时部署军队都有政治的原因。正如联合国人道主义机构的一位高级官员所说的："你无法让军队退却。争取让军方滚出救灾的斗争早就成为过去。事实是，在自然灾害中需要军队。与其试图让军队滚出救灾，不作为首要选择，还不如找出如何与军方合作的方式，使他们的资产得到有效利用，他们并不会让民防救灾变得更加复杂的。"❶ 而且，军方参与复合紧急情势下的救灾更具优势，尤其是参与有交战团体的冲突中，其军事优势将更加凸显。

总体说来，军方参与自然灾害的救灾相比参与冲突中的人道主义工作，是一场不同性质的战斗。尤其是在大规模灾害中，军方带来了民防力量不可能带来的资源，尤其是军方在运输、通信、后勤、安全方面的资源在救灾初期常常是极为需要的。例如在 2005 年巴基斯坦地震后，军方的空运物资就对边远社区的救灾发挥了至关重要的作用。没有军方介入，地震造成的死亡人数会更多。军方还会带来他们自己的生命拯救系统，如野战医院，减少对东道国有限资源的依赖，为及时救助生命提供便利。

2. 军队参与救灾而不是复合情势，较少牵涉政治冲突

虽然在复合情势下军队参与救灾可能会更多地遭受政治猜忌，但在纯粹救助自然灾害的情况下，一般较少涉及政治冲突。而在不同国家的军方之间有强大的双边合作的情况下，还会促进国家间军队在应对灾害中的协同。而且，正如 Wiley Thompson 在 2005 年巴基斯坦地震救灾中指出的，即使在首次相互会面的军队中，军方关系也会更早地

---

❶ Elizabeth Ferris, Future Directions in Civil – military Responses to Natural Disasters, 05/2012, available at http: //www. brookings. edu/ ~ /media/research/files/papers/2012/5/civ% 20mil% 20disasters% 20ferris/05% 20civ% 20mil% 20disasters% 20ferris. pdf, p. 3.

得以协调，不管来自那个国家，他们似乎是相互理解的。❶

4. 军队可能在准备行动方面更有经验

相比人道主义团体，军队可能在准备行动方面更有经验，如应急计划、情景开发和训练演习方面。人道主义团体也搞这样的计划，但它一般不全面、不综合，或许没有军界认为那么重要。加强军民关系的一种方式是通过民警和军队在灾害发生前制定和实施共同响应计划。❷ 这不仅可以增加防备，而且还可能增加各参与者之间的相互信任和相互理解。

防备灾害的另一个重要领域是关注开发更有效的军民协调机制。在灾害来临后的一片手忙脚乱中，是没有时间或地点去讨论角色的定位和互补，共同的语言和沟通协议的。军民指南和手册写得很充分，但只有当它们能够适应特定国家的实际情况时才最有用。例如，在2010年初，巴基斯坦军方和人道主义行动者制定了一项协调救灾工作的谅解备忘录，虽然备忘录还没有被有关当局签署，但它在那年晚些时候发生的巴基斯坦洪水的救灾中，确实构成了军民合作关系的基础，被广泛视为是有助于建构这两个部门的良好关系的。❸

三、国际社会对军事力量参与国际救灾的既有规制框架

(一)《日内瓦公约》的最初规定

军事力量与人道主义的关系可追溯至作为战争法主体的1949年《保护战时平民的日内瓦公约》（日内瓦第四公约）。它规定在实施占领的情况下，占领方应在最大可用的方式和范围内，负有法律上的义务确保提供足够的食物和医疗用品、健康服务。当供应不足时，占领方应当代表被占领方领土的人民同意国际救援计划。日内瓦第四公约

---

❶ Wiley C Thompson, Success in Kashmir: A Positive Trend in Civil – military Integration during Humanitarian Assistance Operations, Disasters, 5 May 2009, pp. 361ff.

❷ Peter Walker, Colin Rasmussen and Sebastian Molano, Background Paper 3: Best Practice Experience at the National Level, Prepared for the International Dialogue on Strengthening Partnership in Disaster Response: Bridging National and International Support, September 2011, available at www. ifrc. org/PageFiles/90118/ Background%20paper%203. pdf.

❸ 当然也需要以沟通为前提。参见 Nicki Bennett, Civil – military principles in the Pakistan Flood Response', Humanitarian Exchange Magazine, issue 49, February 2011, available at http://www. odihpn. org/report. asp? id = 3167。

还明确承认国家和公正的人道主义组织在执行救援计划中的作用，并规定占领方有义务为他们提供便利。❶ 与这些规定相联系并需铭记的是，占领方不应只由军事力量构成，人道主义组织认为即使在占领情况下，救援计划也应由民政控制和指导，只要环境许可，就要由占领方的民政力量、公正的人道主义组织以及其他民政力量来实施。因此，军事参与救援的主要作用应当只是一种促进力量，即使它可能直接提供救援并有义务这样做，尤其是当民政手段不可用而被请求、获得授权作为最终手段满足需要的情况下。❷

除了这些在日内瓦公约相当不确定的还有些争议的规定，在目前公认的具有法律约束力的国际法律框架中尚缺乏对在人道主义行动中使用军事资源的规则。但国际社会针对军事力量日益介入人道主义活动的实际，在规范制定上也不是无所作为，目前也已经产生了一些具有倡导意义的规制框架。

（二）奥斯陆指南（《在救灾中使用军事和民防资产的奥斯陆指南》）

《奥斯陆指南》从 1992 年开始准备了 2 年多时间，是 1994 年 1 月在挪威奥斯陆国际会议上共同努力的结晶，1994 年 5 月正式发布。其目的是为改进和平时期使用军用和民用资产应对自然的、技术的以及环境的紧急情况提供一套原则和标准。

10 年后，2005 年，史无前例的部署了军事力量和资产支持国内灾害的人道主义响应，在过去几年这种趋势有增无减，表明需要对 1994 年指南加以修订。尤其是人们认识到，需要新的动力以加深人们对指南的认识，特别是对那些贡献军事和民防资产的国家。使用军事和民防资产（MCDA）协商小组于 2005 年 12 月召开的年度会议上，让联合国人道主义事务协调厅的军民协调部负责本次修订，反映当前的术语和组织的变化，追随类似 2003 年《使用军事和民防资源以支持联合国在复杂紧急情况下的人道主义活动》（《MCDA 指南》）的模式。在人道协调厅的军民协调科协助下，挪威、瑞士和瑞典率先更新。修订后的《奥斯陆指南》在 2006 年 11 月重新启用。《奥斯陆指南》第一次解决了一些经重新审视的基本问题，以后的一些文件基本上是对这

---

❶ Articles 55, 56, 59 and 60 of GC IV.

❷ Bessler M, Seki K. Civil – Military Relations in Armed Conflict, in Liaison. J Civil – Military Humanitarian Relief Collab, 2006, Vol. 3, No. 3, pp. 4 – 10.

些问题的重申。

第 20 段阐明了与人道、中立、公正的核心人道主义原则的关系，所有人道主义行动者都承认它们是提供人道主义援助的基本原则和条件。确保援助应根据实际需要，并确保在当地局势中没有任何政治利益或利害关系，这一基础不仅有助于确保接触那些需要援助的人，而且也有利于人道主义工作者的安全和作为中立者长期存在。除此之外，之后无数次联合国大会决议的趋势都在第 21 段明确提到尊重各国的主权。

《奥斯陆指南》把军事参与限制在救灾行动中（通过救援人员、设备、物资和服务的方式）而不包括重建和恢复阶段，并考虑最适合军队执行任务方式的提供间接援助（一步移走人口）和基础设施支持（而不是直接人道主义援助）。指南还规定，资产不应被用来为联合国（UN）人道主义机构提供安全保护（如护送）。此外，《奥斯陆指南》考虑应把军队的利用作为"最后手段"，即只有当没有堪用的民事替代方案存在，且那里的军事资产能提供民间组织不能动员的独特能力时才应使用，以对特别要求提供特别支持。军事资源应被视为一个补充现有救助机制的工具，仅对特定要求提供特定支持，以回应人们承认的"人道主义漏洞"，即在满足灾害社区的需要与可用满足的资源之间存在的差距。

但是，最后手段原则在实践中往往很难掌握。这实际上意味着项目管理者作出明智的决定之前，要探索各种可行的选择。在要求快速启动的情况下，实用主义往往占据主流，良好的判断力通常足以评估现实的替代方案是否可用。

例如，在印度洋海啸的巴基斯坦救灾中，IFRC 决定使用军事资产有一个明确的正当理由，主要是因大量救灾物资和人员亟须空运。同样，在亚齐，快速部署来自本地区的军用直升机是至关重要的，因为若等待民用飞机将导致严重的延迟和生命的额外损失。一个更棘手的问题涉及在最初激增的时期过去后，如何恢复到民事能力的替代，尤其是当军事资产通常被认为是一道"免费午餐"时。虽然从一个援助机构的角度来看的确如此，但成本总是要由国家来承担的。最终，军事资源的使用可能意味着整个人道主义援助预算的增加，从而人们会普遍认为军事资产通常比民用资源更昂贵。应该指出的是，某些政府，包括英国，是完全独立分配与人道主义救济和国家援助预算相关的军费开支。然而，随着时间的推移，这可能会扭曲援助融资，有效地降低援助预算资金。

指南进一步设置了使用军事资产的下列条件：（1）应由受灾国同意；（2）这些资产是无代价地提供给受灾国的；（3）部署的军事人员不携带武器，穿国家制服；（4）外国军事单位在整个过程中都应自我供应，包括交通运输、燃料、口粮、水和卫生、维护和沟通等方面；（5）使用这种资产的时间和规模受到限制，而且必须有一个退出策略。在资产管理方面，指南进一步承认各自的军事指挥官对这些资产行使专有控制，而且由联合国人道主义机构和受灾国请求使用这些资产，由军事指挥官以个案为基础作出决定。

OBJ 第 32 段规定了一系列关键的行动理念，这些理念也为所有其他相关文件基本保留：

（1）请求军事和民防资源支持联合国各机构必须由人道主义协调员/驻地协调员提出，受灾国同意，并完全基于人道主义准则。

（2）军事和民防资源应该由联合国人道主义机构用作最后的手段，也就是说，只有在没有任何其他可用的民事替代方案时，来支持所需的时间紧迫的人道主义需求。

指南的制定者们的基本感觉是救灾并不是军方的正当领域。因为军人是国家力量，在外国领土上部署具有敏感性，影响到他们的部署。负有这些类型任务的外国特遣队压力也很大，当地居民会疏远他们，他们要完成的任务有时也会面临当地的诸多疑虑。此外，尽管外国军事部署只限于有限的时间内，但也需要制度化规定来约束他们，而不是依赖一些临时性的规则。这也预示着军事资产要服从民防力量和东道国政府主导的救灾框架。

（3）联合国的人道主义行动使用军事资产必须保持其民用性质和特点。虽然军事和民防资源仍可保持在军事控制下，但整体运行必须保持整体的权力和责任处在人道主义组织的控制之下。但这也并不能引申出任何民防主体可命令和控制军事资源的地位。

（4）人道主义工作应该由人道主义组织来进行。至于军事组织可以在支持人道主义工作过程中发挥作用，它应该在尽可能的范围内，不包括直接援助，以维护其正常功能和人道主义角色与军事利益相关者的角色之间有明显区分。

(5)任何使用军事和民防资源的行动都应该在一开始就明确限定时间和规模，并清楚地界定它如何发挥功能，有未来其功能如何由民防力量取代的退出策略要素。

(6)国家提供军事和民防资源支持联合国人道主义行动应该确保他们尊重联合国行为守则和人道主义原则。

第37段重申人道主义努力需要维持于民事控制之下的思想：

要实现整体人道主义努力的效果、导向和协调，需要职业人道主义工作人员的领导。同样，联合国军事和民防资源也应总是由民防力量控制。

军事人员和资产参与人道主义行动的主要问题也在几个方面谈及，最明确的是在第38、39段：

原则上，非武装的联合国军事和民防资源，只要被公认为中立和公正的，并与其他军事单位明确区分开来，就可以用来支持全系列的人道主义活动。不过，当他们参与直接援助时，是否合格应在逐案基础上进行权衡，且仅当它满足最后一个理念标准时。其活动应着重于间接援助和基础设施支持任务。在支持联合国人道主义的行动中，部署的军事和民防人员应与从事其他军事任务，包括维和行动的军事部队明确区分开来，而且受灾国和所有战斗人员要给予适当的保护。

指南还在第34段谈到了应避免过分依赖军事资源：

作为一般原则，联合国人道主义机构必须避免依赖军事资源，鼓励成员国增加投入民防能力，而不是临时使用军事力量来支持人道主义行动者。

《奥斯陆指南》有一半的内容都是详细说明人道主义行动中利用军事和民防资源过程中的利益相关者的任务及相互的责任，其中包括受灾国和过境国、联合国驻地协调员和/或人道主义协调员、联合国人道主义机构、联合国人道主义事务协调厅等，最关键的是援助国和外国军事或民防指挥官。虽然该指南对联合国会员国不具约束力，但它为派遣国和接受国应如何在救灾中使用外国军事资产提供了一种规范性指导。为了平衡人们的关切，指南建议，派遣国需认真考虑部署部队参与这种类型的行动相对于其他替代方案的成本效益比。同样，该准则还断言，向其人民提供人道主义援助主要是受灾国的义务，但它应该创建一个准备计划，包括接收国际援助，接受和使用这种外国军事资产的配套程序。在受灾国对外国军事参与者的责任方面，包括允许飞越和着陆，放弃移民文件程序，免除关税，免除签证要求，自由出入灾区，临时的执业认可证书，交通和通信的使用授权，以及资产的安全等。该指南还鼓励各国达成或并入部队地位协定，规定接收和使用外国军事资产救灾的参数。

因为在很多大规模灾害情况下，常常是民间设备能力不足，这种情况下就产生了一种趋势，军队成为默认的协同力量。在这种情况下，军事和民防力量打交道就成为问题。

（三）MCDC 指南（《运用军事和民防资产支持联合国在复合紧急状态下的人道主义行动的指南》）

2003 年首次制定，2006 年 1 月修订的 MCDA 指南是对《奥斯陆指南》的补充，它关注的是在自然灾害、环境灾害和技术灾害复合情况下使用军事和民用资源的问题。

这一创意体现了人道主义界一方面不仅要在支持人道主义行动中增加使用军事力量，而且应在某些情况下直接提供援助，另一方面其主导动力是整合人道主义的、政治的和安全上的目标。因此，军事和民防资源指南暗示了它追求在复杂紧急情况下的人道主义目标，支持联合国（UN）利用国际军事和民防人员、设备、物资和服务。它规定了什么时候这些资源可以使用，应该如何使用，以及联合国机构应该如何介入、组织、协调国际军事部队对军事和民防资源的使用。

军事和民防资源指南重申，人道主义援助必须按照人道、公正、中立的人道主义基本原则提供（第 22 段），而且强调尤其是在复合紧急状态下。❶ 即联合国寻求提供人道主义援助要充分尊重各国的主权（第 23 段）。

第 23 段谈到了人道主义社会的当务之急，是通过坚持使用军事资源的人道主义行动必须保持其民事性质和特点，并且必须保持在民事控制和权威之下。它提出了一些重要的标准：

请求军事资源必须由人道主义协调员/驻地协调员，而不是政治当

---

❶ 复合紧急情况（状态、情势）被联合国机构间常设委员会定义为："在一个国家、地区或社会的人道主义危机中，当局因内部或外部冲突完全或者几乎瘫痪，所需要的国际响应超出任何一个机构和/或正在进行的联合国国家方案所能支撑的范围。"

局提出并完全基于人道主义准则。

军事和民防资源应该由人道主义机构最后的手段采用，也就是说，只有在没有任何其他可用的民事手段替代以支持时间紧迫的人道主义需求的情况下才可使用。

使用军事资产的人道主义行动必须保持其民事性质和特点。虽然军事资源将保持在军事控制下，但整体运行必须保持整体的权力和责任处于人道主义组织的控制之下。不能由此推断军事资源可任由民事部门指挥和控制。

人道主义工作应该由人道主义组织来进行，至于军事组织可以在支持人道主义工作中发挥作用，应该在尽可能的范围内不包括直接援助，以保持人道主义的正常功能和作用与军事利益相关者的角色之间的明确区分。

任何使用军事和民防资源应该在一开始就要限定于明确的时间和规模，并清楚定义它所发挥的功能如何在未来被民防力量来代替，体现退出策略元素。

提供军事人员支持人道主义行动的国家应该确保他们尊重联合国行为守则和人道主义原则。

有趣的是，根据《使用军事和民防资源行动标准》（第 32 – 49 段），后来的指南章节中，这些原则得以重申，只是所使用的语言上稍有差别，除其他事项外，还恰恰强调军事和文职人员之间的区别，指出"军事人员提供直接援助不应该全副武装，应该依赖得到支持的人道主义机构的安全措施"（第 40 段），而且，"无论如何联合国军事和民防资源都不得用来为联合国人道主义活动提供安全保障"（第 43 段）。

联合国人道主义军民协调（CMCoord）是保护和促进人道主义原则，避免同业竞争，尽量减少民事和军事行动者之间矛盾必要的对话和互动平台，并在适当时候，追求共同的目标。这是通过信息共享和交换联络人员（第 50 – 55 段）完成的。

《军事和民防资源指南》的最后部分阐述了操作规程和各利益相关者的责任。联合国紧急救济协调员经与机构间常设委员会协商，提供了一个特定的复杂紧急情势下的全面指导。联合国驻地协调员或人道主义协调员或秘书长的特别代表将在这一领域启动请求使用军事和民防资源的要求。联合国人道主义机构将通过请求负有复合情势下协调职责的人道主义协调员或驻地协调员使用这些资产。人道主义协调厅的军事和民防部（MCDU）将处理该请求，使与会员国进行必要的安排，并跟踪利用这些资源。它会保持一个联合国军民协调（CMCoord）培训计划和受过联合国 CMCoord 训练的联络人员名单，以便调动。受灾国有向在其境内的人提供人道主义援助的首要责任。联合国军事和民防资源至少应同样享有迁徙自由、豁免、特权，并给予联合国人道主义机构豁免权。过境国至少应给予联合国军事和民防资源与联合国救灾人员和物资同样的便利。

（四）《在复合紧急情势下的军民关系》（2004 年机构间常设委员会的一份参考文件）

该文件于 2004 年由机构间常设委员会工作组批准，成为 2004 年机构间常设委员会的一份参考文件。它补充了 2003 年 3 月的《军事和民防资源使用指南》，被看作是对人道主义工作者一项非约束性的参考，帮助他们制定国家特殊复合紧急情况下军民关系的操作指南。也有人打算随着环境的变化不断加以更新，作为新情况下相关问题的新指导。

文件第一部分以一种通用方式回顾了在复合紧急情况下军民关系的性质和特点。第二部分列出了与军方协调时必须坚持的基本人道主义原则和理念。第三部分，最实质性的内容之一是为从事军民协调的人道主义工作者提出了具有实践意义的建议。当中涉及的问题是建立联络安排（第 32－34）；信息共享（第 35、36 段）；为人道主义行动而使用军产（第 37－39 段），基本上概述了《奥斯陆指南》和《民防资源使用指南》内容；使用军事力量护卫人道主义运输队（第 40 段）；军民共同参与救灾行动（第 41、42 段）；为救灾目的的独立军事行动（第 43－45 段）以及人道主义工作人员的一般行为（第 46 段）。

（五）2001 年《机构间常设委员会关于使用军事或武装护送人道主义运输队的指南》

该文件于 2001 年 5 月由机构间常设委员会工作组批准实施。第一部分回顾了更广泛的政策背景。得出的结论是，由于冲突性质和人道主义援助性质的改变，军事或武装护卫队在有限情况下是必要的。在这种情况下，也应该尽量少用，且只能按照明确的指引。第二部分是实体部分，包括两套非约束性准则，用来确定何时以及如何使用武装护送。根据该文件，一般规则是人道主义车队不使用武装或军事护卫队，例外是作为最后手段的一些情形，并规定了要满足维护主权、需要、安全和可持续等条件。

（六）IFRC 的指南

红十字会与红新月运动（以下简称运动）有它自己的与军方关系的指导方针。主要的原则如下：

（1）在保持与各级武装力量进行对话的同时，运动各组成部分也保持着决策和行动的独立性。

（2）运动的所有组成部分确保他们的行为被视为按照人道主义基本原则行事，尤其是独立、中立和公正原则。

（3）每个组成部分对军事机构和人道主义行动者各自的角色之间都有明确区分，要特别注意当地人和更广泛的公众的看法。

（4）运动各组成部分对军事资产的使用，尤其是在受武装冲突和/或内部纷争/骚乱影响的国家的使用，应当是不得已的解决方案，这只能通过严重且紧迫的人道主义需求以及缺乏替代手段来证明是合理的。

（5）运动不得使用武装保护。在 IFRC 研究的所有四个案例中，❶ IFRC 都恪守着不使用武装护卫自己的规则。例如，巴基斯坦军方要求人道主义车队使用在西北边境省的武警护送，结果遭到了 IFRC 的抵制。在亚齐，政府军起初拒绝 IFRC 访问一些地方，那些地方被认为容留自由亚齐运动分裂主义支持者，除非工作人员由武装的军事护卫陪同。但进一步的谈判还是让 IFRC 能够单独行动，且没有发生事故。

在所有的这些案例研究中，IFRC 的工作人员认为在决定与各层面军事力量协作时，它们要给公众留下维护了自己的独立和中立的印象。例如，在海地，IFRC 力图避免直接公开与联合国海地稳定特派团（United Nations Stabilization Mission in Haiti，MINUSTAH）打交道。但是，私下里，在组织一场分配时，它与联合国海地稳定特派团保持了协调，以确保联合国海地稳定特派团部队能够在出现安全问题时提供响应。

---

❶ 这四个案例是：2004 年巴基斯坦亚齐应对海啸，2005 年应对巴基斯坦地震，2007 年在莫桑比克应对洪水和龙卷风，2008 年应对海地飓风。

这种谨慎的做法会有助于 IFRC 在飓风过后到达该国东南部的一些地区，而这些地区对联合国力量进入是封锁的。

（七）《亚太地区使用军事资源应对自然灾害指南》

在 2004 年印度洋地震和海啸以后，由印度武装部队倡议，在 2005 年 12 月在印度新德里召开了"灾害管理——武装力量面临的新挑战国际研讨会"。由联合国军民协调部（CMCS）亚洲区域办事处和联合国人道主义事务协调厅（UN OCHA）亚太地区办事处和主办国组织，每 5 年召开一次"军事援助救灾行动（APC – MADRO）亚太会议"，旨在制定一个协调性指南，以帮助规划外国军事援助，支持亚太地区的救灾行动。各方认为，许多区域的成员国和组织都制定了此类的指南，在应对国际救灾请求，部署和接收军事援助方面，它们获得了宝贵的经验和教训。所有各方都承认，在亚太国家，军事能力往往提供的是第一能力，对于应对该地区自然灾害的紧急情况作出了宝贵贡献。该地区各国越来越意识到，区域国家之间培养更强有力的军民合作和军事合作对于有效的应对灾害十分重要。

关于该指南的性质，指南宣称，这一指南仅给各成员国策划和执行对国际救灾提供军事援助提供指导和参考，也包括人道主义机构，以便在国际救灾行动中能有效和高效地利用外国军事资产支持亚太地区的受灾国。该指南应结合《奥斯陆指南》来解读并加以补充。虽然许多成员国都参加了指南的制定并批准其使用，但它们仍是自愿性质的，对成员国没有约束力。

该指南还宣称，它不适用于复合情势下，复合情势下要适用前述《MCDA 指南》和机构间常设委员会参考文件；它并不针对重建和恢复活动；不影响现有国际法或协定；而且它是一个"动态文件"（living document），要保证能不断适应国际救灾环境的发展，保持与其他地区性相关重要文件的互补性。因此，该指南最新的版本也被命名为"Version 8.01 – 14/01/14"。

指南第 6 – 8 段重申了其他指南中所宣示的尊重受灾国国家主权、独立和领土完整原则，人性、中立、公正、独立、不造成损害原则和只能作为最后手段原则。第 9 – 15 段对指南所涉及的一些主要概念进行了定义，如救灾过程、灾民的需求评估、信息共享、直接援助、间接援助、基础设施支持、灾前准备、灾后行动等。第 16 – 21 段规定了主要的国际主体参与救灾的角色和地位，如联合国（包括）、人道主义社团、区域性组织等。第 22 - 25 段规定了受灾国的权利和义务，第 26 - 34 段规定了援助国的权利和义务，第 35 段规定了过境国（转运国）的权利和义务，第 36 - 37 段规定了联合国的权利和义务，第 38 段是人道主义社团的权利和义务，第 39 段是区域性组织的权利和义务。就与外国军事力量参与救灾相关的权利义务而言，强调受灾国应通过简化海关和行政程序为外国军方援助提供入境、转运、停留和出境上的便利，以及根据需要利用空域，使用通信设备，认证外来专业人才等方面的便利。对援助国来说，强调其军方的部署应当得到受灾国的同意；应尊重受灾国的主权、领土完整、文化和敏感性；根据人性、中立、公正的核心人道主义原则提供国际救灾援助。此外，恪守"不伤害"原则；协调其灾难应对行动，按照受灾国的救灾计划与其当局协作；遵守受灾国的国内法及可适用的国际法，或按照达成的《部队地位协定》行事；应尽可能地与所有救灾各方保持协调与分享信息，与受灾国各个层面的联络办或规划队，包括其国内军方、联合国机构、其他外国军方和区域性组织保持联系。外国军事援助应根据需求评估来提供，援助应具有能力和可用性上的独特性，重在满足特别需要，而且限定在一定时间和规模范围内以避免形成依赖，影响长期的恢复重建。另外，外来军方的救援不应给已经高负荷的受灾国当局带来更多压力。

第 40 - 49 段规定了军事援助资源的协调，包括协调机构的建立、联合国机构、援助国、受灾国、人道主义社团及区域性组织在其中应发挥的作用。这部分首先肯定了受灾国对其领土上的救灾行动的整体指挥、协调和监督的权力。参与援助的外国军事力量不仅要加强与受灾国救灾当局的联络和协调，而且也要注意与参与援助的其他外国军方的联系，避免重复、混乱和漏洞。它强调参与国际救灾行动的上述各类主体之间建立协同机制的重要性，但协调机制的建立取决于受灾国的国家结构和独特的环境，参与的军队在融入受灾国的现有结构上需保持灵活性。如由参与的军方牵头或者与人道主义社团建立联络，建立综合性的人道主义军民协调中心或行动中心。要尽可能整合各利益相关方的行动并保持行动的透明度，保持及时稳定的信息共享。

最后第 50 - 52 段是行动中各主体之间的关系，强调合作和团队精神、相互尊重、个人的关系以及专业上的关系，并把它们结合起来；强调外国援助的军事资产仍由各个援助国来控制和指挥，受灾国的协调机制提供帮助；强调外国军事资源的部署要基于与受灾国的双边安排或其他条约，并提出应关注最近目前正在开发的其他协议或示范协定，其中包括东盟地区论坛协定范本（ARF Model Agreement），多国计划和增强团队项目之多国部队标准行动程序（MPAT Program Multi-national Force（MNF）SOP），菲律宾—美军人道主义/救灾行动理念（RP – US MILITARY HA/ DR Concept for Operation，CONOPS）与东盟示范协定。

从上述不同国际机构及区域性组织所制定的军事资源参与国际救灾行动的指导文件来看，虽然它们在具体规定上存在不少差异，但就总体而言可以看出，《奥斯陆指南》和 IFRC 指南所起到的引领作用是不可忽视的，概括起来，这些指南在以下几个方面体现出共性，亦可以认为共同确立了如下原则：

（1）应尊重受灾国的主权、领土完整和独立，受灾国对救灾行动仍享有整体上的指挥、控制和监督的权力。

（2）外国军事力量的介入应是在没有其他选择方案情况下的最后手段，它仅起补充作用，因此，在参与的时间和规模上都应有一定限制，并应以提供具有独特性的援助，满足受灾国的特殊需要为主。

（3）外国军事援助应坚持人性、中立、公正的人道主义原则，尤其是在复合紧急情势下，应避免带来政治上的偏见和冲突。

（4）受灾国应对外国军事资源的入境、部署、转运、停留、退出、专业人员认证等提供便利，援助国仍对其提供援助的资产享有控制权，外国军事援助不得对受灾国造成任何不利影响。

（5）外国军事力量在救灾过程中应尽可能与受灾国当局、人道主义组织、联合国机构以及其他外国军事力量保持联系，分享信息，协调行动，为此，建立军民协调中心或行动中心是可取的选择。

（6）外国军事力量的介入一般限于救灾阶段，且限于提供间接援助。

（7）国际人道主义组织一般坚持与军事力量的行动区分开来，不接受军方的武装护送。

（8）军事资源的使用应体现出民用属性。

虽然上述指南并不具有法律约束力，仅具有指导和参考作用，但我们认为，随着区域性组织、国际非政府组织、双边和多边条约以及各国参考这些指南而制定的国内法日益增多，这些规则有望通过形成法律确信的方式产生习惯国际法的效力。

四、未来的发展重点和任务

许多人道主义行动者明白，军队可以在支持人道主义救援工作中发挥合法的，有时是至关重要的作用。鉴于军事行为者越来越多地参与救灾活动，一些人认为，人道主义组织有机会和责任从更高的战略角度与军队交涉以限制他们参与的固有风险，最大限度地提升它们对救灾系统和灾民的潜在好处。人道主义组织的问题不再是是否要与军事力量打交道，而是如何以及何时让军事力量参与。

（一）加强军事力量和人道主义行动者间的相互沟通和了解

军方参与人道主义行动的最大障碍是人们对外国军力介入本国救灾所抱有的敏感和戒心，其核心问题产生于人道主义和军事行为者之间有着根本不同的制度思维和文化。军事力量有着独特的命令体系和明晰的组织结构，而人道主义社会的多样性则显然不具有军事力量的这种特点。更重要的是，这两个群体有不同的任务、目标、工作方法，甚至术语。这些结构上的差异尤其体现在军事和民间组织指导民事援助的不同方法上。军方的做法是对安全的重视而不是长期发展。因此，未来加强人道主义力量对外国军方介入的相互沟通和了解越来越重要，人道主义工作人员需要接受培训，其中应包括熟悉军事力量的行动风格、术语和业务指导，以适应具体的场景。

（二）弱化复合紧急状态下军事行动的军事性而强化其民事性

复合紧急状态下的人道主义行动，在很大程度上取决于冲突各方的接受程度。在现实世界中，不管指南阐释了什么，任何由人道主义机构和军队所进行的联合行动事实上往往都会对人道主义机构的公正性和中立性产生负面影响，影响其在整个复合紧急情势的救援效果。而且，人道主义工作者在特定情况下可能成为军事力量的附属，对人道主义工作人员的安全和他们访问弱势群体的能力产生不利影响。例如，在这方面，机构间常设委员会的文件就极力确保任何军事援助任务都要冠以"救济"，而不是"人道主义"。人道主义、政治和军事行动者之间的模糊界限在采用联合国综合特派团（the UN Integrated Missions）模式的情况下变得尤为明显，这种机制要求联合国秘书长特别代表要与联合国维和部队司令、联合国驻地协调员（突出政治）、联合国人道主义协调员（所谓中立和公正）共同负责。一体化的构想是为了精简联合国的努力，确保所有联合国部队和机构的目标指向一个共同的首要目标。就这种方法的组织性而言更强了，但它已引起人道主义社会的激烈批评（特别是红十字会和非政府组织，也有来自联合国难民署和儿童基金会的部门）。❶ 一个经验是，在联合国阿富汗援助团（UNAMA）下，尤其是使用省级重建队（Provincial Reconstruction Teams，PRTs）的情况下，常常被人道主义者讥讽为意味着"人道主义死亡"。这些共同参与的军民单位（50—150 名成员，其中只有5%—10%的平民）的使命就是促进整个国家的安全、重建和经济发展。军事人员和以省级重建队为代表的人道主义力量实际合并在一起，给人道主义工作环境带来严重的消极后果。特别是，许多人道主义机构指出，自 2003 年以来，使用省级重建队似乎有让非政府组织工作人员日益成为袭击目标的可能。❷

（三）军事援助不应妨碍人道主义援助，降低国际救援的效率

一些国际人道主义行动者也十分关注军事力量介入究竟效率如何，使用外国军事资产的整体效益如何。瑞典斯德哥尔摩国际和平研究中心（SIPRI）对这个问题做过唯一可用的综合研究。该研究审查了1997 年到 2006 年之间发生的一些国际应对行动。研究发现，虽然及时性被看作是影响效益的主要因素，但承诺的军事资产缓慢到达并开始运作实际上因阻止了民防力量的部署而妨碍了对救援的响应。投入军事资源多少为适当也往往因缺乏深入的多方利益相关者的需求和能力评估而弄不清楚。某些贡献军事资产的坚持要有保护军事资源的措施，这既降低了工作效率，又可能吓到当地居民，或者引发当地居民

---

❶ See Erin A. Weir, Conflict and Compromise: UN Integrated Missions and the UN Imperative Kofi Annan International Training Center Monograph. Accra, Ghana, June 2006, available at http://reliefweb.int/report/world/conflict – and – compromise – un – integrated – missions – and – humanitarian – imperative.

❷ Piero Calvi Parisetti, The Use of Civil and Military Defense Assets in Emergency Situations, Andrea de Guttry, Marco Gestri & Gabriella Venturini ed. International Disaster Response Law, T. M. C. ASSER PRESS, The Hague, The Netherlands, pp. 597 – 598.

的不满。外国军事资源能否提升救灾的有效性也要受到当地应急管理机构的影响，因为它们的应对能力、协调能力以及能否有效的利用资产都是至关重要的。❶

（四）各国军事援助经费需要纳入财政预算以保障

对于人道主义者看来，人道主义原则要求，援助应只根据需求提供，不是根据政治或战略考虑，部署军事资产应完全出于人道主义目的，然而，一般而言，外国军事资源他国救灾行动的成本一般要比民用资产更高。一些人将此解释为违反了公正的人道主义原则，也会导致人们担心外国军事资产与人道主义所需资金应有的负担不相称。为消除这种担心，未来需要各国出台措施，使他们的国防部拥有海外救灾部署军事资源所需要的经费，从而避免减少人道主义援助预算。

---

❶ SIPRI, The Effectiveness of Foreign Military Assets in Natural Disaster Response, Stockholm, 2008.

第十一章 我国国际救灾援助
法律的完善

中国也是世界上灾难发生频率最高的国家之一，自20世纪改革开放后，也逐步开始接受国际人道主义援助，但相比较而言，这方面立法发展仍然处于相对较低和欠发达的水平。本章将研究中国的国际救灾法的历史发展，检讨既有立法的不足之处，并对发展和促进我国的国际救灾法提出建议，以与国际社会的最新发展步伐保持一致。

一、中国对国际灾难援助态度的演变

(一) 第一阶段 (1949—1979)：对外国援助从不接受到接受

1949年中华人民共和国成立之后，新中国在接下来的30年里奉行低风险和不冒险的政策，拒绝外国的灾难援助。1950年，中国遭受了严重的洪涝灾害，美国国务卿艾奇逊表示愿意提供粮食援助给中国。不幸的是，这个提议被前副主席刘少奇拒绝了，他做出了下面的评论："他们所谓救灾的目的，就是要到中国的灾民中来进行破坏活动。中国人民虽然欢迎那些确属善意的国外帮助，但是对于帝国主义的'好意'，我们已经领教得够多了，我们不需要这些人来进行破坏活动。"❶

在前国务院总理周恩来的带领下，我国的外交政策上的态度有一些变化，他曾经发表以下评论："我国对国际友人的真正友好的援助，在原则上是欢迎的。但中国是一个统一的、地大物博、人口众多的国家，只要在各省、区间调剂得宜，我们仍有力量克服困难，度过灾荒。"❷

从那时起之后的30年里，中国开始非常谨慎地接受国际援助。

---

❶ 刘少奇：《刘少奇建国以来文集》，中央文艺出版社2005年版，第105页。
❷ 孙绍骋：《中国救灾法研究》，商务印书馆2004年版，第140页。

（二）第二阶段（1980—1986）：国际救灾援助的被动、有限接受

中国政府对国际援助的态度在之前的 30 里发生了从拒绝到部分接受的转变，这是有历史意义的。1980 年夏天，中国遭遇严重的旱涝灾害。第一次，中国传达了愿意接受国际援助的意愿。对外经济联络部❶、民政部和外交部（"三部委"）联合向国务院提出咨询案，请示接受联合国救灾事务协调办公室（UNDRO）援助的命令。咨询案被国务院批准，制定以下方针："此事被批准，今后我国发生自然灾害时，可及时向救灾署提供灾情，对于情况严重的，亦可提出援助的要求。"❷ 国际救灾新原则确立，此后迎来了一个新的时代。国际社会高度评价道，中国政府在过去 30 年间对于国际援助态度从拒绝到部分接受是具有历史意义的。1981 年 3 月，联合国救灾事务协调办公室代表团调查了湖北省和河北省，发现实际灾情状况甚至比中国政府报告的更加严重，他们呼吁国际援助，并接受了来自 20 多个国家和国际组织的 2000 多万美元的救灾物资。此次事件被报道称为中国政府在成立后第一次接受外国援助，这次仍然是保守的。

1981 年秋天扬子江上游遭遇洪涝灾害，中国的国际救灾政策此时发生了巨大的改变。新的政策鼓励中国自力更生，克服救灾困难。救援只能以物资和资金的方式提供，并且应该严格控制外国政府和国际组织向灾区派遣志愿者和个人的要求。在 1981—1986 年期间，在改变后政策的指导下，中国的外国援助停滞不前。

（三）第三阶段（1987—1999）：对国际救灾援助的开放

1987 年大兴安岭火灾成为中国关于国际援助政策的一个里程碑事件，这场大火持续了一个月，造成了巨大损失，并引起国际社会的广泛关注。面对这种灾难性的劫难，中国政府转变态度，将接受救助的通道扩大到外国、国际组织，甚至是个人。三部委再次联合提交了一份改变国际救灾政策的提案，列示如下：

1. 灾害信息发布

三部委提交了一项咨询建议，并在 1987 年 6 月由国务院批准。该建议指出：关于灾难的程度和更新的救灾工作的信息应当及时向国际

---

❶ 1982 年 5 月后，对外经济联络部与其他部委合并成立对外经济贸易部。

❷ 《民政部文件汇编（第二卷）》，内部文件，民政部政策研究办公室编辑，1984 年。

社会发布，在国际组织、新闻机构和外国大使馆查询时，应当及时提供相关信息。国内新闻机构可以和他们适当协调新闻报道；除非出于异常死亡或者其他非正常情况（如逃荒、乞讨、偷逃国外）考虑，灾情信息可以向国外公布。❶

2. 接受国际救灾的基本准则

新政策《关于调整接受国际救灾援助方针问题的请示》之后被国务院批准。在重大灾害的情况下，应该通过联合国救灾事务协调办公室（UNDRO）向国际社会呼吁灾害援助。至于局部和轻度灾害，只有在国际组织和外国政府主动向受影响地区提供灾难援助时才被接受。来自非政府间国际组织（NGOs）以及国际友人和爱国华侨的捐赠通常会被接受。然而，来自宗教或者教派组织的捐赠会被婉拒，只会在特殊情况予以同意。并逐案报批。

3. 负责协调的政府机关

三部委建议对外贸易经济合作部负责与提供帮助者，例如联合国以及其他国际组织和政府进行沟通和协调。民政部（MCA）负责及时发布灾难信息，组织媒体报道以及救援物资和分发。非政府组织如国际红十字会与红新月会联合会（简称国际联合会 IFRC）曾建议中国政府建立抗灾救灾协会作为处理国际援助的国内组织，并进一步建议中国红十字会（RCSC）和中华全国妇女联合会（全国妇联）应当负责处理来自对应的国际非政府组织的国际援助。灾害信息发布的一般事务应当由民政部直接处理。中国在发展和促进国际救灾方面取得了实质性进展，通过这一时期的监管改革，中国的国外救助由此进入一个新的阶段。

（四）第四阶段（1999 年起）：从政策到法治的过渡

1999 年 6 月 28 日，第九届全国人大常委会通过《中华人民共和国公益事业捐赠法》，中国的国际救灾政策由此进入到法治的轨道，该法的第 3 条明确规定"救助灾害"属于该法适用的"公益事业"的范畴。为了规范救灾捐赠物资和资金的管理，民政部颁布了《救灾捐赠管理暂行办法》（民政部令第 22 号）。境外救灾捐赠被专门规

---

❶ 《关于调整接受国际救灾援助方针问题的请示》，民政部、对外经济贸易部、外交部，联合上报。1987 年 6 月 9 日发布。载 http：//www. law – lib. com/lawhmt/1987/48362. htm，最后访问时间：2013 年 9 月 19 日。

定在第三章，并建立起了分层管理体系。进入 21 世纪之后，中国相继出台一系列的国际灾难法律法规，以规范国际援助的启动和回应。

二、我国国际救灾援助既有立法的不足之处

伴随着由越来越多的国际灾难援助带给中国的机遇，中国还面临越来越大的挑战。这种情况下，为了促进和规范国际救灾援助，需要中国采取前瞻性的眼光，进一步完善法律体系。完善的法律体系和最新的法律对我们降低灾害风险以及如何筹备和回应灾害是必不可少的。薄弱的法律法规滞后于目前国际援助增长的步伐，而且阻碍了国际援助体系的顺利进行。为努力促进更好筹备全球性救灾和妥善解决问题，国际红十字会与红新月会联合会制定和公布了《国际救灾及灾后初期恢复的国内协助及管理准则》（以下简称《国际救灾法准则》）和《国际红十字会和红新月运动及非政府组织救灾行动守则》（以下简称《行动守则》）来敦促各国政府完善它们备灾、救灾方面的国内法律体系。笔者注意到，相比于救灾法指引和国际惯例，中国目前的监管体系有以下不足：

（一）缺乏综合性的法律体系

目前关于国际救灾的法律片段地穿插在不同的法律文书中。首先，大量涉及国际救灾的法律条文散布在一系列的法律部门中，例如《中华人民共和国海关法》。其次，还没有形成一个普遍接受的"灾难"的定义，也没有统一界定的方法。

（二）忽视救援人员和组织

据国际灾难援助的入境许可而言，目前中国的法律忽视了对救援人员和组织的保护。因此，中国应当通过法律为救援服务、人道主义帮助和灾后恢复援助开辟和理顺道路。因此，中国迫切需要制定新的法律和构建与国际救灾惯例相适应的法律体系。加强人道主义和灾难救援已经成为联合国、国际红十字会与红新月会联合会以及其他国际和地区组织日益关注的重要课题。

（三）与非政府组织关系不稳定

在国际救灾实践中，中国政府通常重视国际组织（如联合国）和政府间组织，但是忽视了非政府组织所发挥的作用。中国的红十字会（RCSC）是一个国务院直属的副部级单位，从中央政府到县、乡两级

广泛存在。它的地位在相应的法律中被中国视为半官方的协会，这与相对应的国际红十字会与红新月会联合会独立慈善组织的地位是不同的。国际救灾的最新趋势和发展是提升非政府组织的作用。国家，政府间组织，国内和跨国公司（MNCs），自发的志愿者和个人是在国际救灾中扮演关键角色的重要部分。

（四）和邻国协调不力

近年来见证了人道主义灾害（包括自然的和人为的）的日益多样化，这些与灾难有关的问题已经全球化。这也就需要在国际救灾中邻国间开展全球和地区间的合作。中国至今还没有和邻国在救灾援助事项上建立跨国的、区域间的或者国际上的合作。和邻国协调性差的两个关键因素应当予以考虑，第一个是以前在中国和邻国之间没有出现过灾难援助。因此，并不需要跨国间协调性的援助。第二个是中国在实践中倾向于采用外交和法律方式处理国际事务。❶ 然而，一些近期的灾难已经激发了邻国与中国制定双边或者多边协议的动机。比如说，当 2011 年日本核电站向大海中排放放射性水的时候。

三、完善我国国际救灾援助立场的建议

（一）一个国际援助方面的完整法律体系应当提上立法日程

鉴于目前法律条文整合的欠缺，国际救灾领域迫切需要统一指挥。笔者建议中国应制定和颁布一部统一的法律，即《中华人民共和国国际救灾援助法（或条例）》，并遵循《国际救灾法准则》和《行动守则》来起草。尤其是后者，现在可以作为在此领域内构建国内法律体系的有用参考工具。而最近 IFRC 发布的《便利和管理国际救灾援助及灾后初期恢复重建的示范法》（The Model Act）由国际联合会、联合国救灾事务协调办公室和各国议会联盟联合起草，自 2007 年 11 月第 30 届红十字会与红新月会国际大会通过了国际救灾法准则之后，过去的五年里见证了几十个国家在国家层面上的在此问题上的实质进展，其中九个国家已经通过了与国际救灾法准则提出的建议相一致的法律、法规和程序。此外，一些全球论坛和研究机构也将该准则和示范法纳

---

❶ 苏晓宏："大国为什么不喜欢国际司法"，载《法学》2003 年第 11 期。

入它们的研究工作，通过研究和实践为发展这一领域做出努力。❶

我们建议中国将制定的法律应包括为外国提供人道主义救援和接受灾难援助两个方面。关于救灾原则，机构和机制的协调，程序的启动和终止，物资通关便利措施，搜救犬的入境，志愿者的认证和工作许可，安全措施，简化签证程序，救援组织的认证，救援人员（包括志愿者）的权利和义务，救灾账户的开放与管理，供应品的税收减免，运输和分发，救援过程中国际合作和法律责任等条款都包含在该法中，该法将会给国际救灾提供统一全面的法律指引。

（二）需要充分和有效保护灾民权利

中国在 2003 年明确声明，国家尊重和保障人权，并把这一原则载入宪法。这是第一次将人权精神和原则写入宪法。灾民被认定为最弱势群体，他们的基本人权应得到充分的保护。灾难中的难民享有这些权利，如生命权、安全权、人格尊严权、财产权和获得必需品的权利，例如足够的食物和洁净水。中国频繁发生的灾害事件强调受影响灾民人权保护的需要。联合国机构间常设委员会（IASC）于 2006 年 6 月编纂了《关于人权和自然灾害的业务准则》。❷ 2007 年，国际法委员会在第 59 届会议上将"灾害中的人员保护"列入其工作计划，联合国大会审议了该委员会的议题，并将该议题列入 2007 年 12 月 6 日决议案 62/66 工作计划中。该委员会在随后的大会中，起草了 12 个条款，规定了难民人权保护的基本原则。草案公布了受影响的国家，凭借其主权，有责任确保受灾害影响人员的保护和在其领土范围内提供救济和援助（见草案第 9 条）。如果灾害超过了该国的应对能力，受影响的国家必要时有责任向第三方国家、联合国、其他主管的政府间组织和非政府组织寻求帮助（见草案第 10 条）。然而，草案的第 8 条规定，受影响的国家在其领土内有保护人员和提供人道主义援助的先行责任，并保留在领土范围内根据国内法指导、控制、协调和监督此项援助，而且任何外部援助只有在受害国同意的前提下才能提供。不过，第 11

---

❶ 参见国际红十字会与红新月会联合会提交红十字国际委员会的《国际救灾及灾后初期恢复的国内协助及管理准则的实施情况》，2011 年 11 月 28 日至 12 月 1 日于瑞士日内瓦举行的第 31 届红十字会与红新月会国际大会，议案第 1 页。

❷ 《如何保护受自然灾害影响的人员，联合国机构间常设委员会关于人权和自然灾害的业务准则》（布鲁金斯－波恩 2006 年境内流离失所问题项目研究），第 3－11 页。

条也规定了如果受灾国家不能够或者不愿意提供所需要的援助，外部援助的同意不能擅自截留。❶ 这些规定表明，任何国家只要在灾难超过其国家的反应能力时，都有责任接受外部人道主义援助的义务。

进一步而言，在上述全球背景下，中国应该改变其对国外救援的消极、警惕和警觉的态度。每一个国家都是安全的，都有权拒绝附条件的人道主义援助。甚至遭受灾难、无力独自应对的发达国家也有权寻求国际援助。美国应对"卡特里娜"飓风的反应就是一个很好的例子。更何况，中国作为一个发展中和灾难频发的国家，应该向国际人道主义救灾援助开放，并开发自身的国际互助网络。

（三）非政府组织应通过立法在国际救援中给予合法地位

如文章第二部分所示，中国对待国外援助的态度经历了半个世纪的演变。从 20 世纪 80 年代起，中国国际救灾法的演变经历了从拒绝外部援助到选择性接受、有限接受。中国逐步接受外国援助经历了第一步接受联合国和其他国际组织，第二步接受外国政府援助的过程。然而，中国对来自非政府组织的援助是非常谨慎的（国际红十字和红新月会联合会是个例外）。我们建议，只要是符合援助的人道主义原则，并且不损害中国的国家主权和国家利益的来自外国宗教组织的救援，中国也不应该禁止。因此，中国应在国际救灾立法上给予非政府组织与外国政府和国际组织相同的法律地位和权利。

（四）加强与其他国家的救灾协作

作为与 14 个国家相接壤的世界第三大国，我们建议中国通过订立互助协定或建立区域援助组织的方式来和周边国家进行救灾合作。和周边国家协作能为实现及时高效地救助灾民提供及时的救灾信息互换，并提供共同防灾、减灾和备灾的机会，由此通过预防将灾害损失降到最低。东南亚国家联盟（ASEAN）就是一个很好的例子，《东盟灾害管理与协调协定》规定了一些具体的措施来为国际救灾清除障碍，包括设立紧急基金，成立新的人道主义灾难管理与援助协调中心，该中心会成为第一个协调救援工作的权威机构。❷

就中国而言，两个事件可能引发了中国对国际救灾领域进行国际

---

❶　见联合国大会，A/CN. 4/L. 758，2009；A/CN. 4/L. 776，2010；A /CN. 4/643，2011。

❷　国际红十字会与红新月会联合会：《国际救灾的法律、规则和原则：初步研究》，2007 年，第 68 页。

合作的高度关注。一个是发生在 2005 年 12 月的松花江重大水污染事件，❶ 另一个是 2008 年日本核泄漏事件。❷ 前者代表了中国对周边国家的灾难性影响，后者代表了其他国家对中国的毁灭性灾害影响。

因此，在笔者看来，中国应该借鉴欧洲模式，在跨国间的国际救灾领域方面，主要和日本、韩国、俄罗斯及其他周边国家制定双边协议。此外，中国也应当学习东盟协定，与亚太经济合作组织成员订立区域性救灾合作协议。

四、我国《便利和管理国际救灾援助条例》建议条款

（一）《便利和管理国际救灾和初期恢复重建援助应急法草案》可为借鉴依据

在前文的研究中，我们已经提到 IFRC 所制定的《便利和管理国际救灾和初期恢复重建援助准则》（the IDRL Guidelines，《救灾法准则》），此准则通过后受到诸多国际组织和国家的高度重视，从 2008年开始，联合国大会每年都通过决议，鼓励各国利用该《救灾法准则》。世界海关组织、美洲国家组织和太平洋岛屿论坛也通过了类似的决议，非洲联盟则将其纳入了非盟灾害管理政策草案。

自救灾法准则获得认可以来，IFRC 在全球各地区开展了进一步的咨询和培训，以提高各国的认识，并希望为那些实施这些准则的国家提供技术援助。在此过程中，各国的法律制定部门经常提出能否提供示范性的立法语言，以协助他们在其国内法程序中执行《救灾法准则》。为响应这些要求，2009 年 IFRC 在与联合国国际人道主义事务协调厅、各国议会联盟（IPU）合作基础上，又根据《救灾法准则》制定了《便利和管理国际救灾和初期恢复重建援助的示范法》。不过，在示范法的咨询和试点过程中，一些利益相关者表示，制定一部应急法令或许能更好地适合一些国家的具体情况。因此，IFRC 又制定了一

---

❶ "松花江污染/阿穆尔河苯泄漏"，载 http：//lingzis. 51. net/gle/ songhua. htm，2012年 5 月 21 日访问；"中国告知俄罗斯松花江污染" 载 http：// www. gov. cn/misc/2005－11/24/content_ 108019. htm，2012 年 5 月 21 日访问。

❷ 参见维基百科："福岛第一核电站的灾难"，载 http：//en. wikipedia. org/wiki/ Fukushi-ma_ Daiichi_ nuclear_ disaster，最后访问时间：2013 年 8 月 25 日；另见 "中国中日韩合作（1999—2012）：非传统安全（2012 年 5 月 10 日）"，载 http：//nz. china－embassy. org/eng/zgyw/t930436. htm，2012 年 5 月 27 日访问。

部《便利和管理国际救灾和初期恢复重建援助示范应急法草案》
（Draft Model Emergency Decree for the Facilitation and Regulation of International Disaster Relief and Initial Recovery Assistance）（以下简称《示范应急法草案》），于 2014 年 3 月 7 日发布，作为前述《救灾法准则》及其示范法的一个补充工具。因这个示范法案未来还将进一步完善，目前这个版本被称为 0.2 版。

我们将以 IFRC 的该《示范应急法草案》（Draft Model Emergency Decree）为蓝本尝试起草一个我国的《便利和管理国际救灾援助条例》建议条款。不过，正如《示范应急法草案》适用的目的和方法中所告知的，该应急法令是假定在灾害到来后已经发布了一个更一般的紧急状态声明。之后，该示范法根据紧急状态命令赋予的特殊权力可以再作为起草随后的法令的参考，来为管理国际救灾援助提供具体的规则。鉴于世界各地法律制度的多样性，尤其是各国会用不同的方法来管理灾害，因此可以理解，该示范法草案还需要根据各国的国情来加以调整以适应当地的具体情况。此外，可能还需要结合国内既有的灾害管理、出入境、海关、税务、卫生、电信和运输规定等法律法规的修改和完善以使这样一部法律的制定达到协调统一。

为了便于参考《示范应急法草案》拟制我国自己的《便利和管理国际救灾援助条例》，我们这里特将该示范法草案译出。

（二）《便利和管理国际救灾和初期恢复重建援助应急法草案示范条款》

鉴于，[描述酿成灾害的事件，如地震的时间，震级和地点]。

鉴于，[描述灾害影响，例如造成生命、财产损失及受影响的数字]。

鉴于，[总统/首相或其他机构] 根据 [宪法或其他规定所赋予的发布宣言的权力] 宣布进入紧急状态，紧急状态覆盖 [整个国家还是特定区域或地区]。

鉴于，灾难所造成的人道主义需求的程度，以及快速、充分地应对这些需求，[国家元首/政府，外交部，或其他机构] [请求/邀请/欢迎] 国际援助，以补充国内救灾工作（[如果合适的话，引用相关的通信]）。

鉴于，便利、有效的协调和救灾行动的质量将因明确便利和管理进口的国际援助的程序而得以加强。

因此，现在，我，［名］，［标题］根据［相关宪法、法律或其他法律的授权］，特此声明如下规则和程序应适用于［紧急情况期间或确定的时间段］：

国际救灾援助的协调

1. ［灾害管理机构］是我国政府和国际援助行动者之间的国内中央联络机构，以促进有效地便利、协调和监督国际救灾援助。［灾害管理机构］也是任何可适用的区域性和国际协调机制的国内联系机构。

2. ［灾害管理机构］应保持和定期［电子］公布和更新灾民的人道主义需求量，包括需求的位置和范围，以及需要的货物清单、服务和设备。

国际救灾援助的提供和接受

3. 国家和政府间组织提供国际灾难援助应受外交部［通过适当的使馆或外交使团］指示。外交部在与［灾害管理机构］会商后应对所有的提供迅速作出反应。

4. 外国非政府行动者应通知其通过提供物资和设备和/或人员来支持救灾［和初步恢复建］行动的意图。［灾害管理机构］应审查每一个这样的通知，并确定是否给予下面第 8 段和第 9 段所规定的资格和便利。

国际援助行动者的责任

5. 国际援助行动者应与国家［区域/省级］的和地方的当局合作和协调。尤其是国际援助行为者应当向这些机构提供任何满足灾民需要的有用信息，包括他们救灾［和初期恢复重建］的活动地点、类型和程度，以确保协调和有效的反应。他们还必须与积极参与救灾［和初期恢复重建］的［区域性和国际性机制］合作。

6. 国际援助行动者应当：

（1）遵守中国的法律法规，与国内有关部门协调，尊重受灾者的尊严。

（2）遵守人道、公正和中立的原则。

（3）确保他们所提供的所有商品和服务适合灾民的需要和情况，并符合本法令的要求，并符合中国所有适用的法律和标准。

（4）尽最大的努力，在所有的情况下，确保他们所提供的商品和服务符合《人道主义宪章和人道主义应急最低标准环球项目》[2011年版]。

7. 使用外国军事资产应受《在救灾中使用外国军事和民防资源的准则》(《奥斯陆准则》)指导。

享受便利的资格

8. 要享有本法所规定的便利，以下援助行动者可授予享受便利优惠的资格：

(1) 国家和政府间组织，只要他们的援助已得到外交部正式接受。

(2) [国家红十字会/红新月会]和支持[国家红十字会/红新月会]的国际红十字与红新月运动的任何成员。

(3) 由[灾害管理机构]基于其经验和能力批准的提供有效救济并持续遵守载于第5段和第6段条件的国外和国内的非政府组织。

9. [灾害管理机构]应保持并定期更新发布[电子形式]所有经批准的享受本法规定的便利资格行动者的名单。

国际救灾[和初期恢复重建]的货物和设备

10. 所有由核准的行动者或者代表核准的行动者进口的救灾[和初期恢复重建]物资和设备应明确打上标签，并应由[海关和/或其他边境当局]加快进口。简化文件的要求应清楚详细地在[海关和/或其他边境当局]的网站上发布。

[备选条款]所有[由核准的行动者或他们的代表]进口的救灾[和初期恢复重建]的物资和设备都应清楚地打上标签，由[海关和/或其他边境当局]提供优先便利。简化的文件要求应适用于：

(1) 提前接收[电子接收]提单或运单清单，以方便立即释放。

(2) 形式发票或捐赠证书。

(3) 包装清单

(4) 生化/卫生/植物检疫证书，[酌情考虑]。

11. 凡经核准的行动者及其代表进口的救灾[和早期恢复重建]的物资和设备，明确打上了标签且符合[海关和/或其他边境当局]公布的进口要求的，这类物资和设备应豁免一切关税、税收或政府收费，并放弃经济禁令、地域等限制，除非为公众健康或安全的理由而进行限制。

12. 凡经核准的行动者及其代表进口的救灾［和早期恢复重建］物资和设备所需要的地面、空中和水路运输应给予优先通行权，包括所有检查点、空中航线、着陆许可，并应免除一切费用和过路费。

13. ［电讯管理局］对核准的行动者或其代表救灾［和初步恢复重建］行动所必要的电信设备应暂时放弃任何许可要求或使用费用。［电讯管理局］应给予认可的行动者优先获得救灾［和初步恢复重建］行动所需的带宽、频率和卫星用于电信和数据传输，但归安全部队、救护服务和其他国内紧急救援人员使用的除外。

14. 经［卫生部］批准的外国医疗队可进口药物直接用于医疗用途，只要它们是：

（1）根据［对药品适当的法律］所属国的法律合法使用；

（2）由批准的外国医疗队在任何时候都运送和维护在适当的条件下，以确保其质量；

（3）防范盗用和滥用。

15. 由核准的行动者进口的捐赠药物应符合以上第 14 段的条件，并须：

（1）到截止日前不低于 12 个月的有效期，除非另由［卫生当局］明确同意；

（2）以［国家官方或全国普遍理解的语言］准确地标注国际非专有的或通用的名称、批号、剂型、浓度、生产厂家、数量、贮存条件和有效期。

16. 应放弃对搜救犬的检疫要求，只要负责该犬的国家搜救队保证遵守了《国际搜索与救援咨询团（INSARAG）准则》［2012 版］的可适用部分。

17. ［交通局］对核准的行动者为救灾行动而进口车辆应暂时放弃当地登记和牌照要求。

18. 如果援助行动者进口的任何救灾货物或设备变得无法使用，以及在救灾过程中产生其他废物，应确保以安全、环境敏感和有效的方式销毁、回收或以其他方式处置它们，并符合［国家］法律。

被核准的行动者之法律地位及便利

19. 核准的行动者应获得授权在［国家］领土上的［紧急状态期间或向最多——周/月内］开展活动，无需超出载列于本法令的任何注册或其他类似义务。

20. 核准的行动者可在［紧急状态期间或长达——周/月内］按照可适用的劳工和雇佣法雇用当地的工作人员或临时工。在此期间，核准的行动者应免除所有相关的登记和贡献要求，包括税收、社会保障和社会保险。

21. 核准的行动者可开立银行账户，［在紧急状态期间或长达——周/月内］不受限制地持有和兑换任何货币资金。

22. 核准的行动者购买和供应用于救灾［和初步恢复重建］期间的货物、服务和设备应免除一切增值税（VAT）、服务税费和类似义务、征费及政府收费。这一豁免包括由核准的行动者官方使用购买的物品和设备。［税务机关］应采取一切切实可行的措施，以确保当地的供应商向核准的行动者提供物资和服务时不遭受负面的财务或行政影响。

23. 核准的行动者及其工作人员（包括员工、临时工和志愿者）应被允许自由接触受灾地区和人口，只受基于国家安全、公共秩序、公共卫生和权衡灾区需要的限制。他们应被允许直接向灾民提供商品和服务作为救灾援助。

核准行动者的国际救灾人员

24. 核准行动者的国际人员［在紧急状态期间或长达——周/月内］有权放弃入境签证、工作许可、居留许可的要求。

25. 核准行动者的国际人员有权要求在法律上承认其外国专业资格（如医疗专业人士、建筑师、工程师等），向［相关机构］认证外国学历的有效性及其工作能力。基于认证，这些人员应免除注册［和/或强制会员要求］，在［紧急状态期间或——周/月］内豁免所有相关费用或收费。这种暂时豁免可在任何时候以任何发现的不当行为足以禁止其在［国家］从事执业时予以撤销。

26. ［在紧急状态期间或——周/月］期间，［相关机构］应临时认可经核准的行动者的国际人员的驾驶执照。

27. 经核准的行动者的国际人员参与救灾行动的薪金和报酬应免除所有所得税和类似税收。只要他们本来不受（国家）所得税或类似税收约束，就不得要求经核准的行动者的国际人员在［国家］作出任何纳税申报或备案。

监督

28. ［灾害管理机构］应监控经核准的行动者是否遵守了本法所规定的义务。为了便于监督，［灾害管理机构］可以要求经核准的行动者定期报告他们的活动以及他们所提供的援助。这些报告应得到巩固并公布［电子形式］。

29. 如果［灾害管理权构］怀疑任何核准的行动者未能实质性履行本法所规定的义务，应当与该活动者进行磋商，以寻求澄清或解释，并在适当情况下，可以提供一次机会让其遵守。如果经过协商，［灾害管理权构］确定该核准的行动者未能实质性遵守，它可以暂停或撤销该实体所获得的本法赋予的便利，从核准的行动者的名单中删除其名称。该撤销应在通知的合理期限后生效并不得追溯适用。暂停或撤销法律便利的决定可以上诉到［适当的机构］。

30. ［灾害管理机构］可以向有关当局指控核准的行动者或其工作人员涉嫌诈骗或其他犯罪行为的案件。本法并不排除起诉刑事罪行或依据［国家］法律应承担的民事赔偿责任。

国际金融捐助的透明度

31. 对［国家］政府的国际捐助作为救灾行动的财政援助，应由［相关政府机构］存到［为此目的设立的专项基金］中。［基金］应由［相关机构］自本法公布实施起至迟［1 年］内进行审计，审计报告应当予以公布［电子形式］，并提供给公众。

32. 国内援助行动者收到的服务于救灾的金融捐，包括来自国际渠道的财政捐款，应保持在一个为救灾行动专用的账户内。所有这些专用账户应当由国家认可的独立审计师在不迟于本法颁布之日起［1 年］进行审计，所有这些审计报告应当予以公布［电子形式］，并提供给公众。

该法令不得限制或减少援助行动者任何其他法律或协议所独立赋予的权利、特权或豁免，包括［国际组织法、外交/领事关系法］和在［国家］生效的任何地位协定或总部协议中另行规定的权利、特权或豁免。

本法令应立即生效，并应于［日期］到期，从该法令颁布之日［或紧急状态结束］之日起算［——周/月］。

（三）结合我国国情应明确的几个问题

1. 关于宣布进入紧急状态

从《应急法草案示范条款》的内容来看，该示范法适用的前提通常是首先宣布国家进入紧急状态或者确定几周/月这样一个固定期限作为该法适用的期间。我国《宪法》第66条赋予了全国人大常委会决定全国或者个别省、自治区、直辖市进入紧急状态的权力；第80条授权国家主席根据全国人大或其常委会的决定宣布国家或省级区域进入紧急状态，发布动员令；第89条规定国务院有权依照法律规定决定省、自治区、直辖市的范围内部分地区进入紧急状态。因灾害所造成的紧急状态宣布，多数情况下是限于局部地区，如个别省级行政区或省级行政区内部分地区，因此，根据上述宪法规定，有权宣布这些紧急状态者应为全国人大常委会或者国务院，全国或个别省级行政区紧急状态的宣布主体已明确为国家主席，但对于省级行政区内部分地区的紧急状态的宣布，虽然明确为国务院的权力，但决定作出后具体由谁向全国宣布，《宪法》第89条及国务院一节中并未明确规定，根据第80条："中华人民共和国主席根据全国人民代表大会的决定和全国人民代表大会常务委员会的决定，公布法律，任免国务院总理、副总理、国务委员、各部部长、各委员会主任、审计长、秘书长，授予国家的勋章和荣誉称号，发布特赦令，宣布进入紧急状态，宣布战争状态，发布动员令。"其中的"宣布进入紧急状态"，是只包括全国人大决定的省级行政区的紧急状态，还是也包括省级行政内部分地区的紧急状态？似乎并不清楚，但根据上下文解释原则，一般认为是国务院决定省级行政区内部分地区的紧急状态，也由国务院负责宣布。但是由国务院作出决定，国务院总理宣布，还是以国务院的名义宣布？宪法规定并不清楚。因此，借鉴《示范应急法草案》，这个问题需要加以明确。

2. 关于灾害管理机构

在《示范应急法草案》中，"灾害管理机构"在国际救灾的国内协调和联络，国际援助行动资格的审查和批准，国际救灾行动的监督等方面发挥着重要作用。然而，这样一个机构在中国并不存在。IFRC起草的示范法草案之所以赋予了这样一个机构如此重要的作用，主要是因为根据IFRC的调查，世界上灾害多发国家多数都建立了一个国内综合性的灾害管理机构，这个机构在国际救灾行动中也多发挥着接受国际援助及部署、国内联络、协调、监督、反馈等诸多作用。我国的灾害应急是多头管理，如火灾由消防部门管理，水灾、旱灾由国家防汛抗旱指挥部管理，地震由灾后成立国家和地方抗震救灾指挥部管理……

这种多头分散的灾害管理模式多利于在灾后发挥作用，由于一般缺乏常设机构，因此在防灾减灾方面往往很难发挥作用，平时的防灾减灾工作因无常设机构去常抓不懈，因此，常常造成防灾减灾工作的薄弱。虽然本书研究的是国际救灾，但近些年来，国际社会从诸多灾害所造成的本可避免的许多重大损失中看到，防灾减灾工作远比救灾更加重要。在我国，为实现灾害管理的统一，有必要借鉴其他国家做法成立统一的灾害管理机构，如成立国家灾害管理局，将各类灾害响应及平时的防灾减灾工作集中于这个统一的主管部门，实现救灾和防灾减灾工作的专业化、常态化、法律化。这样一个机构在灾后评估、救灾的启动、对外联络和协调，救灾监控等方面发挥核心作用。在这样一个机构未成立之前，国家民政部可作为暂时的灾害管理机构。

玛珈山法政文丛书目

1. 孙希尧　著　　国际海事私法统一研究：条约角度
2. 弨　维　著　　道德之维：自然法和法律实证主义视角下的德法关系研究
3. 刘　洋　著　　现代政治价值体系建构：西方国家的探索之路
4. 孙卓华　著　　乔治·弗雷德里克森的公共行政思想研究——以社会公平思想为主线
5. 范广垠　著　　政府管理主体的行为互动逻辑
6. 马艳朝　著　　制度规则与公共秩序：当代中国信访违规行为的惩罚问题研究
7. 张景明　著　　和谐理念下环境法律关系研究
8. 武　飞　等著　社会主义法治理念与法律方法研究
9. 赵　沛　著　　政治与社会互动：西汉政治史的视角
10. 孙光宁　等著　网络民主在中国：互联网政治的表现形式与发展趋势
11. 王瑞君　著　　量刑情节的规范识别和适用研究
12. 刘　军　著　　性犯罪记录制度的体系性构建——兼论危险评估与危险治理
13. 张传新　著　　实现法治的逻辑基础研究
14. 姜世波　著　　跨境救灾的国际法问题研究
15. 贾乾初　著　　主动的臣民：明代泰州学派平民儒学之政治文化研究
16. 周　颖　著　　循环消费信用民法问题研究
17. 程婕婷　著　　道德之重：社会群体刻板印象内容的维度变化

18. 赵 沛　著　　秦汉胶东：行政制度与社会经济
19. 孙光宁　等著　　中国法律方法论研究报告（2011—2016）
20. 刘 军　著　　网络犯罪的刑事政策治理
21. 张传新　著　　自适应道义逻辑研究
22. 吴丙新
　　苏 凯　等著　　法律概念的解释
23. 安玉萍　著　　劳动合同理论与操作实务
24. 张伟强　著　　法律制度的信息费用问题